DOCÊNCIA em FORMAÇÃO
Problemáticas Transversais

Coordenação:
Antônio Joaquim Severino
Selma Garrido Pimenta

© 2009 by Celso dos Santos Vasconcellos

© Direitos de publicação
CORTEZ EDITORA
Monte Alegre, 1074 – Perdizes
05014-001 – São Paulo – SP
Tel.: (11) 3864-0111 Fax: (11) 3864-4290
cortez@cortezeditora.com.br
www.cortezeditora.com.br

Direção
José Xavier Cortez

Editor
Amir Piedade

Preparação
Roksyvan Paiva

Revisão
Alexandre Soares Santana
Oneide M. M. Espinosa

Edição de Arte
Mauricio Rindeika Seolin

Ilustração de capa
Antonio Carlos Tassara

Dados Internacionais de Catalogação na Publicação (CIP)
(Câmara Brasileira do Livro, SP, Brasil)

Vasconcellos, Celso dos Santos
    Indisciplina e disciplina escolar: Fundamentos para o trabalho
docente / Celso dos Santos Vasconcellos – 1. ed. – São Paulo:
Cortez, 2009 – (Coleção Docência em Formação. Série
Problemáticas Transversais).

Bibliografia.
ISBN 978-85-249-1552-9

1. Disciplina escolar 2. Educação – Finalidades e objetivos
3. Indisciplina escolar 4. Pesquisa educacional I. Título II.
Série.

09-10819   CDD-371-58

Índices para catálogo sistemático:
1. Disciplina e Indisciplina Escolar: Educação 371.58

Impresso no Brasil – novembro de 2023

Celso dos Santos Vasconcellos

Indisciplina e disciplina escolar

Fundamentos para o trabalho docente

1ª edição
6ª reimpressão

SUMÁRIO

AOS PROFESSORES 9

APRESENTAÇÃO DA COLEÇÃO 11

Introdução 21

CAPÍTULO I A QUESTÃO DO *MÉTHODOS* DE ABORDAGEM
DA (IN)DISCIPLINA ESCOLAR 39

    1. Conceito de *méthodos* 42
    2. Sobre as dimensões do *méthodos* ... 45
        2.1. Análise da realidade 45
        2.2. Projeção de finalidades 47
        2.3. Plano de ação 47
        2.4. Ação 49
        2.5. Avaliação 51

Capítulo II (IN)DISCIPLINA EM SALA DE AULA
E NA ESCOLA: O QUE SE PASSA? 53

    1. Tentando compreender
    o que está acontecendo 60
        1.1. Crise do vínculo do aluno
        com a escola 63
        a) Crise do sentido do estudo 63
        b) Crise da afeição do aluno
        pelo professor 66
        1.2. Crise dos limites comportamentais ... 68
        1.3. Crise das possibilidades educativas .. 71
    2. Por trás das crises 74

2.1. Necessidade de mudança 75

2.2. Emergência avassaladora
do valor econômico 78

2.3. Contradições da realidade 81

3. Depois da análise,
algumas percepções 82

CAPÍTULO III CONCEPÇÃO DE DISCIPLINA 85

1. Sobre o conceito de disciplina 87

2. Fundamento da disciplina: vínculo . 93

2.1. Vínculo afetivo:
gênese da disciplina 94

2.2. Vínculo simbólico:
o sentido para o estudo 97

3. Tensão nuclear da disciplina:
adequação-transformação 102

Autonomia em questão 106

4. Postura do professor: dialética
da interação pedagógica 109

4.1. Diferentes posturas 109

4.2. Postura dialética 111

4.3. Autoridade-liberdade 119

a) Necessidade de liberdade 119

b) Necessidade de autoridade 121

c) A questão da diretividade 123

4.4. Em busca do reconhecimento 125

4.5. Características da disciplina 130

a) Interação social 130

b) Construção por parte do sujeito 132

c) Processo 133

Capítulo IV A disciplina escolar em construção:
perspectivas de ação 139

1. Elaboração do sentido do estudo .. 143

1.1. Resgate da dinâmica
de projetar 143

1.2. Atividades de produção
de sentido 146

a) Escola 146

b) Sala de aula 148

c) Relação com a comunidade 151

1.3. Em busca de um sentido maior .. 152

*a) Um sentido para o
trabalho pedagógico* 153

b) Necessidade de coerência 157

2. Criação de vínculos afetivos 159

2.1. A questão do respeito 162

2.2. Importância dos
momentos iniciais 166

3. Estabelecimento das exigências:
limites e possibilidades educativas .. 169

3.1. Limites 170

3.2. Possibilidades 174

a) No âmbito da escola 175

b) No âmbito da sala de aula 188

c) No âmbito da relação

com a comunidade 193

3.3. Sobre o contrato didático 196

4. O trabalho da escola com a família .. 202

4.1. Contribuições da família na

construção da disciplina 202

4.2. Trabalho com a família 208

4.3. Sobre a tarefa de casa 213

4.4. Sobre a tarefa de

casa da escola 215

a) Escola fez "lição de casa"? 215

b) Professor fez "lição de casa"? 216

5. Ternura e vigor 217

Capítulo V O professor e as situações de conflito 219

1. Formas de enfrentamento 221

1.1. Desalienação da

relação pedagógica 221

a) Estar inteiro 223

b) Outro olhar 224

c) Diálogo 224

d) Autoanálise 226

1.2. Não deixar o

problema acumular 227

1.3. Oferecer estrutura

em sala de aula 228

1.4. Sanção por reciprocidade 229

2. Superar a "síndrome

de encaminhamento" 232

3. Postura diante da agressão 235

Capítulo VI Disciplina e avaliação:
interfaces delicadas 239
1. Avaliar o aluno como um todo 242
   1.1. O todo 242
   1.2. A nota 243
   1.3. Todo *versus* nota 245
   1.4. Perigo de mascaramento
      da real situação de
      aprendizagem do aluno 247
2. Abertura a novos possíveis:
dialética da travessia 248
   2.1. Desejável *versus*
      histórico-viável 248
   2.2. Outro olhar sobre a avaliação 248
   2.3. Como avaliar a dimensão
      socioafetiva sem dar nota? 251

Anexo Oficina: construção coletiva do projeto
disciplinar da instituição 253
1. Introdução 253
2. Explicitação do marco de
referência disciplinar 259
3. Elaboração do
diagnóstico disciplinar 268
4. Construção da proposta de
ação disciplinar 272
5. Realização interativa 279
Conclusão 282

Bibliografia 283

AOS PROFESSORES

A Cortez Editora tem a satisfação de trazer ao público brasileiro, particularmente aos estudantes e profissionais da área educacional, a Coleção Docência em Formação, destinada a subsidiar a formação inicial de professores e a formação contínua daqueles que se encontram no exercício da docência.

Resultado de reflexões, pesquisas e experiências de vários professores especialistas de todo o Brasil, a coleção propõe uma integração entre a produção acadêmica e o trabalho nas escolas. Configura um projeto inédito no mercado editorial brasileiro por abarcar a formação de professores para todos os níveis de escolaridade: educação básica (incluindo a educação infantil, o ensino fundamental e o ensino médio) e a educação superior; a educação de jovens e adultos e a educação profissional. Completa essa formação com as problemáticas transversais e com os saberes pedagógicos.

Com mais de 30 anos de experiência e reconhecimento, a Cortez é uma referência no Brasil, nos demais países latino-americanos e em Portugal pela coerência de sua linha editorial e atualidade dos temas que publica, especialmente na área da educação, entre outras. É com orgulho e satisfação que lançamos esta coleção, pois estamos convencidos de que representa novo e valioso impulso e colaboração ao pensamento pedagógico e à valorização do trabalho dos professores na direção de uma melhoria da qualidade social da escolaridade.

José Xavier Cortez
Diretor

Apresentação da coleção

A **Coleção Docência em Formação** tem por objetivo oferecer aos professores em processo de formação, e aos que já atuam como profissionais da educação, subsídios formativos que levem em conta as novas diretrizes curriculares, buscando atender, de modo criativo e crítico, às transformações introduzidas no sistema nacional de ensino pela Lei de Diretrizes e Bases da Educação Nacional de 1996. Sem desconhecer a importância desse documento como referência legal, a proposta desta coleção identifica seus avanços e seus recuos e assume como compromisso maior buscar uma efetiva interferência na realidade educacional por meio do processo de ensino e de aprendizagem, núcleo básico do trabalho docente social. Seu propósito é, pois, fornecer aos docentes e alunos das diversas modalidades dos cursos de formação de professores e aos docentes em exercício textos de referência para sua preparação científica, técnica e pedagógica. Esses textos contêm subsídios formativos relacionados ao campo dos saberes pedagógicos, bem como ao dos saberes ligados aos conhecimentos especializados das áreas de formação profissional.

> Trata-se da Lei nº 9.394, de 20 de dezembro de 1996, Lei de Diretrizes e Bases da Educação Nacional (LDB). Essa lei aplica ao campo da educação os dispositivos constitucionais, constituindo, assim, a referência fundamental da organização do sistema educacional do país.

A proposta da coleção parte de uma concepção orgânica e intencionada da educação e da formação de seus profissionais, tendo bem claro que professores se pretende formar para atuar no contexto da sociedade brasileira contemporânea, marcada por determinações históricas específicas.

Como bem o mostram estudos e pesquisas recentes na área, os professores são profissionais essenciais

APRESENTAÇÃO DA COLEÇÃO

nos processos de mudança das sociedades. Se forem deixados à margem, as decisões pedagógicas e curriculares alheias, por mais interessantes que possam parecer, não se efetivam, não geram efeitos sobre a sociedade. Por isso é preciso investir na formação e no desenvolvimento profissional dos professores.

> Os professores exercem papel imprescindível e insubstituível no processo de mudança social.

Na sociedade contemporânea, as rápidas transformações no mundo do trabalho, o avanço tecnológico configurando a sociedade virtual e os meios de informação e comunicação incidem fortemente na escola, aumentando os desafios para torná-la uma conquista democrática efetiva. Transformar práticas e culturas tradicionais e burocráticas das escolas que, por meio da retenção e da evasão, acentuam a exclusão social não é tarefa simples nem para poucos. O desafio é educar as crianças e os jovens, propiciando-lhes um desenvolvimento humano, cultural, científico e tecnológico, de modo que adquiram condições para enfrentar as exigências do mundo contemporâneo. Tal objetivo exige esforço constante de diretores, professores, funcionários e pais de alunos e de sindicatos, governantes e outros grupos sociais organizados.

> As escolas precisam passar por profundas transformações em suas práticas e culturas para enfrentar os desafios do mundo contemporâneo.

Não ignoramos que esse desafio precisa ser prioritariamente enfrentado pelas políticas de governo. Todavia, os professores são profissionais essenciais na construção dessa nova escola. Nos anos 1980-90, diferentes países realizaram grandes investimentos na área da formação e desenvolvimento profissional de professores para essa finalidade. Os professores contribuem com seus saberes, seus valores, suas experiências nessa complexa tarefa de melhorar a qualidade social da escolarização.

> Na complexa tarefa de aprimoramento da qualidade do trabalho escolar, os professores contribuem com seus saberes, seus valores e suas experiências.

Entendendo que a democratização do ensino passa pelos professores, por sua formação, por sua valorização profissional e por suas condições de trabalho,

APRESENTAÇÃO DA COLEÇÃO

pesquisadores têm defendido a importância do investimento no seu desenvolvimento profissional. Esse processo de valorização envolve formação inicial e continuada, articulada, identitária e profissional. Essa formação identitária é epistemológica, ou seja, reconhece a docência como um campo de conhecimentos específicos configurados em quatro grandes conjuntos, a saber: 1) conteúdos das diversas áreas do saber e do ensino, ou seja, das ciências humanas e naturais, da cultura e das artes; 2) conteúdos didático-pedagógicos, diretamente relacionados ao campo da prática profissional; 3) conteúdos ligados a saberes pedagógicos mais amplos do campo teórico da prática educacional; 4) conteúdos ligados à explicitação do sentido da existência humana individual, com sensibilidade pessoal e social. E essa formação identitária é também profissional, ou seja, a docência constitui um campo específico de intervenção profissional na prática social.

> A formação docente é um processo permanente e envolve a valorização identitária e profissional dos professores.

> A identidade do professor é simultaneamente epistemológica e profissional, realizando-se no campo teórico do conhecimento e no âmbito da prática social.

O desenvolvimento profissional dos professores é objetivo de propostas educacionais que valorizam a sua formação não mais baseada na racionalidade técnica, que os considera meros executores de decisões alheias, mas em uma perspectiva que reconhece sua capacidade de decidir. Ao confrontar suas ações cotidianas com as produções teóricas, é necessário rever as práticas e as teorias que as informam, pesquisar a prática e produzir novos conhecimentos para a teoria e a prática de ensinar. Assim, as transformações das práticas docentes só se efetivarão se o professor ampliar sua consciência sobre a própria prática, a de sala de aula e a da escola como um todo, o que pressupõe os conhecimentos teóricos e críticos sobre a realidade. Tais propostas enfatizam que os professores colaboram para transformar a gestão, os currículos, a organização, os projetos educacionais e as formas de trabalho pedagógico

> A transformação da prática do professor decorre da ampliação de sua consciência crítica sobre essa mesma prática.

APRESENTAÇÃO DA COLEÇÃO

das escolas. Assim, reformas produzidas nas instituições sem tomar os professores como parceiros/ autores não transformam a qualidade social da escola. Em consequência, valorizar o trabalho docente significa dar aos professores condições para analisar e compreender os contextos histórico, social, cultural e organizacional que fazem parte de sua atividade docente.

Na sociedade brasileira contemporânea novas exigências são acrescentadas ao trabalho dos professores. Com o colapso das velhas certezas morais, cobra-se deles que cumpram funções da família e de outras instâncias sociais; que respondam à necessidade de afeto dos alunos; que resolvam os problemas da violência, da droga e da indisciplina; que preparem melhor os alunos para as áreas de matemática, de ciências e tecnologia para colocá-los em melhores condições de enfrentar a competitividade; que restaurem a importância dos conhecimentos e a perda da credibilidade das certezas científicas; que sejam os regeneradores das culturas/ identidades perdidas com as desigualdades/diferenças culturais; que gerenciem as escolas com parcimônia; que trabalhem coletivamente em escolas com horários cada vez mais reduzidos. Em que pese a importância dessas demandas, não se pode exigir que os professores individualmente as atendam. Espera-se, pois, que, coletivamente, apontem caminhos para o enfrentamento dessas exigências.

É nesse contexto complexo que se faz necessário ressignificar a identidade do professor. O ensino, atividade característica dele, é uma prática social complexa, carregada de conflitos de valor e que exige posturas éticas e políticas. Ser professor requer saberes e conhecimentos científicos, pedagógicos, educacionais, sensibilidade, indagação teórica e criatividade para encarar as situações ambíguas, incertas, conflituosas e, por vezes, violentas,

> Têm-se cobrado dos professores responsabilidades que ultrapassam suas atribuições no plano individual. Cabe-lhes, sim, apontar coletivamente caminhos institucionais para enfrentar essas novas demandas.

> Para enfrentar os desafios das situações de ensino, o profissional da educação precisa da competência do conhecimento, de sensibilidade ética e de consciência política.

Apresentação da Coleção

presentes nos contextos escolares e não escolares. É da natureza da atividade docente proceder à mediação reflexiva e crítica entre as transformações sociais concretas e a formação humana dos alunos, questionando os modos de pensar, sentir, agir e de produzir e distribuir conhecimentos.

> Valorizar o trabalho docente implica dar aos professores condições para análise crítica do contexto em que se realiza sua prática educativa.

Problematizando e analisando as situações da prática social de ensinar, o professor utiliza o conhecimento elaborado das ciências, das artes, da filosofia, da pedagogia e das ciências da educação como ferramenta para a compreensão e a proposição do real.

Esta coleção investe na valorização da capacidade de decisão dos professores. Assim, discutir os temas que permeiam o cotidiano das atividades escolares, como projeto pedagógico, autonomia, identidade e profissionalismo dos professores, violência, cultura, religiosidade, importância do conhecimento e da informação na sociedade contemporânea, a ação coletiva e interdisciplinar, as questões de gênero, o papel do sindicato na formação, entre outros, articulados aos contextos institucionais, às políticas públicas e confrontados com experiências de outros contextos escolares e com teorias, é o caminho que esta coleção propõe.

> O caminho proposto por esta coleção é o da discussão dos temas do cotidiano escolar, ligados aos contextos institucionais e às políticas públicas e confrontados com as teorias e a experiência.

Os livros que a compõem apresentam um tratamento teórico-metodológico relacionado a três premissas: 1. Há estreita vinculação entre os conteúdos científicos e pedagógicos. 2. Produz-se conhecimento de forma construtiva. 3. Existe estrita ligação entre teoria e prática.

Assim, de um lado, é preciso considerar que a atividade profissional de todo professor possui uma natureza pedagógica, isto é, vincula-se a objetivos educativos de formação humana e a processos metodológicos e organizacionais de transmissão e apropriação de saberes e modos de ação. O trabalho docente está impregnado de intencionalidade, pois visa à formação humana por meio de conteúdos e habilidades, de pensamento e ação, o que implica escolhas, valores, compromissos éticos. Isso significa introduzir objetivos de natureza conceitual, procedimental e valorativa, em relação aos conteúdos da matéria que ensina; transformar o saber científico ou tecnológico em conteúdos formativos; selecionar e organizar conteúdos de acordo com critérios lógicos e psicológicos, em função das características dos alunos e das finalidades do ensino; utilizar métodos e procedimentos de ensino específicos, inserindo-os em uma estrutura organizacional em que participe de decisões e ações coletivas. Por isso, para ensinar, o professor necessita de conhecimentos e práticas que ultrapassem o campo de sua especialidade.

De outro lado, é preciso levar em conta que todo conteúdo de saber é resultado de um processo de construção de conhecimento. Por isso, dominar conhecimentos não quer dizer apenas apropriação de dados objetivos pré-elaborados, produtos prontos do saber acumulado. Mais do que dominar os produtos, interessa aos alunos compreender que estes são resultantes de um processo de investigação humana. Assim trabalhar o conhecimento no processo formativo dos alunos significa proceder à mediação entre os significados do saber no mundo atual e aqueles dos contextos nos quais foram produzidos. Significa explicitar os nexos entre a atividade de pesquisa e seus resultados; portanto, instrumentalizar os alunos no próprio processo de pesquisar.

Na formação de professores, os currículos devem considerar a pesquisa como princípio cognitivo, investigando com os alunos a realidade escolar, desenvolvendo neles essa atitude investigativa em suas atividades profissionais e assim tornando a pesquisa também princípio formativo na docência.

> A construção do conhecimento se dá através da prática da pesquisa. Ensinar e apreender só ocorrem significativamente quando decorrem de uma postura investigativa de trabalho.

Além disso, é no âmbito do processo educativo que mais íntima se afirma a relação entre a teoria e a prática. Essencialmente, a educação é uma prática, mas uma prática intencionada pela teoria. Disso decorre atribuirmos importância ao estágio no processo de formação do professor. Entendendo que ele faz parte de todas as disciplinas, percorrendo o processo formativo desde o início, os livros desta coleção sugerem várias modalidades de articulação direta com as escolas e demais instâncias, nas quais os professores atuarão, apresentando formas de estudo, análise e problematização dos saberes nelas praticados. O estágio também pode servir de espaço de projetos interdisciplinares, ampliando a compreensão e o conhecimento da realidade profissional de ensinar. As experiências docentes dos alunos que já atuam no magistério, como também daqueles que participam da formação continuada, devem ser valorizadas como referências importantes para serem discutidas e refletidas nas aulas.

> No processo educativo, teoria e prática se associam e a educação é sempre prática intencionalizada pela teoria.

> O estágio e as experiências docentes acumuladas assumem papel relevante na formação do professor.

> Formar o profissional de educação exige um investimento competente e crítico nas ofertas do conhecimento da ética e da política.

Considerando que a relação entre as instituições formadoras e as escolas pode representar a continuidade da formação para os professores das escolas, assim como para os formadores, os livros sugerem a realização de projetos conjuntos. Essa relação poderá propiciar ao aluno em formação oportunidade para rever e aprimorar sua escolha pelo magistério.

Para subsidiar a formação inicial e continuada dos professores onde quer que se realize, nas faculdades isoladas, nos centros universitários e no ensino médio, esta coleção está assim estruturada:

APRESENTAÇÃO DA COLEÇÃO

Educação Infantil
profissionais de creche e pré-escola

Ensino Fundamental
professores da 1ª à 4ª série e da 5ª à 8ª série

Ensino Médio
professores do ensino médio

Ensino Superior
professores do ensino superior

Educação Profissional
professores do ensino profissional

Educação de Jovens e Adultos
professores de jovens e adultos em cursos especiais

Saberes Pedagógicos e Formação de Professores

Problemáticas Transversais e Formação de Professores

Em síntese, a elaboração dos livros desta coleção baseia-se nos seguintes pontos:

> Investir em uma concepção orgânica de formação dos professores mediante um tratamento metodológico que vincula os campos dos saberes da docência: o propósito dos livros desta coleção.

- Investir no conceito de desenvolvimento profissional, superando a visão dicotômica de formação inicial e de formação continuada.

- Investir em sólida formação teórica nos campos que constituem os saberes da docência.

- Considerar a formação voltada para o profissionalismo docente e para a construção da identidade de professor.

- Tomar a pesquisa como componente essencial da/na formação.

- Considerar a prática social concreta da educação como objeto de reflexão/formação ao longo do processo formativo.

- Assumir a visão de totalidade do processo escolar/ educacional em sua inserção no contexto sociocultural.

- Valorizar a docência como atividade intelectual, crítica e reflexiva.

- Considerar a ética como fundamental à formação e à atuação docente.

Antônio Joaquim Severino
Selma Garrido Pimenta
coordenadores

Introdução

Introdução

Este volume da Série problemáticas Transversais, no âmbito da Coleção Docência em Formação, aborda a questão da disciplina escolar. Por sua complexidade e abrangência, faz interconexões com amplo leque de temas, tais como o sentido da atividade docente e discente, limites e possibilidades educativas, comportamento humano, convivência escolar, organização da coletividade de sala de aula e da escola, construção da autonomia, autoridade pedagógica, liberdade, poder, respeito, responsabilidade, conflito, trabalho coletivo, regras, contrato didático, desenvolvimento humano, ética, cidadania.

No campo pedagógico, o termo *disciplina* costuma ser utilizado com três sentidos distintos, embora muito relacionados:

- Disciplina como organização do ambiente de trabalho escolar, comportamento, postura, atitude. Neste âmbito de significado, embora com a restrita conotação de castigo, disciplina tem raízes milenares, uma vez que está associada à disciplina familiar, à obrigação que o pai tinha de zelar pelo cumprimento dos preceitos da lei. O *Livro dos Provérbios*, cuja autoria é atribuída em grande parte a Salomão (que governou Israel aproximadamente entre 970-930 a.C.), afirma: *"Quem poupa a vara odeia seu filho; mas aquele que o ama lhe aplica a correção"* (Provérbios, cap. 13, vers. 24 – Bíblia, 1990, p. 844). Só para ter uma ideia da enorme repercussão de tal visão, esse mote será reproduzido no sinete (carimbo) da escola de gramática de Lowth, fundada por Eduardo VI em 1552 (Monroe, 1969, p. 243);
- Disciplina como rigor de pensamento, disciplina mental (Locke); também no sentido de exercício, *ginástica mental;*

INTRODUÇÃO

> No Capítulo III, ao tratarmos do conceito de disciplina, voltaremos à questão da distinção e articulação de sentidos.

- Disciplina como campo de conhecimento, área de estudo (por exemplo: História, Geografia, Matemática, Língua Portuguesa).

No primeiro sentido é que prioritariamente será desenvolvida esta obra.

Relevância da disciplina escolar. É grande o espaço que a disciplina escolar ocupa entre professores, pais, alunos, gestores dos sistemas de educação e também na mídia. A disciplina é uma das maiores reivindicações dos professores em termos de temática para as capacitações na formação continuada, assim como uma das maiores queixas relativas ao trabalho em sala de aula.

Considerando a especificidade do trabalho escolar (trabalho com a cultura e o conhecimento elaborado de forma mediada, sistemática, intencional e coletiva), se o docente não tiver domínio sobre a disciplina, se não tiver competência para construí-la em sala, todo seu trabalho pode ficar comprometido, justamente por falta de condições para exercer adequadamente sua atividade, em decorrência dos problemas de comportamento dos sujeitos envolvidos (em especial, alunos e professor, mas também equipe escolar e comunidade). Para que o educando possa elaborar as informações que recebe, é preciso um clima favorável; aliás, esse clima é necessário até mesmo para que possa receber as informações, pois no caso de uma aula em que, por exemplo, todo o mundo fala ao mesmo tempo, a própria recepção da informação fica inviabilizada. Ademais, um dos grandes objetivos da educação escolar é justamente ajudar os alunos a desenvolver-se eticamente numa perspectiva emancipatória, e isso, como sabemos, não se dá espontaneamente.

Questões de indisciplina escolar, sempre as tivemos: há registros históricos de mais de 2 mil anos antes de Cristo com queixas sobre o comportamento das crianças e dos jovens nos estudos (Estrela, 1986, p. 18; Larroyo, 1970, p. 79). Portanto, o desafio da disciplina não é novidade.

Nova é a intensidade com que vem se impondo nos últimos anos. Esse aumento quantitativo provocou uma mudança qualitativa, de tal forma que já não é possível deixar de lado semelhante questão na formação inicial e continuada do professor.

No passado, a necessidade de formação do professor no campo disciplinar não se colocava em função de uma série de fatores externos que configuravam um tipo de comportamento favorável em sala de aula. De um lado, o ambiente mais repressor na sociedade como um todo e nas relações familiares em particular; de outro, o mito de ascensão social que envolvia a escola. Ou seja, havia *limites* e *sentido* (elementos fundamentais para que haja disciplina) dados socialmente, o que muito facilitava o trabalho do professor, sobretudo no que diz respeito à indisciplina ativa (os alunos podiam não estar interessados, mas não se manifestavam com tanta intensidade como hoje). Não é que outrora o problema estivesse resolvido, uma vez que estar dado socialmente não significa necessariamente estar assumido por um sujeito em particular nem significa que o assumido tenha um caráter libertador.

A disciplina é uma exigência para o processo de aprendizagem e desenvolvimento humano, seja ela considerada em termos individuais ou coletivos. Pode haver divergência quanto à concepção de disciplina, mas, com certeza, sua ausência inviabiliza o crescimento do sujeito, uma vez que a aprendizagem, especialmente a escolar, é um processo rigoroso, sistemático, metódico. O objeto de conhecimento é, digamos assim, *caprichoso*, complexo, não se entrega de imediato ao sujeito. Para que possa se submeter a essa exigência do objeto, o aluno deve estar num clima de trabalho favorável, o que exige disciplina. Aqui, como vemos, estamos nos referindo tanto à disciplina exigida no processo epistemológico do sujeito (*disciplina mental*) quanto à disciplina como comportamento.

Diz-se que aluno motivado não causa problemas de disciplina. Isto, *grosso modo*, corresponde à realidade. Todavia cabe considerar que dificilmente teremos

Introdução

todos os alunos interessados o tempo todo naquilo que se passa em sala, uma vez que o trabalho educativo escolar é coletivo e há incrível diversidade humana em qualquer agrupamento. Neste sentido, cabe ao sujeito (com maior ou menor mediação do professor) administrar seu comportamento, de tal forma que possibilite sua reentrada na aula (ou a mudança da dinâmica da aula por meio de sua intervenção) e não comprometa a aprendizagem dos colegas.

A mobilização não tem que ver só com os conteúdos e a metodologia. O aluno é uma totalidade. Múltiplos são os caminhos de acesso do sujeito ao objeto de conhecimento (até chegar a pôr sua atenção sobre ele). Questões como, por exemplo, participação no poder (nas decisões), respeito, desejo de ser aceito pelo grupo, também envolvem fortes cargas afetivas. Ao não mediar adequadamente as questões do campo disciplinar, o professor pode deixar de potencializar outras importantes fontes de geração de interesse no aluno.

Mesmo quando temos os alunos interessados, podem surgir problemas de disciplina se todos quiserem se manifestar ao mesmo tempo, se todos quiserem simultaneamente acessar a mesma fonte de conhecimento ou conquistar a atenção do professor. É evidente que uma situação como essa — quase um sonho para o professor — é bem mais fácil de ser enfrentada, mas, objetivamente, exige mediação: orientação, articulação, negociação de interesses, representações, disposições, sensibilidades.

Se é verdade que o interesse favorece a disciplina, é preciso reconhecer a recíproca: para haver interesse, é preciso disciplina; caso contrário, dado o clima de dispersão, os alunos nem sequer conseguem pôr a atenção sobre o objeto de estudo.

A ampliação das práticas de Educação a Distância (EAD) e, ainda que em menor grau, do Ensino Doméstico (*Homeschooling*) também tem posto em pauta a disciplina, só que em outra perspectiva: a necessidade da disciplina pessoal, da autodisciplina do educando. Nesses contextos, a dimensão coletiva da disciplina não é exigida (a não ser nos momentos em que há encontros presenciais, no caso da EAD), porém o sucesso dessas práticas depende enormemente da capacidade de o sujeito se autodisciplinar (embora no ensino doméstico haja a mediação dos pais).

A frágil formação pedagógica como um todo e, particularmente, a falta de domínio do professor sobre a disciplina produziram, ao longo da história, um conjunto de equívocos. Tomamos como referência a escola elementar, de Gramática (a qual, junto com a Retórica e a Dialética, formava o *Trivium*, que, por sua vez, aliado ao *Quadrivium* – Aritmética, Geometria, Astronomia e Música –, constituía a essência do currículo da formação medieval), pois veio a ser a base da escola moderna. Quando houve significativa expansão da escola no século XII, em função – entre outras coisas – da retomada do crescimento urbano, o problema se evidenciou, e sucessivas foram as iniciativas inadequadas para resolver a (in)disciplina.

A primeira grande medida tomada foi o uso da vara (férula, bastão, posteriormente palmatória – férula de palmeira; Petitat, 1994, p. 56). O professor usa o *argumentum ad baculum*, isto é, o argumento que apela para o báculo, para o bastão, para o castigo físico. Tal recurso foi tão utilizado, que, comumente, o mestre de Gramática aparece representado nas iluminuras, pinturas, baixos-relevos e esculturas medievais e modernos com a vara ou a palmatória na mão.

O crescimento do sentimento de repugnância pelo castigo físico (Ariès, 1981, p. 181) fez que outras formas de disciplinamento fossem adotadas. Uma delas foi a humilhação. Na França do século XVIII, por exemplo, difundiu-se a ideia de que era preciso humilhar a infância para melhor educá-la.

Outra forma utilizada, só que de maneira não consciente ou não assumida, foi a pressão de enquadramento do aluno por meio da avaliação. Num primeiro momento, teve como resultado a emulação, a competição entre os alunos (muitas vezes associada à prática de delação dos colegas) pelo melhor desempenho, obtendo assim melhor comportamento. A *Ratio Studiorum* (1599), dos colégios jesuítas, recomendava esse procedimento ao prefeito de estudos e aos mestres. A outra forma de uso da avaliação como elemento de controle de comportamento foi a ameaça da reprovação. Esta, como sabemos, lamentavelmente tem fortes reflexos até hoje.

Com a crescente crítica ao uso da avaliação como instrumento de poder autoritário, sobretudo a partir dos anos 1970, abre-se o campo para a busca de novas alternativas no controle disciplinar. Sem que tivesse havido um avanço na formação pedagógica dos docentes, a perspectiva de medicalização ganhou espaço (Collares e Moysés, 1996). A princípio, na forma de "encaminhamentos" para especialistas e, em tempos mais recentes, pelo uso quase indiscriminado de drogas, notadamente a *Ritalina* (cloridrato de metilfenidato). Qualquer manifestação que não se enquadre nas expectativas do professor leva à suspeita de hiperatividade ou déficit de atenção. Essa visão se propagou de tal forma, que existem testes em revistas ou em *sites* para que pais e professores avaliem se seus filhos ou alunos são portadores de TDAH – Transtorno do Déficit de Atenção com Hiperatividade (Fernández, 2006, p. 7).

Alguns educadores, no entanto, tendem a rejeitar ou menosprezar a reflexão sobre disciplina, seja por manifestarem uma compreensão equivocada do que vem a ser (associando qualquer forma disciplinar a autoritarismo), seja por não quererem tocar num assunto que, para muitos, representa um fracasso profissional e pessoal; outros entendem que a disciplina tem um caráter circunstancial, seria uma problemática localizada; outros ainda consideram que não é problema seu, e sim da direção ou da família. Ora, tal atitude parece esquecer que vivemos numa sociedade historicamente fundamentada na lógica disciplinar, onde são múltiplas as maquinarias de controle que imprimem disposições, verdadeiros códigos que orientam o que é certo e errado, bem e mal, permitido e proibido, de forma cada vez mais sutil (Foucault, 1977, 1981).

INTRODUÇÃO

Não nos iludamos: por trás do aparente caos social, existem ordens muito bem estabelecidas, cuja genealogia remonta a séculos (Elias, 1994; Enguita, 1989; Foucault, 1977; J. Varela, 1996), lugares sociais extremamente bem demarcados, códigos bem definidos de quem está dentro ou fora (aparelhos jurídicos, policiais, religiosos, políticos, científicos, intelectuais, assim como econômicos – a perversa e precisa lógica inclusão/exclusão do mercado –, estão em plena atividade). A escola, naturalmente, não está imune a isso.

Quando pensamos na disciplina escolar, reconhecemos que ela, muitas vezes, tem produzido grandes estragos em razão do seu caráter dominador (ou, no polo oposto, espontaneísta), que seus efeitos vão muito além das esferas espaciais e temporais em que se verifica e seus interesses ultrapassam igualmente as declarações restritas de "necessidade em função das aprendizagens dos saberes disponibilizados pela escola". Todavia, numa perspectiva libertadora, o que está em pauta não é a legitimação do que está dado, mas sua compreensão, visando à transformação.

É preocupante a grande ênfase que se tem dado ao aspecto negativo da disciplina, isto é, à indisciplina, à incivilidade e, em particular, à violência escolar. Faz-se grande alarde, buscam-se estratégias imediatistas de combate, em vez de refletir sobre as formas de construção da disciplina, da convivência, da paz. Muitos dos problemas apresentados a Conselhos Tutelares, por exemplo, segundo o relato de conselheiros, são questões educacionais, de indisciplina, que a escola rotula como violência e os "encaminha", revelando sua dificuldade em se posicionar diante dos novos tempos e em cumprir sua tarefa educativa.

Atualmente, fala-se muito em limites. As produções vão de teses de doutoramento a jornais de supermercado, passando por livros, artigos em revistas especializadas, programas televisivos de variedades (ou montados exclusivamente para abordar essa questão), capa de

29

INTRODUÇÃO

Só para citar alguns: Locke, La Salle, Rousseau, Kant, Pestalozzi, Herbart, Durkheim, Freud, Dewey, Montessori, Claparède, Wallon, Makarenko, Russell, Reich, Gramsci, Vygotsky, Freinet, Piaget, Arendt, Freire, Foucault, Castoriadis.

Governo de classe – Toledo, 1930; *O problema da disciplina* – Archêro, 1957; *Manejo de classe e controle da disciplina* – Mattos, 1957; *Direção de classe e disciplina* – Nérici, 1960; *Governo de classe/disciplina e autoridade do professor* – Grisi, 1962; *O problema prático da disciplina* – Penteado Junior, 1965; *Disciplina* – Oliveira, 1968; *Controle da disciplina ou orientação da conduta?* – Carvalho, 1972; *A técnica do relacionamento* – Castelo, 1974; *A organização e direção de uma classe escolar* – Piletti, 1984; *Diretrizes gerais de ação didática* – Martins, 1985; *Relação professor-aluno* – Pura, 1989; *Relações professor-aluno na sala de aula* – Libâneo, 1991; *Interação professor-aluno* – Haidt, 1994; *Sala de aula: espaço de vida?* – Masetto, 1994; *Comportamento do aluno durante o processo de ensino/aprendizagem* – Tosi, 2001; *Disciplina: uma questão crucial na didática*, Chamlian, 2001; *A disciplina: mitos e conflitos* – Cordeiro, 2007.

revistas semanais, revistas de entretenimento, *sites*, artigos em jornais, seminários, palestras, conferências, pauta de reunião de professores, de encontros de pais e mestres, vídeos. Tornou-se senso comum. No entanto, esse discurso não é fruto da dupla ruptura epistemológica apontada por Sousa Santos (passagem do senso comum à ciência, e desta ao senso comum – 1995, p. 45; 1996, p. 56), e sim de simples negação da postura licenciosa (postura que, por sua vez, foi simples negação da postura autoritária). Não temos dúvida da necessidade dos limites, uma vez que, na gênese da civilização, encontramos a interdição (Freud); porém, não se faz civilização sem desejo, sem iniciativa, sem liberdade, sem espontaneidade, sem explorar as possibilidades, tendo em vista a conquista de determinados objetivos. Limites, sem a criação de vínculos, sem um projeto comum, carecem de sentido, não têm efeito educativo (já que não há nada a perder) e acabam levando a educação novamente para o caminho do autoritarismo, e não da autonomia.

Disciplina e formação docente. A disciplina é um tema clássico na pedagogia. Comenius (1592-1670), na obra *Didática magna* (escrita entre 1627 e 1657), considerada por muitos como fundadora da didática, já dedicava todo um capítulo à disciplina escolar (Comério, 1985, p. 401-408). Algumas décadas antes, Wolfgang Ratke (Wolfgangus Ratichius, 1571-1635), considerado pelo próprio Comenius como corifeu dos didáticos (Hoff), na *Nova arte de ensinar*, abordava em várias passagens a questão da disciplina (Ratke, 2008). Bem antes deles, encontramos referências à disciplina na relação educativa em Platão (427-348 a.C. – por exemplo, em *As leis*) ou em Santo Agostinho (354-430 – nas *Confissões*). Grandes pensadores modernos e contemporâneos, com maior ou menor ênfase, também se dedicaram ao assunto. Nos manuais de didática para a formação do professor, esse tópico desde há muito marcou presença, ainda que com diferentes denominações.

30

Introdução

Todavia, do ponto de vista da história contemporânea da formação docente, a temática da disciplina passou por um período na academia em que foi considerada menor, sendo simplesmente omitida ou tratada com desdém nos currículos e nas pesquisas (Estrela, 1994, p. 98; Aquino, 1996a, p. 7; Tosi, 2001, p. 39; Gotzens, 2003, p. 13). Um indicador disso é o pequeno número de obras de autores nacionais publicadas até meados dos anos 1990 que tratavam do tema (comparando, por exemplo, com publicações em áreas como avaliação, metodologia, formação de professores ou currículo). E aqui não se pode usar o argumento da falta de mercado, uma vez que certo livro elaborado por um médico psiquiatra, dirigido a pais e professores, cuja primeira edição foi em 1996, atingiu, segundo a editora, a marca de mais de 70 edições (Tiba, 1996).

> Embora se baseie na experiência subjetiva do autor, no senso comum, já que a única citação bibliográfica é de um verbete do *Dicionário Aurélio*, o livro foi indicado em muitos concursos para professores.

Disciplina como área de saber tem enorme destaque na formação do professor (incorporando, inclusive, os desafios da *inter* ou da *trans*disciplinaridade), ao passo que, como elemento organizador da coletividade, não tem ocupado um espaço significativo, seja no Magistério/Normal, nas licenciaturas ou mesmo na Pedagogia.

Para essa pouca valorização concorreram as críticas à disciplina da escola tradicional feitas pelos movimentos da escola nova (Decroly, Montessori, Dewey), da escola ativa (Ferrière), da escola moderna (Freinet), da não diretividade (Rogers), do enfoque libertário (Ferrer Guardiã), da defesa da autogestão pedagógica, assim como na pedagogia institucional (Lapassade, Lobrot) ou na pedagogia antiautoritária (Reich). Somam-se a experiência de Summerhill (Neill), os questionamentos advindos das aproximações da psicanálise à educação (G. Mendel, Mannoni, Dolto), a organização dos coletivos educativos (Makarenko, Pistrak), a educação como prática da liberdade (Freire). Essas concepções, embora, em termos de apropriação teórica, não sejam muito significativas no meio do professorado e tenham aplicações concretas limitadíssimas, são muito bem fundamentadas nas suas críticas ao autoritarismo escolar e tiveram forte impacto no imaginário dos educadores. Por meio de uma apropriação sincrética, consolidou-se uma representação social que veio negar a necessidade de disciplina, associando-a a autoritarismo. Aliás, praticamente toda a crítica dirigida à escola tradicional atinge amplamente a disciplina, já que esta é um dos pilares daquela (vejam-se, por exemplo, as perspectivas de desescolarização da sociedade – Illich, Reimer). Grande impacto teve a crítica reprodutivista da educação (Althusser, Bourdieu e Passeron, Baudelot e Establet) ao pôr por terra a *inocência* dos professores, à medida que deslocou fortemente a reflexão do campo pedagógico para o político-social, denunciando o papel da escola na reprodução das desigualdades sociais e vendo na disciplina – a explicitamente autoritária da escola tradicional ou a disfarçada da escola nova – um dos seus privilegiados mecanismos. Em tempos mais recentes, por meio das postulações pós-modernas ou pós-estruturalistas, especialmente com as análises – nem sempre bem compreendidas – de Foucault (1926-1984), a disciplina teve reforçada sua valência negativa entre os educadores.

Alguns autores sustentam que a disciplina é um tema transversal, não devendo ser tratada como um conteúdo específico no currículo da formação docente (Perrenoud, 2002, p. 29). Essa compreensão, em princípio, tem seu mérito pelo fato de remeter a questão à integração dos saberes da formação. No entanto, em razão da longa tradição disciplinar da organização dos currículos de formação docente, o que deveria ser um tratamento transversal acaba sendo deixado de lado, como decorrência dos programas clássicos que *devem ser cumpridos*.

> Analisando os currículos dos cursos de Pedagogia, vemos que são raras as faculdades de Educação que oferecem uma disciplina sobre Disciplina em suas grades; em algumas, é oferecida como disciplina optativa ou como possibilidade na especialização.

Outros pontos de vista podem ter contribuído para que a disciplina não fosse objeto destacado na formação docente: o entendimento de que ela seria um saber a ser ensinado pelo ofício (Gotzens, 2003, p. 29), a compreensão de que a academia não deveria se *rebaixar* para tratar de procedimentos (Perrenoud, 2002, p. 30) ou ainda de que a disciplina seria uma consequência de outros aspectos do trabalho docente que normalmente são objeto de estudo da Didática (processo de ensino-aprendizagem, metodologia de ensino, planejamento, avaliação), não configurando um território teórico específico.

A pouca produção teórica sobre a disciplina escolar, pelo vazio deixado e pela falta de critérios epistemológicos mais bem definidos, acabou criando condições para que surgissem obras com pouco rigor, muitas das quais pautadas no senso comum, o que fez com que se realimentasse a rejeição da academia pela temática.

Do ponto de vista do contexto histórico mais amplo, não podemos desconsiderar o regime de exceção (os governos militares brasileiros, depois do golpe de 1964), que provocou grande sensibilidade ao autoritarismo. A própria visão sobre desenvolvimento moral foi contaminada com a imposição pelo regime militar das aulas de *Educação Moral e Cívica* (EMC), *Organização Social e Política Brasileira* (OSPB) e *Estudos dos Problemas Brasileiros* (EPB), respectivamente para o ginásio, o colegial e o ensino superior.

Assim, várias gerações de novos professores saíram da universidade sem uma reflexão mais sistemática e crítica sobre esse problema que tanto inquieta o cotidiano e, objetivamente, tem um papel fundamental no processo de aprendizagem e de desenvolvimento humano.

A prática concreta do professor, no entanto, tem cobrado de forma muito contundente uma clareza de posicionamento sobre a disciplina escolar para poder enfrentar os desafios. Além disso, a produção no campo da disciplina tem sido impulsionada pelas referências aos conteúdos atitudinais (resultado do desdobramento dos conteúdos escolares – além dos conceituais e procedimentais), pela proposição da ética como tema transversal (*Parâmetros Curriculares Nacionais para o Ensino Fundamental* – Brasil, 1997), pela ênfase na *identidade e autonomia* dada no *Referencial Curricular Nacional para a Educação Infantil* (Brasil, 1998), pela

INTRODUÇÃO

explicitação da *ética da identidade* como um dos fundamentos do ensino médio (*Diretrizes Curriculares Nacionais para o Ensino Médio* – CNE, 1998), pelo relatório da Unesco *Educação: um tesouro a descobrir* (Delors, 1998), com seu destaque para o *aprender a viver juntos* como um dos quatro pilares para a educação do século XXI, pelas interfaces com questões de cidadania, violência, paz, protagonismo juvenil, paradigma ecológico, mal-estar docente, relacionamento entre pais e filhos, utilização de novas tecnologias na educação.

A disciplina não é, como querem crer alguns, uma decorrência *natural* do trabalho pedagógico; até pode ser em algumas situações, mas, como organizadora da coletividade de sala de aula (ou, mais amplamente, de educadores e educandos no ambiente escolar) em torno de um objetivo, tem uma especificidade: a criação de vínculos, a articulação entre o sentido, os limites e as possibilidades. Os estudos sobre disciplina escolar implicam um leque de temas peculiares que não costumam ser abordados em outros campos teóricos na formação docente, tais como: convivência escolar, coletividade de sala de aula (e da escola), clima de aula, direção ou manejo de sala, autoridade do professor, autonomia do aluno, reconhecimento mestre-discípulo, limites do comportamento/conduta/maneira de agir do aluno (e do professor), contrato de trabalho didático/pedagógico (regras, normas, direitos e deveres, sanções), relações de poder (professor-aluno, aluno-aluno), vivência de valores. Tem, portanto, um campo teórico próprio.

Aos poucos, esse campo vem se (re)constituindo, e a disciplina escolar ganha identidade, deixando de ser uma questão de opinião (*doxa*) e se firmando como ciência (*episteme*). Têm crescido as pesquisas e as publicações sobre o assunto, abrangendo vasto leque de temáticas, desde abordagens globalizadoras até temáticas mais específicas.

Estrutura da obra. No Capítulo I, refletiremos sobre o desafio da construção da práxis transformadora no

---

Cresce ainda a publicação de livros de etiqueta, de boas maneiras, mais recentemente voltados também para crianças e jovens. Historicamente, o domínio de boas maneiras foi condição para inserção no âmbito das cortes; portanto, estava relacionado a relações de poder. A peça *O burguês fidalgo*, de Molière (1622-1673), por exemplo, faz forte sátira dos absurdos a que se chegou em tais práticas. Pelo estilo (formalismos comportamentais, desvinculados da reflexão ética e política) e pelo público a que se propõe (setores abastados da sociedade), não estamos diante de um resgate civilizatório ou da indicação de dispositivos de *cuidados de si* libertadores (Foucault, 2004, p. 264), e sim de mais uma estratégia da torrente neoconservadora que se abate sobre nós.

INTRODUÇÃO

campo da educação e, em particular, da disciplina, apontando a necessidade de um *méthodos* de trabalho que seja autêntico instrumento de orientação da atividade docente. Frequentemente, o educador não tem tido formação adequada no campo dos processos de mudança: quando chega à escola, depois da formação acadêmica, choca-se com entraves, resistências, envolve-se em conflitos e não sabe como enfrentá-los. Uma abordagem rigorosa do problema evita análises simplistas e encaminhamentos equivocados. Daí nossa opção por tratar a disciplina não de forma isolada, mas com fundamento num ferramental teórico-metodológico.

A partir daí, desenvolveremos a reflexão sobre a disciplina escolar aplicando o *méthodos* anteriormente preconizado. De acordo com os princípios que norteiam a *Coleção Docência em Formação*, consideramos a prática social concreta da educação como objeto de reflexão e formação. Assim, no Capítulo II, por meio da abordagem crítica da situação atual da disciplina, buscamos a compreensão de seus condicionantes, tentando entender o que está por trás de tantas manifestações dos educadores (e educandos) e refletindo sobre o núcleo do problema disciplinar.

Em seguida, no Capítulo III, desenvolveremos uma reflexão mais densa sobre a delicada, porém fundamental concepção de disciplina. Como conceito polissêmico, disciplina admite os mais variados entendimentos. A questão de fundo ao discutirmos a disciplina é: como se dá a formação humana? O sujeito nasce pronto? É reflexo do meio? É resultado de interações? Por isso, essas reflexões revelam a concepção de educação que adotamos, bem como a disciplina que desejamos. Para um professor desatento, o que está em questão de imediato é conseguir condições para "dar sua aula". Na verdade, a questão disciplinar é muito mais profunda, pois tem que ver com a estruturação do caráter do sujeito, com sua postura diante da vida, enfim, com sua constituição humana na sociedade. Desse ponto de vista, a disciplina é um autêntico processo educativo (e não um adestramento ou um jogo espontaneísta).

No Capítulo IV, trabalharemos algumas possibilidades de intervenção para a construção de uma disciplina em sala de aula e na escola. Elencamos, de acordo com a estrutura implícita ao conceito construído de disciplina, algumas atividades que vêm ocorrendo e podem ajudar os educadores na busca de alternativas em suas realidades concretas. A perspectiva não é de receituário, mas de combater o *desperdício da experiência* (Sousa Santos, 2000).

O Capítulo V enfocará a questão das situações de conflito em sala de aula. Por mais que se faça em termos de prevenção, os conflitos emergem, até porque são inerentes a qualquer relacionamento que tenha um mínimo de autenticidade. O olhar do educador sobre o conflito é fundamental para que seu potencial educativo seja explorado.

No Capítulo VI, será abordado um tema contundente: as relações entre disciplina e avaliação da aprendizagem. Historicamente, essas duas práticas pedagógicas estão muito vinculadas, e ainda hoje é costume usar a nota como forma de controle de comportamento, distorcendo tanto o sentido da avaliação quanto da disciplina. Tratamos também de algumas perspectivas superadoras.

Por fim, no anexo *Construção coletiva do projeto disciplinar da instituição*, traremos a proposta de uma oficina. Muitas vezes, insiste-se na construção coletiva de projetos na escola, mas faltam recursos metodológicos; ali apresentamos um instrumental de elaboração, pautado no planejamento participativo.

Disponibilizamos ainda farta bibliografia sobre o tema e suas interfaces, o que possibilita a continuidade da reflexão.

Cabe uma observação sobre a linguagem utilizada. Nosso entendimento é de que complexa é a realidade, e a linguagem não deve ser artificialmente hermética só para ser *valorizada* em função da dificuldade de compreensão. O que, por outro lado, não significa banalização. Entendemos que o diálogo com a tradição (ademais, tarefa indispensável do educador, na medida em que tem o conhecimento como o grande instrumento de trabalho) pode se dar para possibilitar – e, mais do que isso, provocar – a entrada de novos interlocutores e não se fechar, tendo a pretensão de ser admirado por "seu alto nível". Partilhamos a convicção de que quem de fato entendeu é capaz de dizer de maneira simples (mas não simplista) e quem não está conseguindo dizer de maneira simples é porque não entendeu suficientemente ainda (Vasconcellos, 2008b). O nosso esforço vai nessa direção.

"Tudo o que pode de todo ser pensado, pode ser pensado com clareza. Tudo o que se pode exprimir, pode-se exprimir com clareza" (Wittgenstein, *Tractatus*, 4.116).

A disciplina escolar nos desafia mais e mais, à medida que avançamos na concretização de uma educação democrática. A complexidade do assunto faz com que tenhamos presente a exigência de articular a formação no campo disciplinar com uma proposta de formação geral, tarefa que a *Coleção Docência em Formação* se propõe por meio do conjunto de suas obras.

Capítulo I

A questão do *méthodos* de abordagem da (in)disciplina escolar

A questão do méthodos de abordagem da (in)disciplina escolar

Apresentamos aqui as bases teórico-metodológicas de abordagem da (in)disciplina escolar, que será referência para toda a organização da obra. Seja em função dos desafios colocados, seja pela constante tensão de aperfeiçoamento – a busca de ser mais –, há por parte dos educadores grande procura de caminhos para a melhoria da prática pedagógica. Com todo o desenvolvimento histórico e cultural no campo da educação, existem muitas ideias interessantes, pertinentes, que poderiam favorecer a mudança. Não estamos é conseguindo fazê-las acontecer.

É certo que nem sempre temos as condições objetivas necessárias; mas não podemos deixar de constatar também a falta de instrumentos adequados de intervenção. Diante dessa dificuldade, alguns docentes partem um tanto freneticamente para o fazer, para a busca da *prática*. Acontece que o simples fazer determinadas coisas não costuma ser útil nem no campo da transformação da natureza, quanto mais quando se trata de transformação humana e social: o fazer pelo fazer, baseado na repetição ou improvisação, reduz-se a uma margem muito pequena de possibilidade de contribuição efetiva para a mudança, em razão do alto nível de complexidade da atividade humana e da necessidade de alto grau de envolvimento do sujeito na tarefa.

Quando não há uma estrutura da atividade, o professor pode comprometer todo um conjunto de práticas,

> Ver C. S. Vasconcellos, *Planejamento: projeto de ensino-aprendizagem*; C. S. Vasconcellos, *Currículo: a atividade humana como princípio educativo*; M. O. de Moura, *Educação matemática: fundamentos e métodos*, nesta coleção.

ainda que renovadas. Daí a necessidade de o professor estar *integrado* à ação, o que pede dele *méthodos*.

1. Conceito de méthodos

Por sua característica de intencionalidade e de prática, bem como de desejo de acertar, a atividade educativa demanda reflexão em várias direções: desvelamento do real, explicitação e/ou construção das finalidades, as mediações para intervenção no real, assim como o acompanhamento dos resultados. Toda ação humana consciente, parece-nos, não pode prescindir de algumas dimensões básicas:

- *Conhecimento da realidade:* a atividade humana, por ser concreta (não universal), precisa de elementos de contexto para situar-se. (*Análise da realidade.*)
- *Clareza de objetivos:* ninguém, consciente e livremente, faz algo se não tiver um objetivo em mira. (*Projeção de finalidades.*)
- *Plano de ação:* considerando a complexidade da ação e o desejo de que venha efetivamente a acontecer, há necessidade de planejar os passos antes de dá-los. (*Elaboração de formas de mediação.*)
- *Ação:* não basta elaborar um bom plano; o que se espera é sua colocação em prática.
- *Avaliação:* não nos parece absolutamente razoável ir agindo sem checar se estamos indo na direção desejada, se estamos indo bem.

Esse conjunto articulado de elementos, que estrutura epistemologicamente a atividade humana, denominamos *méthodos*. O *méthodos* é uma disciplina do pensamento e da ação. Por que o termo grego e não o português? É que *método* já tem certas conotações (por exemplo: conjunto de passos que devem ser necessariamente dados; "método de alfabetização") que poderiam distorcer o sentido que almejamos imprimir. Argumento

A QUESTÃO DO *MÉTHODOS* DE ABORDAGEM DA (IN)DISCIPLINA ESCOLAR

análogo justifica a não utilização da palavra *planejamento*: no meio dos educadores, lamentavelmente, é grande a distorção da prática do planejamento, levando a preconceitos e descrença. Entre as distorções, está a de considerar planejamento só como a elaboração de planos, não incluindo sua colocação em prática. Outra é a de pensar o planejamento apenas no âmbito do trabalho com o conhecimento e não no conjunto da atividade docente. Outro ruído ainda é o caráter burocrático que o planejamento assumiu em muitas realidades, em que planejar é "preencher papéis", e não se debruçar sobre a realidade para compreendê-la e transformá-la. Em termos de descrença, um fator decisivo foi a ênfase dada nos planos às "ideias bonitas", aos sonhos, caindo no viés idealista, por não perceber qual o lugar específico do sonho no processo de planejamento (na *projeção de finalidades* cabem todos os sonhos – possíveis ou não –, porém no *plano de ação* só os sonhos de realização possível naquele momento histórico). Nossa esperança é que, com o tempo, os professores compreendam o planejamento como autêntico *méthodos* de transformação.

> Na Oficina, este aspecto metodológico será aprofundado.

O sentido que desejamos dar a *méthodos* é o de postura diante da realidade, que corresponde à sua origem grega: *Met(á)* [fim] + (*H)odós* [caminho], isto é, o caminho para chegar a determinado fim, partindo de onde se está.

Óbvio? *"A experiência nos ensina que nem todo óbvio é tão óbvio quanto parece"* (Freire, 1981a, p. 42). Intuitivamente, o professor até pode passar pelas dimensões acima apontadas. O que está em questão é a necessidade de ter uma iniciativa consciente e crítica, sistemática, organizada, que tenha um rigor, uma *episteme*.

O *méthodos*, na perspectiva dialética que estamos assumindo, funciona como uma espécie de provocador e canalizador das energias do educador, como um integrador do sujeito (exigência de estar inteiro no que faz). O *méthodos* visa ajudar o professor a não atuar na base do improviso (existem, naturalmente, momentos de improviso, mas não uma atitude de descuido); a sair do "piloto automático", do hábito alienado; a apropriar-se mais intensamente de seu trabalho; a construir sua autonomia.

O que trazemos é apenas uma contribuição; não existe teoria ou método que possam esgotar a ação humana: são aproximações.

O *méthodos* é um instrumento simbólico de intervenção; implica categorias e posturas (por exemplo, a superação da forma dicotômica de pensar, o compromisso com a mudança); é fundamental por dar direção e operacionalizar e, enfim, por ser autêntico instrumento emancipatório de ação. Não se fecha ao inesperado nem nega a riqueza e a diversidade do cotidiano. Dispõe as dimensões sobre as quais o sujeito precisa se debruçar para dar conta dos desafios da prática; e, mais do que elencar as dimensões, aponta para as fundamentais relações entre elas.

As dimensões do processo reflexivo (realidade, finalidade, plano de ação, ação, avaliação) podem se dar em vários níveis e campos. Muitas vezes, na formação, trabalha-se com o futuro professor apenas um campo (por exemplo: o planejamento de sala de aula), sem advertir que estrutura metodológica semelhante pode ser aplicada em outros níveis ou campos (escola, comunidade; sociedade; obstáculos materiais, políticos, relacionais). Além disso, o professor até tem na formação elementos de *realidade, finalidade* e *plano de ação*; só que normalmente são justapostos. Sai, por exemplo, com um *chip* implantado e informado de que "tem de" trabalhar a partir da realidade imediata do aluno, que os textos devem ter que ver com sua realidade, etc. Ora, essa é uma possibilidade metodológica, mas quem disse que é a única?

Articulando as atividades reflexivas anteriormente apontadas, podemos apresentar o seguinte quadro:

Quadro 1: Dimensões do *méthodos*

Dimensão metodológica	Tipo de atividade reflexiva	Significado
Análise da realidade	Cognoscitiva	Conhecimento da realidade; busca da rede causal (não unilinear); localização das necessidades, dos motivos
⇕	⇕	⇕
Projeção de finalidades	Teleológica	Estabelecimento de finalidades, objetivos; intencionalidade; atribuição de valor
⇕	⇕	⇕
Plano de ação	Projetivo-mediadora	Elaboração das formas de mediação; construção das estratégias de ação
⇕	⇕	⇕
Ação	Práxico-pragmática	Guia da ação; acompanhamento da ação; consciência prática; vigília
⇕	⇕	⇕
Avaliação	Diagnóstica	Crítica; julgamento; identificação da necessidade de alterações

Pode ser uma prática produtiva, artística, social, religiosa, etc.

Essa é uma divisão didática, para melhor compreensão do fenômeno. No cotidiano, essas coisas acontecem de forma tão rápida e integrada, que comumente nem nos damos conta.

2. Sobre as dimensões do méthodos

A seguir, explicitamos um pouco mais o significado de cada uma das dimensões do *méthodos*.

2.1. Análise da realidade

Enquanto membros da espécie *Homo sapiens sapiens* e, em particular, enquanto professores, devemos utilizar a grande ferramenta de que dispomos – o conhecimento – a nosso favor: decifrar o real, entender o que está acontecendo, apreender o movimento da história e aprender com ele, desmontar as armadilhas ideológicas e, assim, resgatar a potência, uma vez que será por meio do conhecimento rigoroso de nossa realidade singular que teremos elementos para encontrar alternativas adequadas de ação.

Em nossa limitação humana, não temos como abarcar precisamente o todo; vamos captando a realidade parte a parte e nem sempre conseguimos relacionar, recompor a rede de conexões. A *análise da realidade* nos aponta para essa exigência e, nesta medida, implica um processo de construção do conhecimento (síncrise-análise-síntese).

Pela *análise da realidade*, o professor não simplesmente conhece as necessidades do contexto, como pode acabar por incorporá-las, fazê-las suas, em razão de seu desejo de ajudar a transformar aquela realidade em que está atuando. Então, mesmo quando o professor segue um bom plano de ação – mas não por ele elaborado –, se não tiver conhecimento da realidade, se não conseguir captar as necessidades do grupo, terá dificuldade em tornar sua prática significativa. Ao mesmo tempo, quando aquilo que faz não se coloca como necessidade "para ele", pode faltar motivo, disposição energética, afetiva, para enfrentar as dificuldades e resistências inerentes ao processo educativo inovador.

Aparentemente, analisar a realidade é algo simples; porém só aparentemente. Começamos lembrando que a realidade não se revela diretamente, demandando mediações; não está "dada", mas é uma construção que o sujeito faz (Berger e Luchmann, 1978) e depende, portanto, de sua posição (e disposição) de abordagem (lugar social e institucional, conhecimento prévio, concepções tácitas, valores). Não é simples descrição; implica pesquisa, levantamento de hipóteses para explicar – logo, aplicação de teorias, bem como criação de novas. Daí a exigência de rigor para apreender o mais efetivamente possível o movimento do real, embora reconhecendo que a análise da realidade não se esgota: é sempre uma aproximação; a realidade é sempre muito mais complexa do que nossos esquemas interpretativos. Na sua formação, o docente deve desenvolver técnicas de observação e de análise de situações pedagógicas (Estrela, 1994, p. 101); aprender a ler o grupo partindo – e isto é decisivo – de um *olhar que queira ver* (Tura, 2000).

2.2. Projeção de finalidades

A projeção de finalidades supõe opções pautadas num quadro de valores. Entre os vários conceitos de disciplina, por exemplo, escolhemos um ou, a partir deles, construímos o nosso. Não é fácil estabelecer finalidades num tempo de tantas crises paradigmáticas, de rupturas de referenciais, de profunda falta de sentido. Por outro lado, se não tem clareza das finalidades, faltará ao sujeito tanto a direção para a atividade quanto maior investimento emocional no fazer. A exigência de clareza da finalidade se contrapõe justamente a este "fazer por fazer", mecanicamente, sem acreditar, que é incompatível com um ensino autêntico – algo vivo, multifacetado, dinâmico, com forte carga de imprevisibilidade, um acontecimento e não uma repetição, uma obra e não um simulacro (Lefebvre, 1983).

É preciso alimentar um sonho, uma utopia (do grego, *ou topos*, o não lugar, aquilo que não tem lugar ainda, mas deve ter). O fato de a realidade ser dura não deve anular o sonho (assim como o sonho não pode impedir rigoroso conhecimento da realidade; são dimensões metodológicas diferentes, mas todas imprescindíveis). Não devemos abrandá-lo por não ver possibilidade de realização imediata. Precisamos lembrar que uma das funções do sonho é justamente tensionar a realidade no sentido de sua transformação.

2.3. Plano de ação

Sabendo onde se está e para onde se quer ir, há condições de montar o *plano de ação*. Ocorre que *"os problemas de natureza social são em regra indeterminados, isto é, admitem uma pluralidade de 'soluções'"* (Canário, 1998,

p. 31), o que implica, mais uma vez, opções e tomada de decisão: diante do leque de possibilidades, que caminho se vai tomar naquele momento.

O que está em pauta no processo de mudança da realidade não é a mera existência de um rol de sugestões ou opções *do que* fazer (como se fosse uma "feira de novidades", um supermercado de alternativas). O caminho para chegar a uma prática transformadora é bem mais complexo: é a criação de um novo *plano de ação* do sujeito, fruto tanto da percepção de uma necessidade quanto da clareza de uma finalidade (dialética *realidade-finalidade-plano de ação*). O problema não é apenas "ter o que fazer", "saber" o que deve ser feito, e sim *interiorizar*, entrar no movimento conceitual e no movimento histórico da atividade educativa. Por isso, enfatizamos a questão do *méthodos* de trabalho para o professor. O *plano de ação*, por ser uma criação do sujeito (individual e/ou coletivo), de um lado traz as marcas peculiares à realidade concreta em que se situa (fato que nenhuma sugestão de fora, por melhor que fosse, daria conta) e, de outro, traz o impulso (energética) para a ação, já que o plano é *filho* da tensão entre a realidade e o desejo.

Em função da característica coletiva do seu trabalho, o professor entra em contato com iniciativas de colegas e da equipe diretiva que chegam a ser formuladas como propostas. Muitas delas, no entanto, nem sequer serão analisadas seriamente por ele, simplesmente porque colocadas de forma impositiva: sentindo-se desrespeitado, fecha-se. Por melhor que seja a ideia, não vai se impor por si: depende da adesão do outro. Não podemos esquecer que o ser humano não é apenas razão.

Alguns educadores tendem a identificar o elemento "estratégico", operacional (*plano de ação*), com a gestão; na verdade, a gestão, na perspectiva dialética, subentende o *plano de ação*, mas este é pautado tanto na *realidade* quanto na *finalidade* (sem desconsiderar ainda a *ação* e a *avaliação*).

No momento de busca de alternativas, podem emergir propostas, baseadas na memória, na intuição ou na criatividade, que não correspondem ao movimento feito em termos de análise da realidade e de projeção de finalidades. Um ruído comum aqui é o aparecimento de propostas de ação que têm origem na tradição e ganham vida própria. Por isso é importante o confronto deste momento metodológico com os anteriores. O confronto pode levar ao descarte de propostas ou até à necessidade de revisão dos momentos anteriores, em razão da lacuna denunciada pela proposta emergente.

A construção do *plano de ação* se pautará em dois critérios básicos: a *necessidade* e a *possibilidade*. Desta forma, o que vai para o plano tem condições de acontecer (já que foi verificada sua viabilidade) e de alterar qualitativamente a realidade (dada sua pertinência e relevância). O *méthodos* ajuda a configurar e ocupar a zona de autonomia relativa (ZAR) que temos. A ZAR é o espaço existente entre o limite externo, dado pela natureza e pela sociedade, e o interno, do sujeito ou do grupo, seja este limite projetado (autolimitação) ou objetivo (contradições das pessoas e/ou estruturas da instituição). Se imaginarmos dois círculos concêntricos, a ZAR corresponde à coroa circular entre ambos (Vasconcellos, 2009a).

2.4. Ação

Uma das maiores dificuldades no processo de mudança da educação é justamente concretizar nova intencionalidade, seja em razão do enraizamento da anterior (obstáculo epistemológico, Bachelard), seja por causa da não problematização da ação atual, decorrente da pouca reflexão crítica sobre a prática, como consequência das condições adversas de trabalho e dos limites e adversidades impostos pelas próprias condições. Mas é absolutamente fundamental chegar à prática, não ficar só no nível da elaboração. Todavia, como estamos vendo, não nos interessa qualquer prática, e sim a que propicia as mudanças na direção desejada.

A QUESTÃO DO *MÉTHODOS* DE ABORDAGEM DA (IN)DISCIPLINA ESCOLAR

Quando a ação que está executando é "postiça", vinda de fora, há dificuldade em articular a prática não elaborada pelo próprio sujeito e a totalidade do processo, justamente por falta dessa visão de conjunto. Assim, é comum depararmos com situações que caracterizamos de pseudossuperação, na qual o professor, por exemplo, faz várias pequenas assembleias de classe e com isso, em vez de encontrar alternativas para superar os problemas, é capaz de afirmar com maior certeza ainda que os alunos "não têm jeito", que "não querem nada com nada". Veja-se o paradoxo: a introdução de momentos de análise das relações – bandeira de uma nova disciplina – acaba servindo para consolidar preconceitos.

Nessas situações em que "adota" o plano de ação de outros, como apontamos, o docente não sabe o que fazer diante do movimento do real: quando há mudança da realidade ou dos objetivos, fica desorientado, dado que estava apenas seguindo um roteiro não gerado por ele.

Esclarecemos que não estamos negando a possível validade de uma prática *mimética*, imitativa, como uma fase no processo de mudança: o professor pode fazer algo que lhe dizem, cujos fundamentos, porém, ele não dominou ainda, como forma de se aproximar de nova prática. O que desejamos é diferenciar esse tipo de prática do autêntico *méthodos*, nosso objetivo aqui. Assim, embora tenhamos dois professores com o mesmo tipo de prática (por exemplo, construindo junto com os alunos as regras de trabalho em sala de aula), os resultados podem ser bem diferentes quando um faz apenas por imitação e outro faz como fruto de toda uma reflexão sobre a problemática educacional. Quando o sujeito passou por essa reflexão, sua prática está articulada a um plano que ele mesmo definiu como resultado de uma análise do problema e de nova finalidade assumida para a educação; portanto, trata-se de algo integrado a ele e, ao mesmo tempo, algo dinâmico, em constante movimento também no próprio sujeito, à medida que vai fazendo novas leituras do real, tendo mais clareza das finalidades e/ou descobrindo novas formas de intervenção. O *méthodos*, portanto, caracteriza-se como algo, ao mesmo tempo, *integrado* e em *movimento* no sujeito.

2.5. Avaliação

A avaliação é o exercício da análise crítica por excelência: ir ao essencial, além da aparência; submeter a critérios. Não é feita para o outro ou para a instituição, mas, antes de tudo, para o próprio sujeito regular sua ação. Frisamos que não estamos nos referindo à avaliação da aprendizagem, mas, sim, à avaliação como elemento constituinte da atividade humana; inclui certamente a avaliação da aprendizagem, mas vai muito além.

No âmbito escolar, a avaliação tem sofrido muitas críticas, porém o que criticamos são determinadas formas de realizá-la (autoritária, excludente, formal, desconectada do processo) e não a avaliação em si, que, como sabemos, é uma conquista da espécie: se chegamos ao que chegamos como *Homo sapiens sapiens,* é porque nossos antepassados avaliaram com um mínimo de rigor; caso contrário, estaríamos extintos. Esse risco de extinção, como sabemos, mais do que nunca é atual: nosso planeta está em sério risco; daí a necessidade de um paradigma ecológico (ver, nesta coleção, o volume *Educação ambiental,* de Isabel C. M. Carvalho).

A avaliação, como estratégia crítica, aplica-se a todas as dimensões, também a si mesma (meta-avaliação: avaliação da avaliação). Assim, por exemplo, na *projeção de finalidades,* a avaliação estará presente no questionamento que o sujeito se faz sobre a clareza das finalidades, sobre quanto está abarcando o conjunto dos elementos relevantes da atividade (projetando o ideal para cada aspecto), bem como analisando até que ponto os objetivos que estão sendo elaborados se mostram coerentes com as finalidades maiores assumidas por ele (caráter ético e político da definição dos objetivos). Isso é importante para que não caia numa ação meramente instrumental: o professor tem como objetivo a disciplina em sala, mas a sua obtenção não pode ser a qualquer custo, uma vez que tem um objetivo maior de ajudar na formação de determinado perfil de pessoa humana.

* * *

> Não basta que a ação esteja de acordo com a realidade e a finalidade; cabe uma reflexão ética sobre a validade da finalidade, sobre a repercussão da ação: vai produzir vida? É coerente com os valores maiores assumidos?

> Exemplo: acreditar na possibilidade de mudança de si, do outro e da realidade.

Com a perspectiva do *méthodos*, não negamos a plasticidade e, mais do que isso, as flutuações, as incertezas do real; buscamos uma forma de enfrentamento dentro de todos os seus limites, mas também de suas possibilidades! Reconhecer a complexidade não é ficar refém dela; pelo contrário, é qualificar-se para intervir. Entendemos o *méthodos* como instrumento de luta para enfrentar os condicionantes da ação educativa. Junto com o *méthodos* (dimensão epistemológica), há um conjunto de valores (dimensão ética, axiológica), pressupostos (dimensão ontológica), além de um querer, uma mobilização (dimensão erótica); tudo isso não de forma isolada, mas no horizonte da *pólis* (dimensão política).

O método é para o sujeito. Se não há sujeito – vivo, desejante, comprometido –, não faz sentido falar de *méthodos*.

Nos próximos três capítulos, aplicaremos esta estrutura do *méthodos*, abordando mais sistematicamente as dimensões de *realidade, finalidade* e *plano de ação* da disciplina escolar. Naturalmente, o faremos genericamente, como elaboração teórica ampla, visto que não estaremos nos referindo à realidade de determinada instituição. Depois, na Oficina (anexo), apontaremos uma forma concreta de trabalhar as dimensões do *méthodos* na construção da proposta disciplinar da instituição.

Capítulo II

(In)disciplina em sala de aula e na escola: o que se passa?

(In)disciplina em sala de aula e na escola: o que se passa?

Como um primeiro momento metodológico, vamos nos debruçar sobre a problemática da disciplina escolar, buscando compreendê-la de forma crítica.
No processo de formação docente, é importante que o futuro professor seja desde logo confrontado com a realidade educacional e vá se capacitando para enfrentá-la, não tanto do ponto de vista de geração de estratégias imediatas de intervenção, mas incorporando a análise como uma dimensão do instrumental teórico-metodológico, o qual pode ser aplicado em diferentes manifestações e contextos.

A disciplina tem ocupado um espaço cada vez maior no cotidiano escolar, ultrapassando a vinculação ao tipo de mantenedora (pública, comunitária ou privada) e de localização geográfica (de centro ou de periferia, nas capitais ou no interior, urbanas ou rurais). É grande a insatisfação daí decorrente, chegando a desencadear doenças ocupacionais ou mesmo o abandono do magistério (Estrela, 1994, p. 98; Gotzens, 2003, p. 23; Vasconcellos, 1993).

> Esquecimento ou déficit de memória, insônia, tristeza, medo, ansiedade, dor de cabeça, dor de estômago, queda de cabelo, herpes, calo nas cordas vocais, etc.

Do ponto de vista do professor, esse é um aspecto delicado, por mexer, entre outras coisas, com sua autoimagem: a indisciplina é associada, com frequência, ao fracasso profissional. Às vezes, numa escola, temos um excelente professor – à medida que é comprometido com um projeto de humanização e emancipação e favorece a efetiva construção do conhecimento, o desenvolvimento de habilidades mais elaboradas e atitudes favoráveis nos educandos – que, porém, por ter alguns *probleminhas* de comportamento na turma, não é bem conceituado pelos dirigentes, pais, colegas e até alunos. Por outro

Podemos lembrar os vários episódios de alunos matando colegas e professores no interior de escolas nos EUA. O Japão é conhecido por seu sistema disciplinar extremamente rígido, que por vezes acaba levando os jovens ao suicídio; agora, está enfrentando grave problema em decorrência da demanda de criatividade para uma economia globalizada e da falta de mentes abertas, provocada pelo próprio sistema. A antiga União Soviética tinha o problema do dogmatismo; atualmente, a Rússia está com o sistema educacional abalado em consequência das contingências políticas e econômicas, além de uma presença perniciosa do crime organizado. A França, que tinha um sistema muito tradicional, foi para outro muito liberal; quando tentou voltar ao primeiro, os estudantes e pais foram às ruas para protestar.

lado, um péssimo professor – por ser autocentrado e mais preocupado com sua imagem e sobrevivência do que com os alunos e não promover efetiva aprendizagem, mas a memorização mecânica, a repetição, o medo (em razão de sua postura autoritária), pode ser tido como excelente, já que tem o que se costuma chamar de "domínio de classe": submete arbitrariamente os alunos ao controle (e à passividade).

A problemática disciplinar se expandiu em termos de gênero: antes, era um problema praticamente só dos meninos; no presente, as meninas não deixam por menos. E de faixas etárias: houve época em que a reclamação vinha dos professores do final do ensino fundamental; depois começou a vir do final da primeira fase do fundamental; atualmente, tem vindo até da educação infantil e, no polo oposto, do ensino superior. Gostaríamos de deixar claro que não estamos generalizando, mas apontando uma tendência, que é preocupante e precisa ser revertida.

Talvez sirva de consolo (ou de aumento da angústia) saber que não é um problema apenas nosso: é um desafio que, com suas características próprias, atinge muitos países e, embora não seja uma questão tão recente, tem notoriamente se agravado nos últimos tempos.

Outro elemento que pode relativizar nossa apreensão é a constatação da crise disciplinar em outras esferas da sociedade, para além da escola. Um simples caminhar na rua revela um conjunto significativo de transgressões.

> O carro que não para no semáforo; o motoqueiro que passa sem capacete; o ônibus que não para no ponto para pegar pessoas idosas; a *madame* que leva o cachorro para fazer necessidades fisiológicas na calçada (em autêntica confusão entre o público e o privado; no caso, o público vira privada...); as faixas e cartazes sem autorização, poluindo visualmente o ambiente; poltronas e sofás jogados no lixo; os pneus jogados no rio; carros parados em lugares proibidos; papéis jogados no chão; carro riscado de propósito; o troco na padaria, que não devolve os centavos ou dá balas no lugar; a nota fiscal que nunca é dada. No plano macro, lembremos o episódio de 11 de setembro de 2001, em Nova Iorque e Washington.

A crise da disciplina escolar realmente é muito séria talvez porque, pela primeira vez na história, esteja em jogo a própria continuidade da instituição, no que diz respeito tanto ao seu significado social (a escola é, de fato, necessária? É importante para quê? Para quem?) quanto à sua existência objetiva baseada no tripé *professor, aluno* e *instalações*. Trata-se de quadro marcado pela desistência de professores (mal-estar docente, Esteve, 1992; *burnout* – síndrome de desistência, Codo, 1999), violência discente (bulimento: apoquentar, causar forte incômodo, agredir – em inglês, *bullyng*; alunos se matando na escola ou nas suas proximidades), destruição física dos prédios e materiais escolares, agressão física a professores, prisão de alunos por porte de arma ou de drogas, arrombamento a salas de vídeo e de informática, incêndios criminosos, atos de vandalismo.

A queixa. As queixas dos professores quanto à indisciplina têm sido muito fortes. Podemos citar, a título de ilustração, alguns depoimentos que as exemplificam:

> *A falta de interesse está muito grande. Os alunos estão dispersos, não respeitam mais o professor, estão vivendo em outro mundo. A tecnologia avançou demais e o professor infelizmente não acompanhou, ficou desinteressante para eles. Eles estão acostumados a apertar botão de videogame, de computador, a ver televisão, internet, e aí aparece o professor com apagador e giz... Durante a aula, ficam entre eles passando mensagem pelo celular. O professor não está conseguindo ter domínio, as aulas estão muito no passado, muito antigas. Não temos a varinha mágica para motivá-los ali. Os meios de comunicação, ao invés de ajudar, estão atrapalhando: programas muito violentos. Não está existindo liberdade com responsabilidade. As crianças de hoje são mais espertas do que antigamente. A família não tem colaborado; os alunos vêm sem limites de casa. Geralmente, há até conivência dos pais: o professor nunca tem razão. Há muitos problemas familiares. A própria família não sabe o que fazer; a mãe fala: "O que eu faço com ele? Vou matar?" A disciplina em sala de aula extrapola totalmente e aí não tem jeito, só se bater, e bater não pode. Eu não sei o que fazer com a classe; tem hora que dá vontade de bater em todo o mundo. Às vezes, o profes-*

Não podemos deixar de mencionar uma iniciativa ainda pequena, mas com tendência de aumento: o ensino doméstico (*homeschooling*). Em alguns países, já existem publicações específicas para essa prática, que se apresenta como alternativa a uma imagem construída do fracasso da escola (Apple, 2003, p. 211).

Numa escola particular da Grande São Paulo, a direção não podia dizer qual era o último dia de aula, pois os alunos do terceiro ano do ensino médio depredavam tudo (de carteiras a lousa e ar-condicionado). O lamentável da história é que, em vez de ir fundo e ver o que estava por trás de tal manifestação, a "solução" encontrada foi "pegar os alunos de surpresa": em determinado dia, eles eram barrados na porta e avisados do fim das aulas....

sor é completamente ignorado na sala de aula; você entra e parece que não entrou ninguém. Passam a noite no MSN e chegam na escola como zumbis. Por que se dá tanta regalia para os alunos e o professor é tão esfolado em sala de aula? Como manter uma aula decente se você não tem material pedagógico, não tem condições de trabalho, não tem nada? E agora, o que fazer quando o aluno está falando mal da gente no Orkut? Você vai tentar punir o aluno, não pode, porque a direção não deixa, o Estado não permite, os pais não aceitam... O aluno se sente muito protegido: "O professor não pode me encostar a mão"; só pensa nos seus direitos. O aluno sabe que vai passar de qualquer jeito: o professor é obrigado a fazer infinitas recuperações. O conselho de classe é muito bonzinho, protege o aluno, aprova por pena, por dó; tem ainda os recursos dos pais ou a aprovação automática. Com os ciclos, ninguém mais segura os alunos. É um tormento ir para a sala de aula; eu nunca sei o que vou encontrar lá. Nestas condições, não sei se subsisto por muito tempo. Há também a indisciplina social. Há muita impunidade na sociedade: as pessoas fazem coisas e não acontece nada com elas. Falta perspectiva ao jovem: não sabe para que estudar. Aluno diz: "Eu vou ser jogador de futebol, não preciso de estudo." Vai ganhar muito mais do que eu... Às vezes, muitos de nós, profissionais da área, ficamos desmotivados, pois o professor não ganha tão bem. O professor também se desmotiva: "Ah, para que eu vou mudar? Para que fazer meu planejamento assim? Uso o do ano passado." O que fazer quando o aluno desrespeita muito o professor e depois diz assim: "Não me amole, que hoje eu já fumei maconha"? Como explicar que a classe é disciplinada com determinado professor e não é com outro? É preciso ver a postura do professor, o método que utiliza. Continuamos com métodos elitistas e arcaicos. O que é para nós disciplina? É a prática do silêncio? O que fazer para sermos atrativos e agradáveis?

No discurso dos professores, uma das coisas que se destacam, para além do conteúdo semântico, é o conteúdo emocional, a carga afetiva que acompanha suas manifestações. Falam da disciplina a partir das entranhas, e não *da boca para fora*; não está em questão uma sofisticação do discurso, uma ilustração enciclopedista, um diletantismo teórico. São vivências muito doloridas ou até convicções fortemente enraizadas; vão, pois, além da dimensão conceitual.

Percebemos alguns focos das queixas: o aluno (seu desinteresse, sendo comum a hipótese de isso ser decorrência da tecnologia a que tem acesso fora da escola); os meios de comunicação (a sua influência negativa: violência, contravalores); a família (desestruturação, omissão, não cumprindo seu papel e transferindo responsabilidades); a escola (falta de apoio ao professor); o sistema de ensino (não dá condições de trabalho); a sociedade (sua [des]organização, desemprego, crise de valores); e, depois de certo tempo, chega-se a colocar em questão a própria relação pedagógica. Consideremos, no entanto, que a ênfase dada aos vários aspectos não é a mesma (a incidência de queixas sobre a família, por exemplo, é muito forte). Essa visão de conjunto acaba se compondo com a contribuição de vários sujeitos, mas dificilmente a encontramos num professor considerado individualmente.

Complexidade. Por esse breve levantamento, vemos como o problema da disciplina está ligado a uma série de outras questões; a queixa pode começar pela sala de aula, mas logo atinge a família e, se insistirmos, passa pela mídia, pelo sistema de ensino e chega ao sistema social. Efetivamente, não é possível falar com rigor da disciplina isolando-a da realidade maior, já que o que acontece em sala, embora seja uma prática localizada, tem que ver com o mundo!

Outro fator a ser considerado é que a disciplina é apenas um aspecto de um processo maior, a educação escolar, na qual a tarefa do educador é participar da formação humana, ao mesmo tempo, de 30, 40 ou mais sujeitos. Que outra atividade humana apresenta tal nível de exigência e complexidade?

O professor é um sujeito concreto que trabalha com alunos também concretos numa realidade concreta; se nos pautássemos numa perspectiva idealista e abstraíssemos tal concretude, tornar-se-lhe-ia superfácil exercer sua atividade; mas aí também, parece-nos, não haveria necessidade de existência do professor, uma vez que o aluno ideal poderia caminhar por si. Certa feita, numa capacitação, depois de termos levantado a problemática toda que envolve a prática educativa, um professor, um tanto angustiado, iniciou sua fala, dizendo: "Mas, professor, tirando isto..." Ora, "tirar isto" significa justamente desconsiderar a educação na sua concretude. Nesse caso, poderíamos fazer toda e qualquer elucubração, que só serviria como alienante válvula de escape.

Essa complexidade pede uma abordagem interdisciplinar, multidimensional, multirreferencial (Pimenta e Anastasiou, 2002). Precisamos reconhecer os limites de nossos enfoques e procurar complementá-los, articulá-los com outras contribuições. A questão da disciplina requer, para seu enfrentamento, além dos próprios saberes pedagógicos, a ajuda de um conjunto de áreas do conhecimento. Aquilo que não se revela de imediato, essas diversas abordagens ajudam a percebê-lo, a fazer emergir, para além das manifestações primeiras.

> Por um processo de colaboração com nossos pares e de aproximações sucessivas, podemos ter a ajuda da Sociologia, da Antropologia, da Psicanálise, da Filosofia, da Ética, da Estética, da Política, da Psicologia, da Linguística, da Economia, da Geografia, da História, da Tecnologia, da Comunicação Social, do Direito e ainda dos novos enfoques das assim chamadas "ciências duras", como a Biologia (F. Varela, Maturana), a Química (Prigogine) e a Física (Einstein, Heisenberg).

1. Tentando compreender o que está acontecendo

Afinal de contas, o que se passa com a disciplina? O que está acontecendo? Ou melhor, o que está por trás do que está acontecendo? Como entender a questão da disciplina escolar? Essas perguntas nos remetem a amplas e interessantes análises, até porque envolvem a nossa própria história como alunos e professores.

Necessidade de reflexão. Alguns professores, na ânsia de diretrizes para a ação, vão logo afirmando: "Já sabemos o que está acontecendo, até porque vivenciamos na pele", almejando "pular" essa parte da reflexão e ir logo "para a prática", ver o que fazer. Não temos dúvida da necessidade de chegar a *o que* fazer; mas, confrontando o argumento acima, lembremos a diferença entre vivenciar e ter consciência do vivido: se a simples experiência trouxesse automaticamente a consciência, certamente o mundo seria outro! Pelo contrário, o cotidiano tende a ser mistificado, eivado de explicações ideológicas, que mais ocultam do que revelam a essência dos fatos. Por isso, reiteramos: até que ponto compreendemos – *pessoal e coletivamente* – o que está por trás da manifestação do problema? Por outro lado, o fato de não fazermos criteriosa análise da realidade pode nos levar a propor alternativas que, na verdade, são equivocadas, porque não deram conta do leque de relações implicadas no problema. Ou ter alternativas que são corretas, mas não se sustentam, por não estarmos suficientemente convencidos da sua valia, em razão da deficitária elaboração reflexiva e do investimento emocional correlato. Quantas vezes o professor até sabe o que deveria fazer, mas não faz ou faz só para cumprir o solicitado pela escola; ou seja, não percebeu o real valor daquela atividade por não ter refletido sobre as *necessidades* e *finalidades* que a envolvem (lembrar as reflexões sobre a construção do plano de ação no *méthodos*).

Essa tarefa de decifração da realidade, como já alertávamos, é um tanto mais delicada do que pode parecer num primeiro momento se levarmos em conta que, no clima de crise paradigmática que vivemos, está posta em causa *"a própria forma de inteligibilidade do real que um dado paradigma proporciona e não apenas os instrumentos metodológicos e conceituais que lhe dão acesso"* (Sousa Santos, 1995, p. 18). Em tal contexto, não podemos ceder à tentação do ceticismo, do niilismo ou mesmo do pânico ante o desmoronamento de nossos familiares esquemas mentais. Sem pretensão de esgotar o assunto, consideramos que alguns referenciais são necessários.

Aproximações iniciais. Antes de mais nada, é preciso compreender as profundas mudanças que ocorreram na escola, na sociedade e em suas relações. Parece difícil aos educadores dar-se conta disso. O saudosismo ou o espírito de acusação estão tão fortes no cotidiano da escola, que dificultam a reflexão. Agredidos, os envolvidos procuram inconscientemente algum alvo em que possam descarregar suas mágoas e incompreensões.

> Situação da família, influência dos meios de comunicação, sistema social, sistema de ensino, condições de trabalho e até mesmo a proposta de trabalho (conteúdo e metodologia).

Indagados, os professores apontam os problemas que sentem em relação à disciplina. A questão é compreender o que cada um dos aspectos levantados provoca em sala de aula (além, naturalmente, das relações entre eles). Assim, por exemplo, o professor pode não estar tão preocupado com a *desestruturação familiar* em si; porém, por que a aponta como problema? Certamente pelas repercussões que julga ter no comportamento do educando. Pode ter um aluno com grave drama familiar e isso não o sensibilizar, se o aluno em questão tiver um comportamento em sala de aula considerado adequado. Temos de voltar ao ponto, então: o que realmente o preocupa em sala de aula e na escola em termos de disciplina? No fundo, o desconforto dos educadores na questão disciplinar está no entorno de duas queixas básicas:

- *a falta de interesse dos alunos:* desinteresse, indiferença, apatia, desmotivação, falta de perspectiva, cinismo, descrença, desesperança, falta de clareza de objetivos.
- *a falta de limites dos alunos:* desrespeito, agressividade, transgressão, desobediência às normas; parece que aluno não "sabe estar". O espectro aqui vai da simples transgressão da norma até à violência.

Essas são as manifestações mais concretas que realmente perturbam e desafiam o professor. Os fatores anteriormente elencados (família, mídia, etc.) entram como uma busca de explicação dessas duas manifestações.

Poderíamos ficar na queixa mais reincidente na atualidade, a falta de limites; todavia, quando resgatamos também a falta de interesse, remetemo-nos a uma compreensão mais apropriada de disciplina, uma vez que não se trata de simplesmente querer o aluno "bem-comportado", "respeitando os limites". Esta pode ser uma disciplina da submissão, da passividade, e não da liberdade, do pleno desenvolvimento. A inclusão da dimensão do interesse, da intencionalidade do sujeito, aponta para uma visão mais abrangente desse fenômeno educativo.

Esses dois eixos passarão a ser, então, o objeto de nossa atenção e análise. Para abordá-los adequadamente, teremos de recorrer às questões da família, da sociedade, do sistema de ensino. Mas elas terão como referência o contexto escolar.

Trabalhamos com a seguinte hipótese: numa primeira aproximação, a disciplina (como autorregulação e não mera imposição) está ligada a dois fatores fundamentais – vínculo e exigências. Normalmente, quando pensamos em disciplina, logo nos vem à mente a ideia de *limites* (restrição, frustração, interdição, proibição) em função de *vínculos* estabelecidos (sejam afetivos – desejo de pertença, de ser reconhecido, amado – ou simbólicos – objetivos, finalidades, sentido para o limite colocado); se aprofundamos a reflexão, vamos perceber que também o recurso a *possibilidades* é necessário para o sujeito atingir seu intento. Muito resumidamente, podemos dizer que, no processo disciplinar, a fim de manter seus vínculos, o sujeito assume determinados limites e explora possibilidades. A nosso ver, a crise da disciplina escolar está associada justamente à crise que estamos vivenciando destes elementos: vínculos, limites e possibilidades.

> Aqui fazemos apenas uma aproximação; no próximo capítulo retomaremos e aprofundaremos o conceito de disciplina.

1.1. Crise do vínculo do aluno com a escola

Muitas vezes, na abordagem do vínculo do aluno com a escola, tomam-se como referência seus vínculos com a família. Todavia, família e escola são instituições com papéis sociais e dinâmicas de funcionamento diferentes. O vínculo familiar se desenvolve inicialmente no plano afetivo e depois caminha para o simbólico. Na escola, por sua característica de instituição pública (ou semipública), o caminho é inverso: as pessoas vão para a escola não porque tenham um vínculo afetivo com o professor, mas porque "é uma necessidade", qual seja, atender a demandas fundamentais da formação humana. Depois é que – espera-se – se desenvolvem os laços afetivos com o professor e com os colegas.

a) Crise do sentido do estudo

Do ponto de vista dos *objetivos*, há uma crise geral de projetos, de sentido para as coisas, presente em todos os níveis: individual, institucional, nacional e mundial. Existe um sentimento generalizado de desorientação, de caos, que se manifesta na desconfiança em relação à razão, no "fim da história" e das utopias, no "salve-se quem puder", no "procure curtir ao máximo a sua vida já". Ninguém sabe direito para onde o mundo está indo. Alguns afirmam que nem é possível saber; outros nem querem mais saber. Há muita dúvida sobre o que é certo e o que é errado; a percepção de muitos é que os valores estão invertidos, que houve o esfacelamento da tradição (Arendt, 1997). Singelo reflexo dessa desorientação pode ser observado no esquecimento atual de uma pergunta muito comum no passado, no âmbito familiar: "O que você vai ser quando crescer?" Paira grande incerteza quanto ao futuro. Os meios de comunicação dão uma mensagem ambígua nesse campo: ao mesmo tempo que valorizam o estudo, afirmando estarmos na *sociedade do conhecimento*, estão toda hora alardeando que não há lugar para todos, "só os melhores sobreviverão". Isso angustia muito os jovens e adultos mais sensíveis, mais humanos, pois se veem impelidos a participar de um jogo de competição violenta.

A rigor, analisando mais de perto, o que temos não é a falta de projeto em si, mas uma crise de projetos alternativos, inclusivos, visto que um poderoso projeto está sendo proposto como a grande verdade, o único projeto, *one way*. Seria o fim da história por quê? Porque, segundo alguns, teríamos chegado à vitória definitiva do capitalismo. No entanto, nunca a distância entre os homens e as nações atingiu um patamar tão gritante como hoje; esse projeto hegemônico é fortemente excludente; é um projeto de morte. Por trás dos terríveis problemas de violência e drogas das crianças, adolescentes e jovens, com certeza, está a questão da falta de sentido para a existência.

Manifestação na escola. Na escola, essa crise se manifesta de muitas formas, mas uma das mais difíceis de enfrentar é a absoluta ausência de atribuição de sentido ao estudo por parte dos alunos. A pergunta "estudar para quê?", parece-nos, nunca esteve tão forte na cabeça dos alunos como agora. A famosa resposta dada nos dois últimos séculos, "estudar para ser alguém na vida", chega a provocar risos nos alunos ante a clara constatação de inúmeras pessoas formadas, porém desempregadas ou muito mal remuneradas (ver, por exemplo, os famosos casos de engenheiros que "viraram suco", de arquitetos que são taxistas ou advogados sem emprego).

A escola – sobretudo em sua expansão no final do século XVIII — teve na relação com o mercado de trabalho a sustentação de seu *éthos*, de sua razão de ser. Embora seja antigo o discurso de que a escola é para formar o ser humano, *o cidadão*, sabemos que a motivação de fundo tanto das mantenedoras quanto das famílias (e dos sujeitos) era outra. A necessidade do mercado de qualificação de mão de obra e a expectativa de ascensão social por parte dos sujeitos se conjugavam perfeitamente. De alguns anos para cá, há um colapso nessa relação. Estamos vivendo a queda do mito da ascensão social por meio da escola! Como entender essa situação? O esquema a seguir procura sintetizar as mudanças ocorridas nos últimos anos:

Esquema 1: Crescimento de diplomados x queda da necessidade

Crescimento dos diplomados	Queda da necessidade de mão de obra qualificada
Aumento efetivo do número de vagas no ensino fundamental e médio na escola pública Aumento efetivo do número de vagas no ensino superior, especialmente na escola particular	Altíssima concentração de renda Pequeno crescimento econômico (ou recessão) Importação de tecnologia Robótica na indústria Informática nos serviços
⇩ Mais alunos formados	⇩ Menos empregos
Resultado:	
⇨ Mais indivíduos com diploma na mão e desempregados!	

Esse sentido extrínseco ao processo pedagógico, já que não estava ancorado na própria relação pedagógica, foi a tábua de salvação de muitos professores, pois encobria e tornava "suportável" o que lá acontecia, tendo em vista o prêmio posterior. Os alunos não viam sentido no que estavam fazendo, mas tinham em mente a perspectiva de uma recompensa mais tarde ("Sofro agora, mas depois terei um bom emprego, serei alguém na vida"). Esse era o "projeto educativo" de milhares de educadores. A escola ficou protegida das suas contradições internas por muito tempo em decorrência de sua relação de "parceria" com o mercado de trabalho no imaginário dos agentes. Hoje, os alunos continuam não vendo muito sentido nas práticas de sala de aula, porém nem vislumbram um futuro promissor pela via do diploma.

O grave não é só esta percepção por parte de alunos e comunidade da crise do sentido tradicional da escola, mas também a profunda desorientação docente diante desta situação: muitos professores não têm conseguido articular outro sentido para o conhecimento, para a escola, para o estudo. O professor que baseava sua autoridade nesse mito encontra-se perdido!

Estamos agora diante do autêntico problema, que não é absolutamente novo, mas – finalmente, parece-nos – será enfrentado.

b) Crise da afeição do aluno pelo professor

A visão idílica do "amado mestre" está um tanto distante nos dias atuais, sobretudo nos anos mais avançados de escolarização, quando, não por acaso, as queixas sobre os problemas de disciplina costumam ser bem maiores.

Encontramos por parte dos pais, com frequência, a desvalorização do estudo e dos seus profissionais. De uma relação com a escola no passado quase de conivência, distanciam-se e assumem postura agressiva; criticam a escola e o professor na frente dos filhos.

Se, de um lado, a invasão midiática possibilita o acesso das crianças (assim como dos jovens e dos adultos) a mais informações, a veiculação de novas visões psicológicas e pedagógicas, por outro, muitas vezes, traz consigo um processo de imbecilização pautado no consumismo, no costume de receber tudo pronto, na acomodação, no desvio da atenção das questões fundamentais da existência. A expressão das crianças e jovens tem muito de mimético, de reprodução dos seus ícones. Nesse contexto, a figura do professor comumente não é respeitada, seja nas propagandas (professor representado por figuras grotescas), nos programas (exemplo: o salário do professor tornou-se motivo de piada) ou nos noticiários (sendo comuns críticas à escola pública, enquanto a particular é poupada). Isso tudo influencia a visão que os alunos têm de sua escola e de seus mestres.

Os avanços tecnológicos a que as crianças e jovens têm acesso apresentam caráter ambivalente. Há estudos mostrando que os jogos eletrônicos desenvolvem a motricidade fina e o raciocínio lógico; no entanto, aponta-se também para o risco do sedentarismo e do isolamento social. Com os meios de comunicação e, em especial, a internet, há uma ampliação do conhecimento prévio do aluno; porém, muitas vezes, este faz confusão e despreza o papel do professor, achando que "já sabe" aquilo de que apenas "ouviu falar" ao acessar rapidamente a informação. As comunidades virtuais (MSN, Orkut) valorizam a escrita; contudo, há praticamente a invenção de uma língua própria, que pouco lembra a língua portuguesa (além do problema de contribuir para o distanciamento do mundo real). Ademais, muitos professores não dominam essas tecnologias, o que constitui outro fator de depreciação deles diante dos alunos.

Os professores, por sua vez, sobrecarregados e estressados, também encontram dificuldade para estabelecer um vínculo de maior proximidade com os alunos, seja em razão do grande número de alunos que têm em sala ou no ano (pelo fato de trabalharem em várias escolas), seja pela rotatividade na instituição, seja pelas faltas, seja mesmo pela pouca paciência com os alunos depois de uma jornada cansativa, o que acaba confirmando uma postura de distanciamento.

1.2. Crise dos limites comportamentais

Ora, só essa ausência de vínculos já seria suficiente para provocar grande estrago na sala de aula e na escola; afinal, "para que me comportar se não gosto do meu professor nem vejo sentido naquilo que estou fazendo?" Porém, a esse fator acrescentam-se mais dois, um de ordem circunstancial, outro de ordem estrutural.

De um lado, tudo isso está acontecendo justamente no momento em que os professores estão submetidos às mais desfavoráveis condições de trabalho dos últimos tempos: má formação, salários defasados, número excessivo de alunos em sala, imposição de mudanças pedagógicas, etc.

Por outro lado, temos a crise dos próprios limites comportamentais. Os pais, desorientados em consequência da crise maior de valores, têm muita dificuldade em impor limites. Além disso, a crise é incentivada por um mercado alicerçado na exacerbação do consumo. Em razão do modelo econômico, baseado na produção de bens que não são de primeira necessidade, passa a ser fundamental quebrar os limites das pessoas, a fim de liberá-las para o consumismo (consumo exagerado, doença do consumo; querer colocar a solução dos problemas existenciais na posse de objetos). Sem limites comportamentais bem definidos, as pessoas tendem a agir sob o impulso, criando um campo favorável à sedução pelo consumo. Não é por acaso que a maioria das propagandas traz forte apelo emocional.

Os grandes alvos dessa guerra, desse "ataque especulativo", são as crianças e os jovens, elos mais fracos da corrente social. Se alguém tem dúvida, é só observar o número de propagandas que usam a criança ou o jovem para vender os mais diversos produtos. Descobriu-se que, além de seu consumo direto, eles hoje têm forte influência no consumo da família, chegando a decidir desde o tipo de eletrodoméstico até a marca de carro a ser comprado. Quebrar limites – especialmente da criança e do jovem – tornou-se, pois, fundamental. É um processo social de infantilização, em que é preciso satisfazer rapidamente os desejos sob o fantasma da frustração e até mesmo do "trauma". O importante é viver bem o aqui e o agora (veja-se a relação com a crise dos objetivos, com a falta de perspectiva de futuro), desfrutar, fruir. Alguns pais, perplexos, chegam a esboçar justificativas diante da tirania dos filhos: "Veja como meu filhinho já tem personalidade"...

> Numa propaganda de televisão no Recife, era sugerida à criança uma série de atos de protesto para o caso de os pais se recusarem a levá-la, durante as férias, à área de lazer recém-inaugurada de um *shopping*: bater o pé, não comer, ligar para a avó, riscar a parede...

Cremos que está suficientemente claro como a família também é vítima desse macroprocesso: de centro de convivência e espaço de formação básica do ser humano, transformou-se, na ótica da classe dirigente, em unidade de restabelecimento da força de trabalho e de consumo. Impelidos, por um lado, pela queda progressiva dos salários e, por outro, massacrados pelos apelos dos meios de comunicação, os pais acabam tendo de trabalhar mais, caindo no seguinte círculo vicioso:

Esquema 2: Ciclo vicioso dos pais em relação ao consumo

Desejo de consumo ⇨ busca de recursos ⇨ mais trabalho ⇨ menos tempo de convivência com filhos ⇨ culpa ⇨ menos limites ⇨ liberação para consumo ⇨ necessidade de mais recursos ⇨ mais trabalho ⇨ menos tempo...

O sistema econômico, portanto, para se manter, tem de alimentar um jogo de desmonte dos limites comportamentais, porém não a ponto de comprometer as garantias dos interesses dominantes. Isto deve ficar registrado: são quebrados os limites que convém quebrar e não qualquer limite; aqueles que protegem, por exemplo, a propriedade privada são preservados até na base da bala.

> Diante de qualquer ocupação de terra, rapidamente já se consegue mandato de reintegração de posse.

A partir destas rápidas considerações socioeconômico-culturais, podemos aquilatar o tamanho do problema cujos reflexos enfrentamos na prática docente.

Manifestação na escola. Estes sujeitos que vivem num universo sem parâmetros claros e são incentivados a não ter limites, a satisfazer imediatamente suas vontades, vão estar na sala de aula.

Percebemos que o agir indisciplinado do aluno em sala de aula, muitas vezes, não está marcado por uma intencionalidade (nem que fosse a intenção de atingir o professor); é impulso incontrolável mesmo: "dá vontade", fala, levanta-se, agride. A quebra de limites dirigida ao consumismo faz parte de um processo desumanizador, visto que a característica do ser humano é ter sua ação pautada por uma mediação simbólica, semiótica, por um objetivo, um *plano de ação*; a marca humana é ter, entre o estímulo e a resposta, um complexo processo de elaboração, reflexão, tomada de decisão (funções psicológicas superiores – Vygotsky, 1984) – por isso somos seres éticos. Quando vemos alunos agindo simplesmente por impulso, concluímos que estão quase reduzidos à condição animal.

Numa clássica passagem do filme *Sociedade dos poetas mortos*, o professor revolucionário incentivava os alunos a subir nas carteiras e rasgar os livros. Atualmente, o professor revolucionário talvez seja o que incentiva a leitura, estimula os alunos a cuidar da cultura que está sendo destruída e invadida e pensar sobre a existência, sobre o que os interesses alheios estão fazendo com eles.

Observemos um pouco mais de perto como se encontra o "par complementar" do aluno nessa relação: o professor. Inicialmente, entendemos que, para o sujeito tomar uma iniciativa no sentido disciplinar, é preciso:

- ter convicção, algum nível de certeza (ainda que provisória) do que é certo/errado;
- estar inteiro naquilo que está propondo; estar decidido de que aquilo é o melhor a fazer.

Ora, quando analisamos a realidade de muitos educadores, encontramos um quadro bastante preocupante, na medida em que se apresentam:

1) inseguros: não sabem definir o que é certo ou errado, em razão da crise de valores, da formação frágil, das diferentes visões existentes na sociedade sobre educação e disciplina, da incerteza quanto ao papel

social da escola e, muitas vezes, também agindo por impulso;

2) divididos internamente: em decorrência das múltiplas solicitações a que são submetidos e das condições de trabalho inadequadas; fragmentados; no extremo, ausentes, alienados;

3) culpados: por conta da própria situação de "fracasso" profissional (já não são modelo do *ser alguém na vida*), da percepção de que estão oferecendo um objeto de conhecimento que não é exatamente o "objeto do desejo" dos alunos e de que não conseguem corresponder às novas demandas, além da "acusação", advinda da Sociologia crítica da educação, de que contribuem para a reprodução das desigualdades sociais;

4) divididos entre si: cada um sofrendo no seu canto, sem oportunidade de partilha, de reflexão coletiva sobre a prática educativa.

Portanto, estão debilitados na capacidade de desencadear um processo disciplinar no interior da escola, já que não conseguem sustentar vínculos afetivos significativos e não têm convicção de objetivos para o estabelecimento da exigência de limites.

1.3. Crise das possibilidades educativas

Muitas vezes, o grande alarde sobre a *quebra de limites* dá a impressão de que os limites estão sendo quebrados em todos os campos, de que teríamos uma ampliação do grau de liberdade das pessoas. Não é o que está ocorrendo. Se há uma crise dos limites comportamentais, isso não corresponde a uma ampliação da margem de direitos e conquistas do cidadão. Não podemos negar que existam alguns avanços, mas, de modo geral, os indivíduos sentem-se acuados, controlados (sociedade do controle – Foucault), com toda espécie de medo (desemprego, violência, aids, assédio sexual, acidente de trabalho, acidente de trânsito, desamparo ante problemas de saúde, angústia quanto à sobrevivência depois da aposentadoria). Grande parte das anunciadas *vantagens* da globalização não passa de mito; basta ver os diversos mecanismos protecionistas nas relações comerciais internacionais, os subsídios que impossibilitam a concorrência dos países mais fracos, as dificuldades cada vez maiores nos processos migratórios, a exacerbação dos nacionalismos, aliada aos radicalismos religiosos, ao ressurgimento de grupos nazistas e paramilitares e à atuação do crime organizado. Existem limites fortíssimos impostos às crianças e aos jovens: abuso sexual dentro de casa, trabalho precoce para ajudar a sobrevivência da família, exploração escrava do trabalho infantil, prostituição infantil, falta de vagas nas escolas ou ensino de péssima qualidade, falta de oportunidade de trabalho, exploração da imagem da criança pela mídia.

No âmbito das instituições de ensino, historicamente, o espaço de possibilidades existente para alunos e professores é muito restrito. A quebra de limites comportamentais também não tem correspondido a um avanço na participação ativa dos alunos na vida da escola. A estrutura curricular representa poderosíssimo poder disciplinar, na medida em que, na sua forma predominante atual, enquadra professores e alunos, dispõe, de maneira decisiva, os corpos, os saberes, os espaços e tempos: a escola tem cursos, que são estruturados em disciplinas (áreas de saber), que se distribuem em séries/ciclos (*grade* curricular), que são organizados em classes ou turmas (para as quais os alunos são designados compulsoriamente e organizados segundo rígido esquadrinhamento espacial), que a cada dia têm determinada sequência de aulas, com uma duração rígida, que serão desenvolvidas de acordo com um encadeamento predefinido de conteúdos (programas, divisões graduadas por etapas de complexidade crescente, de acordo com a idade e os conhecimentos mínimos exigidos para os alunos), tudo isso pautado em rituais diários estáveis – *"o tempo penetra o corpo"* (Foucault, 1977, p. 138) –, bem como em rituais específicos que determinam a circulação dentro da estrutura (exames, certificações). O currículo, nesse sentido, é a síntese da grande *ordem disciplinar* no interior da escola. *"A disciplina e a aprendizagem são duas faces de uma mesma moeda. A ordem disciplinar é um elemento indissociável do modo de organização pedagógica e dos métodos de ensino utilizados"* (Barroso, 2003, p. 67). Quando discutimos disciplina escolar, portanto, não podemos olhar apenas os objetivos que a escola se propõe, mas também as formas concretas em que se estrutura para alcançá-los, uma vez que, para um mesmo objetivo (por exemplo: a construção da cidadania), pode haver diferentes arranjos institucionais (por exemplo: a organização do currículo por disciplinas ou por temas de estudo).

Ao analisarmos muitos dos programas escolares, parece haver um modelo curricular que paira como uma espécie de entidade metafísica e submete incondicionalmente o professorado. De onde vem, por exemplo, a verdadeira neurose – desculpem-nos se o termo é muito pesado – que consiste em dar estonteante ênfase aos "encontros consonantais, encontros vocálicos, dígrafos" logo na segunda série (ou no segundo estágio do ciclo inicial) do ensino fundamental? Tal preocupação está presente desde uma escola de centro e de elite de grandes cidades até escolas rurais e pobres de pequenas cidades do interior de nosso país!

Há uma peculiaridade no exercício do magistério nem sempre considerada: existem professores que entraram na escola com 4 ou 7 anos e nunca mais saíram, ou seja, não tiveram uma vivência de mundo fora do espaço acadêmico; então, sua referência existencial acaba sendo a própria escola, tendo dificuldade em fazer um juízo crítico em razão da "naturalidade" de tudo o que ali vivencia. É interessante o estranhamento do professor que volta a atuar na escola após ter ido trabalhar em outra área, seja em relação ao conformismo dos colegas quanto à baixa eficácia da atividade (algo que jamais seria aceito numa empresa) – alunos que não aprendem, que se evadem –, seja quanto à falta de sentido dos conteúdos ensinados. Infelizmente, em pouco tempo, o que era estranhamento deixa de ser e as coisas (re)assumem terrível familiaridade.

Percebemos um processo de infantilização, de falta de autonomia do professor. Amiúde, chegam prontas as decisões, os docentes são simplesmente informados, assumindo algo cujo sentido não entendem. É absurdo o número de leis, portarias, decretos e normas que regem a atividade docente; esta talvez seja a profissão mais regulamentada do mundo (Gandin). Muitos não exercitam sua dignidade, sua cidadania, não tendo coragem de perguntar: por quê? Para quê? Como? Não reagem, submetem-se. Grande parte dos livros didáticos e apostilas padronizadas de grandes redes de ensino estão aí também para isso: querem coisa mais ofensiva que um Livro do Professor com respostas para os exercícios e "atividades"? Ou uma apostila que determina exatamente o que deve ser feito em cada aula? Trata-se de profundo desrespeito à autonomia docente.

Tais situações ilustram quanto estão restritas as possibilidades educativas.

2. Por trás das crises

Duas perguntas se impõem quando analisamos o que está acontecendo no que se refere à disciplina:

1) Em termos do contexto maior: como tão rapidamente chegamos a esse impasse civilizatório? Como explicar essa crise tão abrupta da ética, dos valores, dos costumes?

2) Em termos do contexto escolar: como o professor chegou ao ponto a que chegou? Como passou de uma situação de prestígio à de *persona non grata* diante dos alunos?

Do ponto de vista macrossocial, o fenômeno central, a nosso ver, pode ser entendido como tendo por eixo a questão do *valor*: trata-se de uma crise de valores ou de valoração. Falar em valores é remeter-nos a uma pergunta essencial: o que é importante para o sujeito/grupo? O que é que vale? O que importa para a vida? Vejamos alguns elementos para ajudar a responder às questões colocadas acima.

2.1. Necessidade de mudança

Na raiz tanto da crise de sentidos quanto dos limites, encontramos um movimento de *desconstrução* de uma sociedade autoritária e hipócrita. Muitos adultos se recordam com saudade do tempo em que bastava o pai dirigir-lhe o olhar para que o filho já o entendesse, enquanto hoje o pai tenta conversar e o filho o deixa falando sozinho. "Enquanto meu pai não sentava à mesa, ninguém sentava; enquanto não dava a primeira garfada, ninguém dava." Lembremos, todavia, que essa mesma nostálgica "autoridade" do pai decidia o destino da prole (com quem a filha ia casar, se o filho ia estudar ou não, que curso ia fazer, onde ia morar). Em suma, as coisas não eram tão tranquilas como parecem. Os casais, por exemplo, não se separavam como hoje; no entanto, era comum a comunidade saber quem era a "filial" do "respeitado" chefe de família.

Havia muito limite autoritário que tinha mesmo de ser quebrado. Uma cena do cotidiano da década de 1940: quando a filha mocinha chegava à sala, a mãe escondia a costura que fazia para o bebê que esperava, pois, se visse a roupinha, a rapariga poderia perguntar sobre a origem dos bebês... A sociedade era muito rígida. Os adultos, as autoridades abusavam do poder. A Igreja assustava os fiéis com a construção de um deus-controle (na catequese, Deus era um triângulo com um olho no meio: "Cuidado, Deus vê tudo"). As posições eram por demais cristalizadas; não havia espaço para o novo, para o diferente (fluxo *versus* fixação). Os políticos se tinham por proprietários do povo. A ciência se sentia dona absoluta da verdade (ver, por exemplo, o paradigma positivista). A escola era portadora de uma autoridade inquestionável. Havia, portanto, necessidade de mudanças.

Emergentes sobretudo a partir da década de 1950, as manifestações públicas em diferentes âmbitos – verdadeiras insurreições contra a hipocrisia, a desigualdade e a estupidez da ordem estabelecida (*establishment*) – expressam essa demanda reprimida: os vários movimentos artísticos, o feminismo, as revoltas estudantis (por exemplo: maio de 1968 na França; Primavera de Praga), o movimento *hippie,* o fenômeno da contracultura, a postura antibelicista (por exemplo: a recusa dos jovens norte-americanos em participar da estúpida Guerra do Vietnã), as lutas pelos direitos civis, o combate ao racismo, os movimentos revolucionários ou de guinada à esquerda do Terceiro Mundo (Cuba, Chile, Guiné-Bissau), o *aggiornamento* da Igreja com a indicação da abertura para o mundo (conforme vários documentos do Concílio Vaticano II, 1965), com as comunidades eclesiais de base na América Latina, com a teologia da libertação.

> Foram até cunhadas categorias *sui generis* para situações de incoerência entre discurso e prática (por exemplo: "católico não praticante").

Falta de crítica interna. Como explicar essa crise de valores tão abrupta? Em primeiro lugar, o que estamos observando hoje é um salto qualitativo, preparado durante séculos (Elias, 1994; Arendt, 1997; Foucault, 1977; Hobsbawm, 1995). De qualquer forma, entendemos que um fator decisivo para isso foi a falta de consistência na vivência dos valores. No passado, os adultos – em especial os que ocupavam lugares privilegiados de poder – prostituíram suas palavras: pregavam uma coisa e faziam outra; existia muita hipocrisia (era comum o dito: "Faça o que eu digo, mas não faça o que eu faço"). Faltou abertura à crítica e à autocrítica. Havia quantos anos (ou séculos) já não

> Em alguns casos, violentamente perseguidas; lembrar, por exemplo, a Inquisição (oficializada no século XIII e com resquícios até o século XIX).

existiam vozes dissonantes? Só que não foram ouvidas, não foram levadas a sério; pelo contrário, foram caladas, perseguidas. A lógica dominante reinava tranquila, não se perturbava com nada, não dava atenção aos protestos. (Precisamos aprender esta grande lição com a história: estar abertos à crítica.)

Houve também o fenômeno da delegação: assim como se passou a delegar toda a gestão da coisa pública aos políticos nas eleições, delegava-se também a vivência dos valores: o que se defendia verbalmente não se vivenciava; mas havia um sentimento de conforto, porque uns tantos, de fato, vivenciavam aquilo na sociedade. O indivíduo, no seu cotidiano, não era muito honesto, mas existiam muitas pessoas honestas, e isso o tranquilizava. Essa prática, ano após ano, foi minando o terreno, contribuindo para a corrosão e a descrença dos valores veiculados, esfacelando toda a base do convívio social.

Curvatura da vara. A duras penas, no entanto, cresceu o movimento de crítica nos vários campos da existência: Deus/Religião ("morte de deus"), Política ("é dando que se recebe"; questionamento do sistema representativo), Ciência ("leva homem a Marte e destrói a Terra"), Filosofia ("crise da razão"), História ("fim da história"), Família ("vamos juntar os trapinhos; deu, deu; não deu, separa"), Estética/Arte (grande número de obras – livros, quadros, filmes, peças – denunciando o autoritarismo nas instituições).

Só que, em muitos espaços, passa a haver um desmonte total, simples negação de todos os valores até então veiculados (e não a superação por incorporação).

Quadro 2: Valores que eram pregados x que passam a ser vividos

Valor que era pregado (mas não necessariamente vivido)	Valor que passa a ser vivido (mas não necessariamente pregado)
Prazer adiado	Prazer imediato
Espírito comunitário	Individualismo
Cooperação	Competição acirrada
Honestidade	Levar vantagem, não ser otário
Esfera pública	Esfera privada

2.2. Emergência avassaladora do valor econômico

Esse processo de desconstrução foi apropriado e manipulado pelos que defendiam os interesses do Mercado, que viram aí a possibilidade de ampliar suas vendas, seja pela imediata quebra de limites decorrente da crise de referenciais, seja pela necessidade de preencher certo vazio existencial advindo da perda dos outros valores.

O econômico não é propriamente uma novidade, ou seja, um valor que não existia antes e que agora teria surgido. A questão das conflitantes relações entre o ser e o ter talvez tenha a idade do homem. A novidade agora é a quase absoluta predominância do econômico, do ter, sobre o ser. No passado, tínhamos a presença do valor econômico, mas em convivência com outros valores e projetos: a família, a religião, a política, a ciência, o trabalho, o esporte, a amizade, a cultura. Desde há algum tempo todos esses outros projetos e valores vêm sendo, das mais diversas formas, solapados, desmoralizados, desacreditados. Mercado sempre existiu, desde o momento da produção excedente na comunidade primitiva; só que nunca ocupou tanto espaço e de forma tão cruel, visto que *ser* passa a ser igual a *ter*; logo, se não se tem, não se é.

> Recordamos o triste episódio do índio pataxó, em Brasília: podia ser queimado, porque não tinha, portanto não era...

A lógica do consumismo é altamente perversa, uma vez que não basta ter: é preciso que o outro saiba que você tem e, ainda, ter mais que o outro. Depois de longuíssima história, de todo um desenvolvimento e de toda uma construção cultural, o ser humano fica reduzido a *ganhar dinheiro, consumir e gozar* (Japiassú, 2001, p. 6).

Base material para a emergência do Mercado. A base material desse processo de exacerbação do Mercado está em dois fatos novos em termos de história da civilização:

1) a possibilidade de gerar grande excedente em consequência da *produção em altíssima escala* (enorme avanço tecnológico obtido nas últimas décadas);

2) a *mídia*, que potencializa absurdamente o poder de influência dos produtores e distribuidores sobre os cidadãos (sem ter havido uma educação para se contrapor a isso); o avanço das tecnologias da informação e da

comunicação foi rapidamente assimilado como estratégia de mercado, e a educação foi (está sendo) muito lenta no seu enfrentamento crítico.

Há toda uma controvérsia sobre os efeitos da mídia, a respeito de qual seria sua real influência sobre os indivíduos. Estamos de acordo que é preciso pesquisar mais, entender melhor. No entanto, não devemos nos perder no mundo das ideias. *"A arma da crítica não pode substituir a crítica das armas"*, como dizia o jovem Marx (1818-1883 – 1989a, p. 86): para ajudar a pôr os pés no chão, basta ver os bilhões de dólares empregados anualmente com propaganda – e, como sabemos, os empresários não se caracterizam propriamente por sua generosidade ou por jogar dinheiro fora!

Em termos de superação, a questão não está numa "volta ao passado" (deixar de produzir, quebrar os televisores ou fechar a internet), mas, como veremos, na capacitação crítica para a criação de novas formas de produção da existência.

Tudo se torna mercadoria. Se retomarmos o lema de protesto da juventude no fim dos anos 50 e início dos 60 do século XX (*sexo, droga e rock'n'roll*), ficaremos perplexos: a droga é hoje uma das mercadorias que mais movimentam dinheiro no mundo! O sexo transformou-se em poderosíssima indústria: revistas, filmes, vídeos, *sex shops*, "erotização" precoce das crianças para acionar o consumo. E o *rock*, que um dia também foi um grito de protesto, hoje é um gigantesco mercado, criando uma elite caprichosa, a ponto de algumas bandas internacionais exigirem, nos seus camarins para *shows,* 200 toalhas brancas com uma faixa cor-de-rosa, e os tupiniquins aqui aceitarmos passivamente e ainda pedirmos autógrafos... Os ícones da contestação deixaram de ser elementos de tensão, *o outro* da regulação, para se transformarem no duplo da regulação (Sousa Santos, 2000).

A dimensão econômica (concretizada no Mercado), portanto, vai ocupando todas as outras esferas da existência. Ilustremos:

- religiosa: o paraíso em troca do dízimo; a garantia de indulgências pela compra de determinados objetos (por exemplo: "*sininho* do milênio");
- social: indústria da segurança; patentes biológicas;
- política: mercado de votos (por exemplo: metade do pagamento antes e outra metade depois das eleições); corrupção;
- saúde: se o indivíduo tem recursos, é atendido por seu convênio; caso contrário, vai mofar nas filas de espera dos hospitais públicos; falsificação de remédios; comércio de órgãos humanos;
- cultural: indústria cultural; nos esportes, fica difícil saber quais agremiações estão jogando, pois o que se destaca nos uniformes é a marca do patrocinador;
- estética: imposição de padrões de beleza, de modas;
- lúdica: tendência de a diversão ser proporcionada em locais pagos; canalização da necessidade lúdica para os grandes parques temáticos ou jogos eletrônicos;
- afetiva: substituição do contato direto por *produtos*: telemensagem para datas especiais, serenata encomendada por telefone, teleamizade;
- intelectual: mercantilização das ideias; o propalado pensamento divergente acaba sendo mais um produto entre outros e é comercializado (Castoriadis, 1995);
- pessoal: no limite, o próprio sujeito torna-se uma mercadoria (Bauman, 2008, p. 20).

O Mercado, grande deus cultuado, mostra, por sua vez, seus limites. Primeiro, não é capaz de incluir a todos, sendo possível identificar no avanço exponencial da pressão por consumo uma das fortes raízes da violência atual: paulatinamente, desenvolve-se nas pessoas a percepção de que não há condições, recursos, lugar para todos. *"Uma renúncia rigorosa aos instintos parece desprovida de razão face à riqueza social acumulada; por outro lado, ela é imposta por um aparelho social de produção e de distribuição estruturado, não segundo as necessidades dos membros da sociedade, mas com o objetivo de cimentar a desigualdade do domínio de classe"* (Reich, 1975, p. 7). Passa-se a realimentar um ciclo vicioso:

Esquema 3: Ciclo vicioso exclusão-violência

Segundo, o Mercado não traz a realização plena que promete; passa a haver um vazio de sentido, um estado de desorientação geral: o que faremos de nossas vidas? O que é viver? O que é ser feliz? Isso, como vimos, é em certa medida canalizado para o próprio Mercado, como tentativa de suprir o vazio por meio da posse de bens.

Terceiro, leva à destruição da nossa nave-mãe, a Terra: a lógica do consumo sem limites exaure os recursos e produz tanto lixo e poluição, que não há saída para o planeta!

A própria violência, por incrível que pareça, gera todo um nicho de consumo: a indústria da segurança é uma das que mais crescem no mundo; são oferecidos os mais diversos produtos (de alarmes via satélite a blindagem para carro; de seguranças particulares até envio dos filhos para estudo no exterior; todos os tipos de apólices de seguros). Não se vê muito empenho na geração de emprego, distribuição de renda, reforma agrária. No entanto, há grupos ganhando muito com o medo (o medo como mais um estímulo para o consumo).

2.3. Contradições da realidade

É fundamental reconhecermos que esse movimento em curso na sociedade é *contraditório*. O que estamos apontando é a tendência hegemônica, dominante, mas há resistência, luta, em todos os níveis:

• mundial: resgate do horizonte da solidariedade e da justiça; crescimento do movimento "Um outro mundo é

E não "neogovernamentais", como muitas manipuladas pelo neoliberalismo.

possível"; presença de organizações não governamentais efetivamente voltadas para demandas dos excluídos; movimento "Cidades educadoras";

- nacional: luta pela construção de um projeto nacional comprometido com os interesses da maioria da população; valorização das culturas locais e dos movimentos sociais; organizações que combatem a exploração do trabalho infantil; educação ocupando espaço na mídia;
- institucional: movimento de ética na política; ecologia na ciência; despertar das empresas para a responsabilidade social; redescoberta do valor da família; reconhecimento e valorização da diversidade cultural; combate à discriminação das mulheres, dos negros, dos indígenas;

Houve a morte de Deus ou de determinada representação sua? Certamente houve a morte de "um Deus representado como distante, acima e fora do mundo" (Boff, 1976, p. 128).

- pessoal: resgate da espiritualidade, da transcendência; movimento simplicidade voluntária; aumento da escolaridade, etc.

Não podemos esquecer que vivemos uma democracia embrionária; comparado a muitos outros países, o Brasil tem poucos anos de existência e muitíssimo menos de democracia formal. Assim, por exemplo, no cotidiano, por efeito do descompasso entre o aumento das denúncias (aspecto positivo dos meios de comunicação) e a lentidão no enfrentamento (em decorrência das falhas no aparelhamento policial e judiciário), tomamos conhecimento de coisas absurdas e temos a impressão de que nada acontece; no entanto, só o fato de as denúncias virem à tona já é um avanço. Está posta a tarefa de aprendermos a construir instrumentos de mediação em todos os campos da existência.

3. Depois da análise, algumas percepções

O que podemos aprender com esta análise? A problemática que vivemos é grave demais (bem maior do que provavelmente alguns imaginavam de início), podendo se configurar como autêntica e profunda crise de civilização.

A disciplina em sala de aula sofre o reflexo – não mecânico, que se frise – dessa grande indisciplina social.

Voltando a pensar nos grandes atores desse drama na comunidade escolar (professor, aluno, equipe, pais), podemos concluir que a tendência de querer polarizar o conflito no binômio escola-família é redutora e falaciosa, uma vez que a escola é tão vítima desse processo brutal de desumanização quanto a família: da mesma forma que não interessa para essa lógica opressora um professor consciente e crítico (capaz de desmontar e denunciar esse jogo estúpido), não interessa também uma família bem estruturada (que estabelece claramente valores e limites). Ora, neste contexto, percebemos que o aluno é, então, duplamente vítima, padecendo de uma das maiores violências que podem existir para o ser humano: *a falta de perspectiva!*

A análise da realidade nos seus vários aspectos não foi feita para desanimar, para levar à desmobilização diante do tamanho do desafio; nem para justificar, para servir de álibi ("somos vítimas do sistema"), até porque, como foi demonstrado, há, sim, a questão geral, mas há também o rebatimento específico no âmbito escolar, do qual somos parte implicada. Ou seja, embora tenha interfaces com várias dimensões da realidade, a problemática na escola é muito concreta e precisa ser ali enfrentada. Nosso objetivo é ajudar a:

- compreender a dimensão maior do problema, suas múltiplas relações e a complexa rede causal. Contextualizar, ampliar o horizonte da reflexão, para não ficar só numa visão restrita ao cotidiano escolar;
- ter, com base nesse entendimento maior, um pouco mais de respeito, carinho, tolerância com o outro, que – tanto quanto cada um de nós – está metido nesse imbróglio;
- baixar a ansiedade, o sentimento de perseguição, de culpa (que leva à imobilização ou à acusação); ver que o problema não é só do professor, nem só da escola, para buscar alternativas de superação; diminuir a insegurança.

> Quantas vezes já não ouvimos isto de professores: "Puxa, eu pensei que era só comigo (ou com minha escola)."

Só o fato de saber que outras pessoas também padecem do problema já alivia e começa a liberar energia para agir;

- preparar o terreno para superar mediações equivocadas, potencializar a ação, justamente pela melhor compreensão de onde estão os entraves, o núcleo do problema.

Assim, dada a gravidade e complexidade do problema da indisciplina, não podemos imaginar uma solução:

1) imediata: o problema não será resolvido de uma hora para outra, e sim numa perspectiva de processo. Isso não significa dizer que não existam coisas que possam ser feitas já; só que, provavelmente, não darão todos os resultados esperados de imediato (em outros termos: a saída não vai se dar tão rapidamente quanto gostaríamos);

2) individual: a tomada de consciência de que o problema é muito amplo indica que a saída não pode ser pensada apenas em termos individuais. Há necessidade de articulação coletiva, de parceria, de organização, de solidariedade para ser enfrentado.

3) simplista: ainda que com boa vontade, não adianta desencadear uma ação qualquer, irrefletida. É preciso qualificar a ação, superar encaminhamentos ingênuos, equivocados, saídas fáceis (do tipo "mandar para a direção", "chamar os pais"). Não se pode ficar esperando "solução mágica". Ação local, mas com visão geral.

Insistimos: desejamos que esta análise não seja motivo de desalento, mas de reacender a indignação! Que nos ajude a romper certa indiferença, a preocupação de cuidar apenas de nós mesmos. Que a percepção das necessidades que se apresentam social e culturalmente mobilize, pois, o melhor de cada um e de todos nós.

Capítulo III

CONCEPÇÃO DE DISCIPLINA

Concepção de disciplina

Para a continuidade da reflexão, seria interessante afinarmos o referencial: do que falamos quando dizemos disciplina? O que queremos com ela?

A disciplina está a serviço de quê? Para onde queremos ir? Com que tipo de disciplina sonhamos? Ou seja, indicar com maior exatidão nosso conceito de disciplina, já que estamos diante de um termo polissêmico, que, mesmo restrito ao contexto escolar, pode abranger desde um ramo organizado do saber até o comportamento do aluno. Como perceberemos, não é possível falar de um conceito de disciplina desconectado de uma visão de educação e de mundo.

"[Do lat. disciplina.] S. f. 1. Regime de ordem imposta ou livremente consentida. 2. Ordem que convém ao funcionamento regular duma organização (militar, escolar, etc.). 3. Relações de subordinação do aluno ao mestre ou ao instrutor. 4. Observância de preceitos ou normas. 5. Submissão a um regulamento. 6. Qualquer ramo do conhecimento (artístico, científico, histórico, etc.). 7. Ensino, instrução, educação. 8. Conjunto de conhecimentos em cada cadeira dum estabelecimento de ensino; matéria de ensino" (Aurélio).

Frutos de uma geração de adultos que perderam os "mapas de ser pais" e de uma sociedade altamente complexa e em profunda transformação, marcada por uma crise de valores sem precedentes, parece não haver dúvidas da urgência de serem (re)estabelecidas as bases da disciplina na educação das crianças e dos jovens.

Faremos uma abordagem da concepção de disciplina por aproximações sucessivas: a mesma questão será tematizada várias vezes, sob diferentes pontos de vista ou sob o mesmo, mas avançando em abrangência e complexidade.

1. Sobre o conceito de disciplina

A visão psicológica coletiva que marca a disciplina está relacionada aos grandes exemplos na história da submissão à ordem *do ambiente*, que vem da ordem *de alguém*: os escravos, os exércitos, os servos, os operários (os alunos...). Trata-se de perspectiva na qual disciplina é a resposta positiva, do indivíduo ou do conjunto, à vontade

CONCEPÇÃO DE DISCIPLINA

do outro, isto é, a submissão passiva do desejo de um ou de muitos ao desejo do outro. Nessa representação de disciplina, não há espaço para o questionamento e muito menos para a crítica: espera-se a execução obediente e precisa. Tal concepção é terrível, pois prepara, reflete, realimenta todo tipo de dominação. Se queremos desenvolver a capacidade de crítica e de decisão dos educandos, se desejamos desenvolver a autonomia, formar os *novos dirigentes* da sociedade (Gramsci, 1982, p. 136), cabe superar essa visão.

Alertamos, logo de partida, para um possível equívoco no enfoque da questão da disciplina escolar: normalmente, o olhar privilegiado – senão exclusivo – é o do professor. Quando se lhe pergunta o que seria disciplina, costuma trazer a concepção do *bom aluno*: bem-comportado, obediente, dócil, cumpridor dos deveres. Características como crítico, participativo, criativo, autônomo, contestador das arbitrariedades, refutador de trabalho sem sentido, formulador de estratégias de desenvolvimento, portador de uma dignidade inalienável muito raramente são citadas (embora muitas estejam escritas no Projeto Político-Pedagógico). Ao acompanharmos uma aula classificada pelo docente como *disciplinada*, o que encontramos com frequência é preocupante: o aluno enquadrado, quieto, passivo, apenas ouvindo, cumprindo as determinações do mestre. Quando se pergunta aos alunos... bem, aos alunos comumente não se pergunta! O que é uma pena, pois têm incrível capacidade de identificar – quase pela *epiderme* – as grandes contradições da escola. Fica já registrada a necessidade de fazer um esforço para incluir a visão do aluno, bem como a de outros agentes envolvidos no processo educacional, na elaboração da disciplina na escola. Veja-se que esta exigência de incluir outras vozes independe do fato de estarmos nos dirigindo basicamente a educadores. Trata-se de uma questão de abordagem mais rigorosa da realidade, dentro do paradigma emergente (visão holística, de totalidade).

> Parece haver a busca de uma uniformidade rigorosa, a obediência plena, a paz de cemitério.

> No Anexo, a metodologia sugerida para a construção da proposta disciplinar da escola, por meio do planejamento participativo, é uma forma de contemplar essa participação.

O vocábulo *disciplina* deriva do latim (*discapere*, captar claramente; *disceptare*, discutir alguma coisa; *discipulus*, aluno; *disciplina*, ensino, doutrina, ciência), usado normalmente para se referir a um domínio limitado do saber e sua representação didática. Será só no baixo-latim (aproximadamente a partir do século III) que *disciplina* adquire também o sentido de ordem e correção (Ipfling, 1979, p. 98). No grego antigo, podemos associar o termo *paidagogía* (arte de educar as crianças), composto de *paidós* (criança) e *agogé* (ação de conduzir), ou ainda *eutaxía* (boa ordem, disciplina, oportuno, medida justa), vindo de *eu-* (bem, bom, boa constituição) e *-taxia* (ordenação, disposição sistemática, classificação). Mais amplamente, relacionamos com cosmos (*Kósmos*), ordem, harmonia, disciplina, organização, que se contrapõe a caos (*Kháos*), abertura, grande confusão, desordem, ou ainda, no sentido mitológico, vazio primordial que precede e propicia a criação do universo. Portanto, desde há muito, *disciplina* implica os sentidos epistemológico ou intelectual (domínio do objeto, capacidade de exercitar, *ginástica mental*) e ético ou moral (princípios de conduta individual ou coletiva, comportamento, atitude). Tais ordens seriam necessárias para um conhecimento autêntico e para uma convivência equilibrada.

> Assim como o estético; o bem e o belo são buscas constantes da humanidade.

Não imaginamos que o domínio da etimologia seja um caminho privilegiado para a formação; no entanto, por meio do estudo do uso histórico concreto das palavras, fazemos um esforço hermenêutico-arqueológico para depreender outros possíveis sentidos, liberar possibilidades novas de compreensão da realidade humana, embora reconhecendo que muitas das experiências mais radicais simplesmente são inomináveis, impronunciáveis.

Neste trabalho, enfocamos disciplina mais no sentido da organização da coletividade de sala de aula e da escola, portanto, no sentido ético e moral, embora não se possa fazer uma ruptura com o epistemológico/intelectual, visto que é conatural ao trabalho docente e ambos estão mutuamente implicados. A disciplina escolar está

CONCEPÇÃO DE DISCIPLINA

associada à questão da produção de sentido, que naturalmente remete a saberes organizados, a certa *episteme*.
Em outros termos, precisamos da disciplina (enquanto ordem de saberes) para compreender e fazer disciplina
(enquanto postura).

Mesmo no campo de aplicação relativo ao comportamento existem variações, de tal forma que, em não poucas situações, percebemos que o que alguns professores
entendem por disciplina é bastante diferente de outros, às
vezes na mesma escola.

> Presença de Eros no mais profundo de si (Oliveira, 1993, p. 183).

O pressuposto de que partimos é o da educabilidade
humana; ou seja, somos passíveis de modificar nossa
forma de sentir, pensar, agir, apesar da idade ou das condições limites a que fomos submetidos. O homem não é
– está sendo; é projeto. Padece de uma falta ontológica,
de uma incompletude; daí o desejo de ser mais. Se fôs-
semos programados como as abelhas, não teria sentido
falar em ética ou disciplina. E mais: somos capazes não
só de nos modificar, mas também de dirigir nossa
mudança e saber que mudamos.

Primeiras aproximações. Quando se pensa em disciplina no âmbito escolar, a ideia primeira costuma ser a de
condições para que o trabalho pedagógico – que é coletivo,
sistemático e intencional – se dê de forma satisfatória.
Partamos de um dos arquétipos mais consagrados da instituição escolar: a fala do mestre. Quando o professor está
expressando algo – que entende como importante para
aqueles a quem se dirige –, há, objetivamente, necessidade do silêncio dos alunos para que cada um possa ouvir;
assim sendo, o aluno deve saber se autocontrolar, saber
que sua liberdade de manifestação naquele momento não
pode romper o contrato de trabalho (de cuja elaboração
ele também – espera-se – livremente participou; cf. Capítulo IV) e, dessa forma, comprometer a liberdade dos
outros de ouvir o professor. Concretamente, uma vez que
o mestre tenha tomado todos os cuidados cabíveis a uma
relação educativa, isso é ser disciplinado naquele contexto.

De forma análoga, quando um aluno está falando, deve ter seu espaço de expressão e interação garantido: ser ouvido pelo professor e pelos colegas.

O professor, como coordenador do processo, sabendo das necessidades discentes em geral e do processo de conhecimento em particular, empenha-se para: 1) mobilizar os alunos; 2) propiciar atividades cognoscitivas sobre o objeto de estudo; 3) propiciar a expressão da síntese que elaboraram (Vasconcellos, 2008b). Portanto, com sua exposição, deseja provocar a ação e a manifestação do aluno em torno do objeto de conhecimento. Um professor que espera silêncio para os 50 minutos de sua aula, o tempo todo expositiva, com certeza está marcado por um referencial equivocado de disciplina e de ensino (e de currículo, uma vez que a própria organização em aulas de 50 minutos deveria ser problematizada). Também o aluno que ocupa a palavra deve fazê-lo de forma a respeitar o grupo, por meio de intervenções pertinentes ao movimento que está se dando em sala, e não simplesmente se manifestar para chamar a atenção dos outros sobre si. Há todo um aprendizado aqui envolvido.

> Entende-se que a construção do conhecimento é coletiva, logo a contribuição de cada um é importante – e não só a do professor.

> O que implica a formação do professor em teoria do conhecimento (ou gnosiologia, epistemologia) aplicada à educação escolar (Becker, 1993; Charlot, 2000; Demo, 2000; Libâneo, 1991; Pimenta e Anastasiou, 2002; Saviani, 1983; Severino, 2001; Vasconcellos, 2008b).

Partindo do senso comum. Talvez pudéssemos resgatar o bom senso do senso comum quando diz que disciplina é *saber se comportar*. De imediato, este termo não nos agrada muito por sua vinculação ao comportamentalismo (behaviorismo), que analisa o ser humano basicamente por suas reações verificáveis no plano objetivo ("caixa preta", *input-output*, estímulo-reação). É certo ponderar que a disciplina diz respeito ao campo da prática, da ação concreta; verifica-se (ou não) na atividade concreta, e não no espectro da especulação ou das meras intenções. Todavia, quando enfocamos a atividade humana, queremos fazê-lo no entendimento de que expressa a confluência de toda a dinâmica biossociopsíquica. Além disso, há na língua portuguesa uma franja de sentido pela qual *comportar* traz a ideia forte de "represar algo" (as comportas da hidroelétrica, do açude).

> Se nos reportarmos à forte imagem do Nordeste brasileiro, o *açude* já abre para o sentido superador, uma vez que o represar está vinculado à garantia da irrigação, portanto, da produção da vida.

CONCEPÇÃO DE DISCIPLINA

Estamos num campo semântico complicado; poderíamos dizer, em outra aproximação, *saber proceder*. Ocorre que, com a explicitação dos vários tipos de conteúdos a serem trabalhados em sala de aula, está praticamente consagrado o termo *procedimental* para as habilidades, para o saber-fazer. Ora, o que queremos dizer com *saber se comportar* vai além desse sentido, tendo muito mais a ver, embora também não se identificando, com os conteúdos atitudinais. Poderíamos ainda dizer *saber se manifestar*, mas aí se perde um pouco a ideia original; além do mais, enquanto o saber se manifestar parece supor uma relação social, o *saber se comportar* aplica-se mesmo quando o sujeito não tem outros diante de si. Por outro lado, *comportar* admite também vários sentidos. Enquanto verbo transitivo direto, pode significar: 1) permitir, admitir; suportar; 2) ter como exigência, demandar, requerer; 3) sofrer, padecer; suportar; 4) ser capaz de conter; compreender em si (as acepções 3 e 4 são mais passivas). Enquanto verbo pronominal, remete a proceder, conduzir-se (portanto, mais ativa). Por um jogo fonético, poderíamos nos aproximar também de *se compor*, que tem um sentido bastante interessante do ponto de vista educativo, já que remete a *se constituir*, se produzir, construir-se (conforme o alemão *bildung*, formação).

> Do latim *com-portare*: portas que sustêm as águas de um dique. *Comportamento* deriva do francês *comportement*, utilizado a partir do século XVII (Cunha, 1989).

Enfim, e dando um passo a mais, o que estamos almejando em termos de disciplina escolar é conseguir as condições de trabalho coletivo como resultado da capacidade do sujeito de se autogovernar, autorreger-se, autodeterminar-se, autoproduzir-se (*autopoiésis*). O papel do professor, enquanto coordenador do trabalho, seria, então, de reconhecer, negociar, combinar e ajudar a articular essas disposições dos alunos em torno do objeto de conhecimento, da situação de aprendizagem.

De fato, o que se espera é que cada um e todos saibam se comportar na situação concreta em que estão. Enfatizamos que o *saber se comportar* aplica-se não só ao aluno, mas a todos – portanto, também ao professor, aos funcionários, à equipe de direção, aos pais, etc.

Entendamos melhor o que seria este *saber se comportar*. Há muitas vezes, como apontamos, a ideia implícita de docilidade, de comportar-se de acordo com as expectativas do outro, com as *regras e os bons costumes*. Esse entendimento aplicado à escola, para muitos e segundo certa tradição, seria o aluno quieto e o professor falando. Ora, a partir da teoria dialética da atividade humana, o *saber se comportar*, a ação humana consciente, é fruto de um processo, de um *méthodos*. Trata-se de uma abordagem de complexidade (ampla, radical, rigorosa, tensa, interativa) de acordo com a qual a disciplina é entendida como caminho de produção da existência.

A disciplina escolar tem que ver com o esforço para a construção do autogoverno dos sujeitos, no quadro de exploração das possibilidades, a fim de criar as necessárias condições para o trabalho coletivo de aprendizagem e desenvolvimento de todos.

2. Fundamento da disciplina: vínculo

A educação parte do sentimento de pertença, de inclusão, de vínculo (ainda que frágil num primeiro momento). O mesmo vale para a disciplina.

Vínculo é tudo o que aproxima, ata, liga, relaciona. Portanto, para a construção da disciplina escolar, professor e alunos, antes de mais nada, precisam tecer uma rede, estabelecer vínculos entre si. Esses vínculos se dão em diferentes – e articuladas – dimensões:

> Só o fato de o professor torcer para o mesmo time, vir do mesmo Estado ou cidade, já provoca em alguns alunos a criação de certo vínculo, de uma aproximação.

- *formal*: posição institucional de professor e de aluno (professor devidamente habilitado e concursado, e aluno matriculado);
- *material*: estar ao lado fisicamente, estar junto, partilhar o mesmo espaço;
- *afetiva*: relacionamentos, sentimento de pertença, engendramento, acolhida, desejo, necessidade, querer bem, admiração;

- *simbólica/cognitiva*: saberes, justificativas, sentido, crença, projeto comum;
- *estética*: aproximação na fruição, na vivência de alguma experiência estética ou afinidade em juízos de apreciação;
- *prática*: fazer junto, admirar o fazer;
- *ética*: comunhão de princípios, partilha de valores;
- *moral*: regras comuns, contrato de trabalho.

Entendemos que o vínculo físico/material, embora seja condição *sine qua non* – se não o tempo todo, ao menos em alguns momentos (como na educação a distância) –, não sustenta a relação pedagógica. O sujeito só se submete livremente à moral do grupo se, de alguma forma, estiver a ele ligado. O mesmo vale para o vínculo formal.

2.1. Vínculo afetivo: gênese da disciplina

Wallon (1879-1962) nos ensina que o desenvolvimento se inaugura na emoção, na afetividade (Wallon, 1995, p. 277; Dantas, 1990, p. 7); ora, como ele se dirige ao sujeito total (Wallon, 1979, p. 367), também o desenvolvimento moral tem sua origem aí. Inicialmente, a criança esboça seus comportamentos disciplinares sem tanta consciência, muito mais a partir de seus vínculos afetivos. Não existe um "imperativo categórico puro" que seja fonte de toda moral. A moral nasce, constitui-se no sujeito, a partir do sentido de pertença. Como destaca La Taille, *"a origem da moralidade está na relação da criança com seus pais"*, sublinhando *"a importância do sentimento de amor nesta relação. Daí uma decorrência simples: a obediência da criança às ordens dos pais é motivada pelo medo da perda do amor"* (La Taille, 1996, p. 15).

Um dos fatores fundamentais que levam o sujeito a se disciplinar é o sentimento de que aquilo que faz tem sentido, tem a ver com algo que busca, que almeja, que deseja (como veremos abaixo); soma-se a isso a percepção de que não fazer, não agir de determinada forma, implicaria perder algo. Com o tempo, no caminho da autonomia, não se tratará tanto – ou só – de perder algo que viria de fora, mas de perder algo para si mesmo: ser menos, degradar-se diante de si (antes que diante do outro); esse é um sentimento moral básico. Se nada tem a perder ou, mais amplamente, se não tem um sentido, para que se submeter a uma limitação, a uma frustração ou adiamento de satisfação?

Ter vínculo afetivo significa para o sujeito se sentir amado, desejado, querido, incluído, respeitado, valorizado (da mesma forma que ama, deseja, quer, inclui, respeita, valoriza). Essa é uma necessidade básica do ser humano: *"Os sujeitos querem ser reconhecidos, uns pelos outros, amados, notados, eles desejam ter valor para os outros. Cada um deseja ser engendrado, reconhecido e revelado pelo outro como merecedor de sua estima"* (Dolto, 1981, p. 102). A experiência mais radical do ser humano é o amor. A vida vale pelo tanto que se ama e/ou se é amado. É o amor, por meio das suas mais diversas manifestações (da libido ao trabalho, do amor aos filhos ao compromisso com uma causa), que "prende" à vida (por meio das relações, nexos, vínculos, redes que o sujeito estabelece, seja por iniciativa própria ou dos outros) e assim dá sentido, vontade de viver. *"Amar é: engendrar, suscitar, estimular, despertar. É isto, e sobretudo é o oposto do viver em circuito fechado, do possuir para si mesmo: riqueza, saber, poder. O homem é essencialmente um ser de linguagem. Seu desejo essencial é a comunicação"* (Dolto, 1981, p. 29).

> É um tanto delicado falar do amor por causa de toda a distorção que foi feita em torno dele. Esperamos deixar claro o que queremos dizer.

Desafios para estabelecer vínculos autênticos. Façamos um parêntese. Hoje, grande obstáculo à criação de vínculos é a lógica desumana, competitiva, individualista, hedonista que está montada, cada um cuidando dos seus interesses mais imediatos, de modo que o outro, muitas vezes, simplesmente não é visto ou é tido como um estorvo.

Parece que todo o mundo tem pressa. Para quê? Para ter mais pressa em outro lugar. Na *sociedade da informação,*

CONCEPÇÃO DE DISCIPLINA

tem-se a sensação de que se está perdendo algo muito importante em algum lugar. Quase nunca estamos inteiros naquilo que fazemos, dificultando, portanto, o estabelecimento de vínculos.

Cabe resgatar um elemento de contexto para ajudar a equacionar a questão do vínculo, do respeito: nos dias atuais, de narcisismo exacerbado (Lasch, 1983; J. Varela, 1996) e de crise de sentido, todos andam se sentindo um tanto desrespeitados, seja porque não têm toda a atenção que seus egos expandidos acham que deveriam ter, seja pela percepção da expropriação da possibilidade de terem um projeto de vida que valha a pena.

> "Quem tirou o meu sentido da vida que estava aqui?"

Outro grave problema é que as pessoas querem ser amadas, mas ninguém está disposto a amar. Na cultura narcísica, cada um quer ser o centro das atenções, mas não está disposto a dar atenção – ou seja, não há como estabelecer a dialética do reconhecimento.

Onde está a felicidade? Tentam, por todos os meios, apontar-nos a felicidade por meio do ter, do consumismo. Mas será esse verdadeiramente o caminho? Muitas pessoas passam a vida nessa procura e, até por nunca chegarem a ter condições de possuir recursos suficientes para consumir quanto gostariam, vivem angustiadas. Aqueles poucos que conseguem conquistar as condições materiais totalmente favoráveis, de modo geral, também não encontram o verdadeiro sentido da vida, só que não revelam isso (até porque seria reconhecer o fracasso da busca frenética), e o mito se mantém. O amor é uma dimensão radical da existência, e o que é interessante e desafiador é que pode ser vivido de imediato, não requerendo posses, altos conhecimentos, *status*.

Vínculo e disciplina. Esse sentido de pertença, tão decisivo para a criança, terá papel semelhante no desenvolvimento moral do adulto, uma vez que há um retorno funcional; as "alternâncias" não ficam fossilizadas na pessoa: os estágios anteriores, de alguma forma, manifestam-se na atualidade. *"O desenvolvimento psíquico da criança é composto de estádios que não são a estrita continuação uns dos outros. Entre eles existe subordinação, mas não identidade de orientação funcional. As atividades mais primitivas são progressivamente dominadas por atividades mais recentes e integram-se nestas últimas mais ou menos completamente"* (Wallon, 1979, p. 12).

Vê-se, então, a importância decisiva da constituição de vínculos em sala de aula e na escola: se o aluno não se sente ligado a algo, não verá sentido nas demandas comportamentais relativas àquela atividade e nada terá a perder no caso de não se envolver com elas. Por outro lado, quanto mais vínculos tiver, mais motivo terá para se envolver, para se rever, para refletir sobre suas ações. Os limites só têm sentido quando há um vínculo estabelecido. Veremos abaixo que o núcleo da disciplina escolar está na dialética entre direção por parte do professor e iniciativa por parte do aluno; a direção que o professor se propõe a dar será efetivamente direção para o educando apenas se este assim autorizar. O limite – ou mesmo a possibilidade – estabelecido pelo professor nada significará para o aluno se este não reconhecê-lo como mestre (logo, se não estabelecer algum tipo de laço, se não se sentir parte de uma rede).

> Com colegas, professor, matéria, projeto de futuro, família, etc.

Consequentemente, também as sanções somente têm efeito educativo quando há um mínimo grau de pertença, de inclusão, de acolhida do sujeito naquele coletivo.

> Aliada à forma de pensar por reciprocidade: ação e reação, isto é, perceber que sua ação vai ter repercussões.

Tal como analisaremos na constituição da disciplina em geral, o vínculo também tem uma composição contraditória, uma vez que tanto mobiliza o sujeito (desejo de ação, de criação) quanto leva à repressão de determinados comportamentos (por não querer perder o elo estabelecido).

2.2. Vínculo simbólico: o sentido para o estudo

O *saber se comportar*, tomado como ponto de partida para a elaboração conceitual, remete a determinado contexto e a determinado objetivo. Em sã consciência, ninguém se comporta de determinada forma se não tem em mira um objetivo; é por querer atingir, por uma livre escolha, algo que julga desejável. O querer move, conduz em direção ao objetivo. Tal forma de agir diz respeito ao estar vivo, ao não se conformar com o que está dado – próprio da filogênese da constituição humana (no princípio era o desejo...). A vida é fluxo; a vida consciente é movimento em direção a algo a que se aspira. Só que o real resiste à minha aspiração; então, se quero mesmo alguma coisa, vou ter de me organizar para alcançá-la, isto é, submeter-me a limites que estão dados e explorar/criar possibilidades. O fim último condiciona a ação presente. O projeto que assumo dá sentido aos constrangimentos e iniciativas inerentes ao seu desenvolvimento. *A disciplina, portanto, é um meio e não um fim em si mesma.* A intencionalidade é uma das marcas humanas por excelência. A questão do sentido, que se traduz no projeto (tomado aqui, sobretudo, na sua dimensão de objetivo, finalidade ou intencionalidade), é constituinte ontológica da disciplina, seu fundamento.

> Neste momento, não vamos "dar conteúdo" a este sentido/projeto, mas só apontar sua necessidade. No Capítulo IV, retomaremos esta questão em duas etapas: ao reafirmarmos a necessidade de recuperar a atividade de projetar e, depois, ao trabalharmos eventual sentido para a atividade pedagógica.

Numa análise histórica e antropológica, verificamos que a humanidade surge de um impulso, de um desejo de fazer algo diferente, portanto, de um *projeto*: no longo processo de hominização (estamos falando de algo em torno de 6 milhões de anos, quando há a derivação evolutiva que dá origem ao ramo *Homo*), o homem vai se diferenciando dos outros animais por meio da negação da realidade, do dado imediato; o animal não nega a realidade, adapta-se a ela. Os nossos ancestrais mais remotos não se adaptavam simplesmente. Assumiam protoprojetos de interferência na realidade, que começavam, por exemplo, com o pegar uma pedra, lascá-la e passar a usá-la para cortar outros objetos. Assim, a constituição do ser humano se deu – e se dá –, a rigor, pela mediação de procedimentos de projeto. *A vida é projeto*; educação é vida; portanto, educação é projeto.

Projeto aqui entendido, antes de tudo, na acepção antropológica, como essa disposição ativa, desejante, diante da existência; trata-se de uma postura de não

CONCEPÇÃO DE DISCIPLINA

desistência, de estar em pé, de cultivar a alma, *"uma paixão insinuante e como que um juramento"* (Jaeger, 1979, p. 491).

O projeto, quando pensado em termos mais complexos, implica a capacidade de ler a realidade, estabelecer uma meta e buscar mediações para atingir essa meta a partir do real (*méthodos*). O que é o trabalho, senão um projeto em andamento?

> *Uma aranha executa operações semelhantes às do tecelão, e a abelha supera mais de um arquiteto ao construir sua colmeia. Mas o que distingue o pior arquiteto da melhor abelha é que ele figura na mente sua construção antes de transformá-la em realidade. No fim do processo do trabalho aparece um resultado que já existia antes idealmente na imaginação do trabalhador. Ele não transforma apenas o material sobre o qual opera; ele imprime ao material o projeto que tinha conscientemente em mira, o qual constitui a lei determinante do seu modo de operar e ao qual tem de subordinar sua vontade* (Marx, 1980, p. 202).

Nos primeiros objetos trabalhados pelo homem, verificamos a presença de determinada disciplina; mas cabe considerar que essa disciplina é assumida em função de um objetivo, de certo ideal que tinha na imaginação. Se essa vinculação com o objetivo vale individualmente, quanto mais em termos coletivos, como é o caso da disciplina escolar. O que queremos dizer é que definir um objetivo é absolutamente essencial para construir a disciplina na escola. Isso parece óbvio, mas sabemos, com base na análise feita no capítulo anterior, que não é bem assim.

Estamos refletindo sobre a disciplina escolar. Ora, a escola não é um espaço natural, não surge espontaneamente na sociedade. Como instituição que se organiza para desenvolver certas atividades, tem objetivos determinados. Será justamente nesse campo dos objetivos que a disciplina ganhará sentido. Em outros termos: a disciplina perde a razão de ser – aliás, também a própria existência desta instituição – se a escola não diz a que veio, se não tem um sentido, um projeto. Se o professor não conseguir criar um campo de significado, uma direção,

Insistimos: não um projeto formal, um "documento" chamado projeto.

correrá sério risco de ficar "apagando os focos de incêndio", administrando os incidentes criados pelos alunos. Em razão da falta de objetivo comum, os alunos — que não ficam sem objetivos — estabelecem, de forma dispersiva, os seus; o docente fica numa posição reativa e não propositiva: reage às manifestações díspares dos alunos. A disciplina, portanto, não tem sentido nela mesma, mas volta-se para a consecução das finalidades educativas da escola em termos bem amplos, as quais contemplam a dimensão acadêmica, de apropriação dos saberes, mas vão além, uma vez que, no limite, o seu horizonte é a humanização.

Frequentemente, em especial com os alunos menores, o sentido do trabalho é captado muito mais pela atitude docente do que por suas palavras. É pelo empenho, envolvimento, dinamismo do professor que o aluno acaba inferindo que ali tem algo, de fato, importante para ele.

Em muitos contextos, no entanto, há tanta ênfase nos meios disciplinares, que o aluno assimila isso como objetivo, deixando de perceber a finalidade maior das regras disciplinares, das exigências docentes e distorcendo assim o sentido do *ofício de aluno* (Perrenoud, 1995): ser bom aluno não é participar, entender, crescer, criar, extrapolar, mas ser obediente, "bem-comportado", deixando de se envolver ativamente na tarefa educativa. *"Finja-se de morto! Repete o aluno veterano ao vizinho, ainda cheio de zelo e com vontade de fazer perguntas, arriscando-se a prolongar a lição e complicar os deveres"* (Freinet, 1985, p. 52). O condicionamento nessa direção é tão forte, que alunos que participam mais ativamente, que perguntam, questionam ou discordam de alguma coisa apresentada pelo professor chegam a se desculpar junto a ele ao término da aula.

A explicitação dos fins da atividade educativa é um meio para ajudar a envolver o aluno, a criar o campo de sentido; no entanto, o professor não pode conhecer pelo aluno: para que haja desenvolvimento e aprendizagem, este precisa se mobilizar, assumir objetivos, enfim, construir um projeto. *"A capacidade de conhecer supõe a de agir conscientemente, de acordo com finalidades, pois não há outra forma de adquirir novos conhecimentos"* (Pinto, 1979, p. 220). O estudo é um trabalho – não alienado, espera-se – e é preciso *trabalhar para aprender*.

É impressionante como se tem negado ao aluno a oportunidade de refletir sobre seu ofício, sobre os fins de sua atividade; parece ser algo óbvio, adquirido por osmose, ou algo inato: muitos correm o risco de se formar sem ter tido a oportunidade de pensar um pouco mais detidamente sobre a atividade de estudo.

> *A disciplina dos alunos, isto é, sua conduta regular e conveniente durante as aulas, foi, por muito tempo, resultado da autoridade do mestre. Esta, quase sempre severa e inflexível, impunha o comportamento, como impunha as ideias: – aquele, pela força do medo; estas, pela afirmação dogmática. E assim criou-se, entre escolares, uma mentalidade estranha – a obrigação de respeitar o mestre, e o hábito de aprender só através de suas palavras. Temido, ele nunca errava: obedeciam-no para evitar castigos, aceitavam seu ensino por sugestão. Daí, uma educação periférica e artificiosa; daí, a falência da escola em sua mais alta finalidade* (Toledo, 1930, p. 315).

Esse descuido tem um preço muito alto: o aluno fica esperando que o mestre, que se apresenta como todo-poderoso, faça por ele (heteronomia); como isso não acontece, há um sentimento de engano e de injustiça (à medida que vê outros colegas que nem respeitam tanto as regras indo melhor), que facilmente envereda para a revolta e se torna ativador da violência (Rochex, 2003, p. 19).

Atualmente, fala-se muito da busca do prazer na educação; trata-se, sem dúvida, de uma demanda legítima. Todavia entendemos que o sentido vai além, supera a perspectiva do prazer, uma vez que, quando vê sentido, o sujeito pode adiar o prazer e até mesmo sofrer por algo (no limite, dar a vida).

CONCEPÇÃO DE DISCIPLINA

3. Tensão nuclear da disciplina: adequação-transformação

O ser humano se constitui nas relações sociais. Essa afirmação, aparentemente tão simples, já traz embutida grande complexidade, da qual nos aproximamos pelo confronto entre "se constitui" e "nas relações sociais". É ele quem se faz; ninguém pode "constituir" o outro. Todavia, isso se dá a partir do outro, das relações que estabelece com o ambiente. Precisa do outro para se fazer, mas não pode ser igual ao outro, pois isso seria abrir mão de sua identidade (Marx, 1989b; Leontiev, 1978, p. 166). Cabe reproduzir, mas também inovar! Trata-se de um desafio antropológico: viver a bipolar e tensa vocação para a preservação (o arcaico) e a transformação (o novo) da natureza e do homem (Góes, 1997, p. 1).

Ambiente humanizado, diga-se de passagem, pois dificilmente o indivíduo tem contato com a natureza em estado bruto.

Educação é adequação; não existe civilização sem adequação. Segundo Freud (1856-1939), a civilização começa no ato de interdição. Mas esse é apenas um lado da educação; se fosse só isso, seria confundida com adestramento, com submissão, negando o novo, a mudança; estaria restringindo a moralidade à heteronomia. Educação é também criação, vida, movimento, inovação, abertura, ruptura. Num sentido amplo, a tarefa educativa, na perspectiva dialética, é gerir a tensão entre *adequação e transformação* em função do objetivo. A educação, *"no sentido forte da expressão, não é talvez senão o justo mas difícil equilíbrio entre a exigência de objetivação – isto é, de adaptação – e a exigência de reflexão e de desadaptação; é o tenso equilíbrio que mantém de pé o homem"* (Ricoeur, 1968, p. 219).

Podemos ver, por exemplo, em O mal-estar na civilização: "Talvez possamos começar pela explicação de que o elemento de civilização entra em cena com a primeira tentativa de regular esses relacionamentos sociais" (Freud, 1978b, p. 155).

O professor, pelo papel social que assume, representa a cultura, a tradição, a norma, a lei, a autoridade, a verdade historicamente constituída por determinada comunidade, cabendo-lhe a tarefa de inserir as novas gerações nesse universo. Por outro lado, essa inserção tem que ser crítica e criativa. Como afirma H. Arendt (1906-1975),

102

CONCEPÇÃO DE DISCIPLINA

"parece-me que o conservadorismo, no sentido de conservação, faz parte da essência da atividade educacional, cuja tarefa é sempre abrigar e proteger alguma coisa – a criança contra o mundo, o mundo contra a criança, o novo contra o velho, o velho contra o novo" (1997, p. 242). Logo a seguir, há uma advertência da autora que, embora deixando claro que se refere à política, a nosso ver se aplica também à educação: tudo estará *"irrevogavelmente fadado à ruína pelo tempo, a menos que existam seres humanos determinados a intervir, a alterar, a criar aquilo que é novo"* (idem).

> Se não houvesse renovação na educação, estaríamos protegendo o mundo da criança, mas não a criança do mundo, uma vez que este, por meio de uma educação totalmente anacrônica, estaria a sufocar a criança e seu potencial de novidade.

A educação escolar se dará, pois, pela articulação dialética entre adequação e transformação, visando a uma finalidade. Na instituição de ensino, é preciso adequar o aluno às normas existentes, por exemplo. Ocorre que, se fizermos apenas isso, estaremos contribuindo para que o aluno se torne mais um reprodutor do sistema que aí está. Então, ao mesmo tempo em que trabalhamos com a adequação, temos também que respeitar seu potencial transformador. É fundamental que o aluno aprenda (ou não desaprenda, já que, a partir de tenra idade, costuma ter tal atitude) a perguntar: por quê? Para quê? Qual o sentido disso que se está pedindo a ele? Ou seja, aprenda a questionar a legitimidade dos limites estabelecidos e, em situação extrema, a ser rebelde com os limites autoritários, arbitrários (Rubem Alves). Assim, quando a escola adota uma norma que não é razoável, termina por induzir a transgressão, pois o aluno não vê sentido em respeitá-la.

Sabemos que viver essa tensão é grande desafio, até porque vemos, muitas vezes, os próprios professores recebendo de seus superiores as determinações mais absurdas e dizendo: *"Sim, senhor!"* Existem professores que, diante de uma determinação da supervisão ou da direção, não têm coragem de levantar a mão e solicitar: "Por favor, por que isso? Qual o sentido dessa exigência?" Podemos, assim, questionar: acaso um meio cidadão pode formar um cidadão inteiro? (Vasconcellos, 2008f).

E, em alguns casos, necessário: imaginem se, na retirada das pessoas de um prédio em chamas, os bombeiros tivessem que ficar explicando detalhadamente o motivo da solicitação a cada uma...

O sujeito ter um tipo de comportamento em razão de um constrangimento circunstancial não é problemático (algo diante do qual não sabe como se comportar e alguém dirige/impõe/constrange a determinado comportamento); é um fato isolado, transitório. O drama se instaura quando isso se dá sistematicamente, o que significa estar o indivíduo na condição heterônoma. Essa transitoriedade, essa flexibilidade é que permite as pontes, os *momentos de passagem* na sala de aula, quando o aluno não se interessa momentaneamente por algum assunto, porém deixa-se conduzir pelo professor em decorrência dos vínculos estabelecidos previamente.

A educação autêntica implica sustentar essa dialética entre adequação-transformação em todas as relações na escola. Não é fácil, porque em cada momento o sujeito se pergunta: agora é hora de adaptar ou de romper? Não há receita: dois momentos de adequação seguidos por um de transgressão. Mas há *méthodos*: leitura da realidade, clareza da finalidade, plano de ação, ação, avaliação.

A disciplina traz em si esta contradição entre expressão e inibição, criatividade e enquadramento, produção e apropriação, possibilidade e limite. Muitas vezes, como vimos, temos uma visão negativa da disciplina justamente pela exacerbação do seu polo repressivo; no entanto, por trás de qualquer grande realização humana (nos esportes, nas artes, na ciência, na política, na cultura como um todo) há férrea disciplina. Podemos então entender a disciplina como energia canalizada. A questão, parece-nos, não é a necessidade de canalização – condição humana, princípio da civilização –, mas 1) *quem* canaliza, ou seja, qual a instância de decisão da canalização: encontra-se dentro ou fora do sujeito?; 2) em que *direção* aponta, a serviço de que e de quem se coloca?

Assim, na perspectiva dialética, o *saber se comportar* do professor não pode ser só o falar (supondo o aluno quieto)! Esse é um aspecto elementar, porém frequentemente, reafirmamos, *esquecido* pelos docentes: fica-se tão somente na expectativa do comportamento do aluno; não se põe em questão o próprio comportamento, como se estivesse *naturalmente* adequado.

O autocontrole, portanto, é apenas uma dimensão da disciplina, a passiva, restritiva; existe outra dimensão, que é ativa, propositiva, dinamogênica (Wallon), que diz respeito à qualificação para a participação ou à participação qualificada. Desta maneira, um aluno que está a fazer um dever de casa significativo não está apenas se enquadrando numa exigência formal do mestre, mas refletindo, articulando informações e conceitos e se preparando para uma participação mais efetiva em sala, quando aquelas atividades serão retomadas e sistematizadas. O professor é disciplinado não só quando controla sua exposição (seu ímpeto de falar) para que o aluno possa se expressar, mas também quando está pesquisando, a fim de trazer para a sala os elementos mais significativos da cultura que a sua matéria envolve, organizando as atividades de estudo. Os termos autogoverno ou autonomia superam, por incorporação, tanto o autocontrole (que remete mais a restrição e não inclui a iniciativa) quanto o espontaneísmo (que valoriza a iniciativa, mas não leva em conta a restrição necessária do contexto).

Podemos dizer, pois, que a disciplina tem duas dimensões básicas:

- restritiva: deixar de fazer (limites; delimitação; frustração; constrangimento; interdição; passividade);
- propositiva: dispor-se a fazer (possibilidades; demanda; iniciativa inovadora; abertura a novos possíveis; atividade).

Normalmente, há, por parte do poder dominante (qualquer seja a instância considerada), grande ênfase na dimensão restritiva, que visa forjar, enquadrar o indivíduo na ordem estabelecida e assim manter-se dominante. Todavia, tal viés corresponde a uma distorção, a uma redução do sentido humanizador da disciplina, como aqui estamos assumindo.

A rigor, além dos já indicados, poderíamos elencar muitos outros pares dialéticos que expressam, em diferentes

> Forja é uma palavra bastante expressiva neste contexto: *conjunto de fornalha, fole, bigorna, do qual se utilizam no seu ofício os ferreiros e outros artífices que trabalham em metal* (Aurélio [Ferreira, 1999]). Sobre a diferença metafórica entre ferro forjado e ferro fundido, ver o belo texto de João Cabral de Melo Neto (1920-1999), *O ferrageiro de Carmona*.

Concepção de disciplina

> É relativamente comum estudos apresentarem esquemas com três tipos de disciplina (por exemplo: autoritária, espontaneísta e democrática). O problema é que são apresentados como se fossem tipos absolutamente independentes; ou seja, o que não se discute é quanto o terceiro tipo tem a ver com o primeiro e o segundo, a questão da tensão interna que lhe é peculiar, etc.

campos, a tensão constituinte da disciplina: tradição--inovação, continuidade-ruptura, instituído-instituinte, regulação-emancipação, reprodução-transformação, enquadramento-subversão, aceitação-contestação, conservação-revolução, rigidez-plasticidade, necessidade-liberdade, objetividade-subjetividade, integração-autoafirmação, produto das circunstâncias-produtor das circunstâncias, identificação-oposição, sintropia-entropia, ordem--desordem, cosmos-caos. A abordagem dialética enfoca a disciplina a partir de suas contradições, sem querer reduzi-la a um de seus polos.

Se a ruptura, a transgressão, tem, de um lado, uma carga perturbadora, de outro, tem sua positividade, já que pode ter um caráter criativo, de abrir novas alternativas de trabalho e de relacionamento, ser o impulso para novo projeto. Costumamos afirmar com a maior tranquilidade que desejamos um ensino crítico e criativo; todavia, quantas vezes ainda ficamos profundamente incomodados quando um lampejo de pensamento divergente se manifesta em sala... Temos muito que avançar para concretizar nossos propósitos. Trabalhar o movimento de desconstrução e construção da transgressão nos parece um caminho interessante nesse sentido.

Autonomia em questão

> Do grego *autonomos* (de *autos*, próprio, e *nomos*, lei); que se governa pelas próprias leis.

Cabe breve consideração sobre a autonomia. Autonomia é palavra cuja origem se relaciona à forma pela qual os gregos designavam a independência ou a autodeterminação de um Estado; portanto, é conceito surgido num domínio jurídico-político. Rousseau (1712-1778), embora não usando o termo, amplia o conceito, aplicando-o ao domínio moral com sua definição de liberdade como *"obediência à lei que nós prescrevemos"* (*Do contrato social*, I, VIII; Canto-Sperber, 2003, v. 1, p. 134), *"o homem verdadeiramente senhor de si mesmo"*, submetendo a sua vontade particular à vontade geral, da comunidade. Kant (1724-1804) completará o percurso, compreendendo as leis a que o sujeito se submete não mais como públicas, mas

Concepção de Disciplina

como mandamentos da razão, em decorrência do reconhecimento de sua validade. O sujeito autônomo é aquele que internalizou valores e vai agir de determinada forma não em função do exterior, do que pode ganhar ou perder, mas por um apelo interno: se não fizer, não estará bem consigo mesmo.

De modo geral, a autonomia é apresentada como algo desejável, como uma meta educativa, enfim, como um valor. Não temos a menor dúvida disso! Todavia, sua compreensão precisa ser problematizada, pois podemos ter um sujeito operando autonomamente, mas fazendo barbaridades (um criminoso, por exemplo). Ser autônomo significa tomar a decisão por si pautado num conjunto de valores assumidos. A questão que se impõe, então, é investigar qual o quadro mais amplo de valores internalizados do sujeito. A disciplina não dispensa, mas, pelo contrário, exige uma ética, um conjunto de valores, que aponta a direção maior e dá critérios para fazer os julgamentos na tomada de decisão.

Que fique claro ainda que não basta falar em autodisciplina, autogoverno, uma vez que podemos nos alienar: servidão voluntária (La Boétie, 1982), posição de senhor e escravo (Hegel, 1992), introjeção do opressor no oprimido (Freire, 1981b). A alienação pode se dar a partir da coerção externa presente, mas também ser fruto de interiorização por parte do sujeito. A autonomia, em certos contextos, pode ser uma das formas mais perversas de alienação, de dominação, uma vez que caminha justamente para o paradoxo da servidão voluntária: o sujeito escolhe livremente seu opressor, internaliza, total e definitivamente (suspendendo qualquer juízo crítico), o valor do Direito, o valor do monarca, do Estado, do especialista, do cientista, do pastor, do mestre, do companheiro.

A autonomia seria, digamos assim, o marco zero da ética, o *modus operandi* a ser conquistado pelo sujeito; a grande questão viria a partir daí: para onde irá direcionar sua vida? Vai usar a autonomia para quê? Para construir a paz ou para jogar um avião no World Trade

> Ver *A cabeça bem-feita: repensar a reforma, reformar o pensamento*, um interessante livro de Edgar Morin, escrito numa linguagem muito simples.

> Quanto menor a autonomia, maior o grau de dependência em relação à influência externa (vulnerabilidade moral).

Aponta ainda um princípio prático: *"Age de tal maneira que uses a humanidade, tanto na sua pessoa como na pessoa de qualquer outro, sempre e simultaneamente como fim e nunca simplesmente como meio"* (Kant, 1980, p. 135).

Center? Ou seja, remete-nos ao campo dos objetivos, das finalidades. Diante de dilemas morais, Kant propõe interessante questão: *"o que aconteceria se a minha máxima se transformasse em lei universal?"* (1980, p. 130), derivada de um princípio fundamental da moralidade: *"Age apenas segundo uma máxima tal que possas ao mesmo tempo querer que ela se torne lei universal"* (idem, p. 129). Não é à toa que os gregos, sabiamente, vinculavam a autonomia à incorporação de um quadro de valores maiores (Aristóteles, 1979; Almeida, 2002).

Autonomia implica a capacidade de tomar decisão; a tomada de decisão se baseia no julgamento da realidade e implica virtude, coragem de se posicionar; para julgar a realidade, precisamos de *dados* a seu respeito e de *critérios,* de um conjunto de valores. Por isso podemos dizer que não existe autonomia absoluta: quando o sujeito está num campo no qual não tem uma base de valores correspondente, não tem como julgar adequadamente. Um ótimo e autônomo piloto de avião, que sabe tomar as decisões mais difíceis durante um voo, diante do diagnóstico de um médico não tem muito como ser "autônomo": como poderá julgar se aquilo que o médico lhe recomenda é adequado ou não? Poderá exercer sua autonomia procurando outro médico, mas no limite será apenas um adiar da necessidade de crença no juízo do outro. O sincretismo no plano epistemológico (desorientação diante de um conceito novo – Wallon, 1989, p. 194) de certa forma se dá também no campo moral.

Por outro lado, a autonomia é igualmente relativa, em razão da nossa contingência de seres sociais:

> A liberdade, decerto, jamais é absoluta. Autonomia *significa que somos responsáveis por nossas ações, já que elas decorrem de nós mesmos; e devemos sempre supor que deveríamos ter agido de outro modo. Relativa significa que a situação social concreta e os diversos sistemas normativos definem os limites no interior dos quais podemos interpretar e realizar determinados valores. Em suma, a nossa determinação social não condiciona por si só nossas ações, mas certamente as influencia de perto* (Heller, 1982, p. 151).

CONCEPÇÃO DE DISCIPLINA

4. Postura do professor: dialética da interação pedagógica

Quais os pressupostos da visão de disciplina que acabamos de apresentar? Quem são nossos interlocutores, mais ou menos explícitos? Contra o que estamos nos colocando?

4.1. Diferentes posturas

Em face do quadro desafiador da educação escolar, há professores que desejam a obediência cega, a disciplina passiva ("como antigamente"). No polo oposto, há aqueles que pensam em abrir mão de qualquer preocupação, procurando se acostumar com o que está aí, numa postura de "liberou geral". Entendemos que tais posturas não ajudam na formação humana emancipatória. A primeira, por ser autoritária, nostálgica, a-histórica; e a segunda, por significar autêntica demissão pedagógica. Do ponto de vista das tendências pedagógicas, o primeiro posicionamento poderia ser relacionado a determinada interpretação da chamada educação *tradicional*, e o segundo, da educação *moderna*.

> "No meu tempo, eu aprendi; o problema agora é de vocês. Se não querem aprender, o que posso fazer?"

O que não é tão simples compreender aqui é que cada uma dessas tendências tem sua parcela de razão, tem um núcleo de bom senso, só que, por não abarcar a totalidade do fenômeno educativo, acaba distorcendo-o. E qual seria esse núcleo de bom senso? Na tradicional, a afirmação da necessidade de direção por parte do educador; qualquer educação que abra mão disso está fadada ao fracasso, uma vez que é preciso colocar as novas gerações em contato com a cultura, com os valores, com a norma, com a tradição. Na educação moderna, o núcleo de bom senso diz respeito à necessidade de iniciativa por parte do educando; com efeito, ninguém pode "educar" o outro; no limite, a educação é sempre autoeducação, automovimento. Notem que são necessidades contraditórias, já que, ao dar a direção, em certa medida, o professor está negando a iniciativa do aluno e, reciprocamente, quando o aluno

> Limite aqui no sentido matemático de "tender a".

109

Concepção de disciplina

assume a liderança, em certa medida nega a direção do professor.

Diante das fundamentais e contraditórias necessidades educativas apresentadas acima (direção por parte do professor e participação ativa por parte do aluno), encontramos diferentes posturas entre os educadores:

> "Professor não pode mostrar os dentes."

- *Exclusão:* opta por uma das partes (e permanece nela) em detrimento da outra: ou fica no polo da direção do professor, ou (exclusivamente) da espontaneidade do aluno.
- *Revezamento:* opta pelas duas partes, fazendo uma espécie de "flutuação": usa um pouco uma, um pouco outra, em autêntica *justaposição* de posicionamentos. Vai de um polo a outro como uma estratégia de compensação ("curvatura da vara"): como foi muito duro com o aluno, agora será bem liberal para compensar. É guiado pelo medo, pela insegurança, pela pressão do ambiente e não por um projeto claro de intervenção pedagógica. Há hesitação, manifesta na flutuação do comportamento do educador e na falta de argumento para justificá-lo.

> A diferença entre esta postura e a anterior é que, enquanto com aquela se pode fazer uma "média" a partir de posturas extremadas, esta tem como meta já vivenciar a média, não chegando aos extremos.

- *Média:* opta pelas duas partes, fazendo uma "média" entre elas: nem tanto a direção do professor, nem tanto a iniciativa do aluno; não chega a ser diretivo, mas também não permite o voo independente do aluno. O problema é que a realidade "não sabe" que o professor optou pela média e continua sendo movimento, com altos e baixos.
- *Impasse:* fica em crise e não sabe o que fazer: imobiliza-se diante da constatação da existência das duas forças contraditórias na educação. Tem medo de errar. Não falta muito para daí caminhar para a demissão em ação (o professor desiste, entrega os pontos, já não tenta criar um ambiente de trabalho em sala de aula) ou para a doença, em consequência do impasse subjetivo.
- *Dialética:* nesta perspectiva, o professor não opta por uma das dimensões em detrimento da outra nem faz uma média ou revezamento, muito menos se demite, mas mantém a *tensão dialética* entre as duas e resolve essa tensão em cada situação concreta, tendo em

vista os *objetivos* da proposta pedagógica e a *realidade* concreta dos alunos (*méthodos*). Entendemos que, para além do senso comum e reinterpretando Aristóteles, a virtude não está no meio, mas na mediação!

> Poderíamos afirmar que, para Aristóteles, o meio não seria um lugar, mas uma atitude (Almeida, 2002).

4.2. Postura dialética

Uma das maiores dificuldades que observamos na busca de construção de nova disciplina é a forma de pensar linear, dicotômica, reducionista, que vai por extremos, em contraposição a uma forma de pensar ligada ao movimento, à contradição, à totalidade, de cunho *dialético*.

O drama dicotômico pode ser associado à expressão shakespeariana (William Shakespeare – 1564-1616): *"ser ou não ser, eis a questão"* (*Hamlet*, tragédia de 1601). O drama dialético, por sua vez, associa-se à expressão heraclitiana (Heráclito de Éfeso – cerca de 540-470 a.C.): ser *e* não ser, eis a questão. O pensar dicotômico trabalha com a exclusão, com a simples negação, enquanto a dialética trabalha com a contradição e a superação por incorporação. A visão dicotômica isola as coisas (e as mantém separadas), enquanto a dialética percebe os opostos se exigindo mutuamente. De modo geral, a nossa formação, no caldo da cultura ocidental, é muito mecânica e maniqueísta: *ou é, ou* (exclusivo) não é. Num olhar um pouco mais atento, no entanto, percebemos como a realidade é e não é ao mesmo tempo, ou seja, é perpassada por condicionamentos que apontam em diferentes direções; nós somos contraditórios; o nosso aluno é contraditório; o meu colega, o pai do meu aluno, a direção, a instituição, a sociedade são contraditórios, e assim por diante. Este é um dos pressupostos básicos da concepção dialética: a unidade dos contrários. Tal compreensão não deve servir de álibi moral para os deslizes, uma vez que cabe ao ser humano se pautar sempre pela vocação ontológica de ser mais. Pelo contrário, a compreensão da nossa condição de seres contraditórios ajuda a não desanimar no alcance da meta de nos tornarmos a cada dia uma pessoa

> *"Nos mesmos rios entramos e não entramos, somos e não somos"* (Heráclito. Alegorias, 24. In: *Pré-socráticos*. São Paulo: Abril Cultural, 1978, p. 84).

> *"Não compreendem como o divergente consigo mesmo concorda; harmonia de tensões contrárias, como de arco e lira. [...] O conflito é o pai de todas as coisas."* (Heráclito, fragmentos. In: Pré-socráticos, São Paulo: Abril Cultural, 1978, p. 84).

Concepção de Disciplina

"Panta rei – tudo flui, nada permanece o mesmo" (Heráclito, 1978, p. 80).

O cálculo infinitesimal, tema clássico da Matemática, é importante conteúdo formativo por propiciar o desenvolvimento de uma estrutura de percepção e de pensamento que possibilita uma aproximação fina à realidade, ao contrário da lógica binária (0 ou 1), subjacente à desastrosa forma de pensar dicotômica (ou tudo, ou nada).

É importante que se esclareça que leva consigo não só os elementos válidos: há elementos que, embora não desejados, vão junto, uma vez que não se consegue fazer uma ruptura total com os elementos constituintes do real.

Esta dialética se manifesta nas dimensões antropológica, pedagógica, estrutural, social e política, conforme veremos brevemente na sequência, relacionando-as com a prática da escola.

Aufhebung: suprassumir; negar e conservar, suprimir e preservar, eliminar e poupar; *vai além do simples* ou-ou *do entendimento* (Hegel, *Enc.* I §96A – 1995, p. 195). *"A negação da negação não é uma neutralização"* (idem, p. 193).

melhor. A contradição não existe para ser anulada, muito menos camuflada; tem um caráter dinamogênico: *"a contradição é a raiz de todo movimento e vitalidade; pois só ao conter em si uma contradição, uma coisa se move, tem impulso e atividade"* (Hegel, 1993, t. 2, p. 72). A realidade é complexa, contraditória, está em movimento. Portanto, não é possível assumir uma postura simplista, maniqueísta, estática ou de oscilação binária (Meirieu, 2002, p. 139). O tensionamento dialético é fundamental para acompanhar e intervir no movimento do real educacional.

Numa relação dialética, um polo supõe, nega e supera o outro, levando consigo elementos válidos que serão rearticulados em novo arranjo histórico (provisório), mantendo, todavia, a tensão entre os elementos subsumidos (que provavelmente será, em seguida, resolvida em novo patamar de abrangência e complexidade). Trata-se da superação dialética que vem a ser *"simultaneamente a negação de uma determinada realidade, a conservação de algo essencial que existe nesta realidade negada e a elevação dela a um nível superior"* (Konder, 1981, p. 26).

Seria importante fazer pequena ponderação sobre o entendimento de superação: dada a influência da lógica formal na formação dos educadores, é comum haver uma associação entre *superação* e *média*, isto é, entender a superação como meio-termo, termo-médio, equilíbrio, mistura. Não se trata disso, pois *média* significa tomar distância equivalente entre os extremos ou tomar um tanto de cada parte e misturar. Na síntese superadora não se pega um mesmo tanto de cada parte, mas certos elementos de cada parte (tendo como referência a finalidade), que são reagrupados em novo arranjo: ao contrário da média, não são todos os elementos constituintes de cada parte que vão ser subsumidos, isto é, incluídos no produto final; alguns elementos são total ou parcialmente negados. Além disso, as partes subsumidas mantêm entre si uma tensão (em decorrência de suas contradições) nunca de todo resolúvel. A superação suprime e simultaneamente preserva a força da contradição dentro da solução encontrada

(Ricoeur, 1991, p. 139). Também não se trata da questão do lado bom e lado mau: *"Para o senhor Proudhon, toda categoria econômica tem dois lados – um bom, outro mau. O lado bom e o lado mau, a vantagem e o inconveniente tomados em conjunto constituem, para o senhor Proudhon, a contradição em cada categoria econômica. Problema a resolver: conservar o lado bom, eliminando o mau"* (Marx, 1989c, p. 107); incorrer nesse equívoco no nosso caso seria, por exemplo, *conservar* a iniciativa do aluno e *eliminar* a direção do professor (ou vice-versa, de acordo com o posicionamento do educador). Efetivamente, não se compreendeu que *"o que constitui o movimento dialético é a coexistência de dois lados contraditórios, sua luta e sua fusão numa categoria nova"* (Marx, 1989c, p. 109).

Os professores costumam se referir à busca de um equilíbrio; isso precisa ser mais bem entendido, pois, geralmente, pautados num referencial da Mecânica Clássica (paradigma newtoniano-cartesiano), por equilíbrio estão entendendo justamente o ponto médio, algo invariável com o tempo, estático ou estável (*"onde pequenas modificações das condições iniciais produzem pequenos efeitos"* – Prigogine, 1996b, p. 32). Em vez disso, podemos trabalhar com a ideia de equilibração – no sentido piagetiano (Piaget, 1978b, p. 62; 1976, p. 11) –, isto é, o equilíbrio que se sabe precário e provisório, logo, processo. É importante notar que, na perspectiva dialética, pode-se ir de um polo a outro (exemplo: liberdade/controle, diálogo/monólogo, tolerância/firmeza) se o momento assim o exigir. Não se trata de justapor aleatoriamente um ato rígido a um frouxo; quando isso ocorre, é por insegurança, por medo, pela dificuldade em lidar com as pressões do ambiente, por falta de clareza do professor (que "atira para todo lado" tentando acertar; instabilidade; ensaio e erro) ou estrelismo (agir baseado em idiossincrasias; desrespeito ou ausência de contrato didático; narcisismo). Esse entendimento da tensão dialética, ao mesmo tempo em que alivia a *culpa* do professor que se vê transitando no espectro dos polos (e ficava angustiado por não

Concepção de Disciplina

entender, por considerar incoerente tal comportamento), anuncia a morte da expectativa de uma receita, bem como aumenta a responsabilidade do educador, já que terá de estar *ligado* o tempo todo no processo pedagógico para tomar as medidas adequadas a cada momento.

Quando se propugna "nem tanto ao mar, nem tanto a terra", a rigor, fica-se na faixa litorânea, que nem dá a segurança do porto seguro nem a aventura do mar aberto. Em relação ao novo senso comum "nem-nem", pseudossuperador, a perspectiva dialética aponta, pois: "ao mar *e* a terra", o que significa dizer que o professor tem como possibilidade de posicionamento todo o espectro (e não apenas suas extremidades ou a média). Subjacente a essa possibilidade está o movimento – e não o bloqueio e a cristalização – nas relações de poder no interior da sala de aula (Foucault, 2004, p. 266).

> Pelo menos não em termos de uma tensão dilacerante.

Ser dialético não é "viver tenso". Em primeiro lugar, o sujeito se põe a tensão (se abre a ela, se abre para reconhecê-la na realidade ou constrói a sua leitura de realidade de acordo com esse referencial) e a revolve em cada situação, de acordo com as necessidades e objetivos (*méthodos*). Além disso, essa tensão é vivida em cima de construtos que dão certa estabilidade ao sujeito/grupo: quadro de valores, contrato de trabalho, vínculos, estruturas, rotinas; ou seja, comumente o que temos é uma flutuação tensional em torno de uma base estabelecida. Depois de certo tempo de prática, há a incorporação no hábito: o hábito *"é uma propriedade fundamental da praxis humana, e o fato de significar uma aquisição do agente posta à sua disposição em virtude da intencionalidade consciente que está na sua origem distingue-o do comportamento instintivo e puramente repetitivo que o animal recebe da Natureza"* (Vaz, 1999, p. 41). Quando os fundamentos,

> Existem expressões interessantes que costumam acompanhar esses momentos: "Perdi o chão", "Abriu um buraco na terra", "Fiquei desnorteado."

a própria base de sustentação é posta em xeque, daí, sim, temos a tensão radical. Pode-se depreender o perigo de perder a sensibilidade, de o sujeito se acomodar aos construtos e torná-los escudos protetores dos desafios da realidade.

CONCEPÇÃO DE DISCIPLINA

E aqui retomamos a questão nuclear, essa capacidade de articular as duas necessidades básicas do processo educativo: direção e participação ativa. A educação, para ser autêntica, precisa de direção, de orientação. Contudo, ao mesmo tempo, precisa de liberdade e de espontaneidade. *"Colocar o acento na disciplina, na socialidade, e pretender todavia sinceridade, espontaneidade, originalidade, personalidade, eis o que é verdadeiramente difícil e árduo"* (Gramsci, 1978, p. 30).

O professor, como coordenador do trabalho, vai procurar gerir, pessoal e/ou coletivamente, as diferentes necessidades, desejos, saberes, expectativas, objetivos, planos de ação; a tarefa é articular (procurar pontos comuns), negociar (cede um pouco, exige um pouco, espera um pouco), desvelar (o sujeito pode ter determinadas necessidades que ainda não estão conscientes) e/ou provocar o surgimento.

O que desejamos? Um aluno que se envolva nas situações de aprendizagem, que preste atenção naquilo que potencialmente é significativo, naquilo que está fazendo (uma pesquisa ou ouvindo o professor ou o colega), mas também seja capaz de sinalizar se a atividade não está sendo boa ou adequada para ele. Chegando bem ao concreto da sala de aula, um aluno que fique quieto enquanto o outro está falando, mas não deixe de falar o que sente ou pensa. Um aluno que se disponha a ter acesso ao conhecimento, às informações, que pesquise, mas igualmente se disponha a discernir, a ver o que é bom ou válido, a fazer sua crítica. Um aluno que respeite a tradição, mas se sinta desafiado a colocá-la em xeque, a fazer avançar, a superar seus vazios ou contradições.

Em termos de postura pedagógica, o desafio do educador é este: conservar a tensão interna (caráter contraditório da realidade); quer dizer, quando estamos sendo "porto seguro"' – orientando, dirigindo, expondo –, temos de nos questionar: "Até que ponto não deveríamos ser 'mar aberto', incentivando, provocando a participação, a iniciativa, a criatividade do grupo?" Quando estamos

CONCEPÇÃO DE DISCIPLINA

Parece muito complexo, mas, como vimos logo acima, com o tempo torna-se um hábito, ou seja, o professor acaba fazendo grande parte desse movimento quase naturalmente.

Por exemplo, a questão do opressor hospedado no oprimido: o professor abre para a participação, os alunos confundem com frouxidão e partem para a bagunça.

Não confundir com paternalismo, que, no sentido político, é a prática de dissimular a dominação por meio de uma série de favores e iniciativas pseudoprotetoras.

sendo "mar aberto", precisamos tensionar: "Até que ponto não teríamos de ser 'porto seguro', amarrar, sistematizar, intervir?" Alimentar esse tensionamento interno é a arte do professor para enfrentar, gerir a questão da disciplina. Talvez, no fundo, desejássemos que houvesse uma receitazinha assim: um pouco disto, outro tanto daquilo e teríamos uma solução "definitiva". Ocorre que não podemos ter esse tipo de solução para a vida, que é essencialmente movimento. Num primeiro momento, a perspectiva que estamos apresentando causa certa insegurança por não trazer padrões de comportamentos prontos, porém na prática é muito mais eficaz, pois trabalha com o real como ele é, e não como "deveria ser". Compreendendo a contradição do real, o docente é capaz de inovar, não desanimando com os fracassos nem abafando as experiências novas por causa dos resultados contrários aos que se esperavam. Portanto, é capaz de viver a dialética do novo e do antigo, do já e do ainda não.

Cabe ao educador desenvolver a sensibilidade para com o outro, buscar, investigar a realidade em que se encontra, conhecer e respeitar a cultura do grupo, suas histórias, seus valores e crenças. Essa prática se aproxima do conceito psicanalítico de *maternagem*: engendramento do outro, acolher, metaforicamente dar colo, ser o útero protetor. Por outro lado, ao educador cabe também o desafiar, o provocar, o subsidiar, o trazer ideias e visões novas, questionar o estabelecido, desinstalar, estranhar as práticas incorporadas (para isso, exige-se sua capacitação: estudo, pesquisa, reflexão crítica sobre a prática). Essa postura se aproxima do conceito psicanalítico de *paternagem*: ser firme, porto seguro, mobilizar certa dose de agressividade, lutar por suas ideias, trazer a tradição, a norma, a cultura. No vídeo *É de pequenino que se torce o pepino?* há uma fala muito interessante do prof. Cláudio Saltini que vai nessa direção; ele compara a educação com duas mãos, *profundamente humanas*: a *mão uterina*, que acolhe, acaricia, acalenta, guarda, protege, que dá afeto; e a outra mão, que é a *mão do real*, a mão da lei, da norma, da ordem, da frustração. As duas são necessárias. *"Assim, a educação tem de escolher seu caminho entre o Sila da não interferência e o Caríbdis da frustração. A menos que o problema seja inteiramente insolúvel, deve-se descobrir um ponto ótimo que possibilite à educação atingir o máximo com o mínimo de dano. Será, portanto, uma questão de decidir quanto proibir, em que hora e por que meios* (Freud, 1994, p. 147).

O educador vive esta eterna tensão entre a necessidade de dirigir, orientar, decidir, limitar e a necessidade de abrir, possibilitar, deixar correr, ouvir, acatar, modificar-se. Todavia, o dirigir, o orientar, mais do que o sentido restritivo, tem o objetivo de provocar, despertar para a caminhada, para a travessia, para abandonar o aconchego do já sabido, do já vivido. *"A viagem dos filhos, eis o sentido despido da palavra pedagogia. Aprender provoca a errância"* (Serres, 1993, p. 23). O limitar não tem valor em si; tem valor em função de um fim, seja a preservação de algo relevante (por exemplo: a integridade do indivíduo), seja uma proposta, uma alternativa que se está trazendo. O mesmo vale para o possibilitar.

Tal contradição, como vimos, é constante e não pode ser anulada, apenas resolvida em diferentes momentos. *"O dialético não é a própria intersubjetividade sem coação, mas a história de sua repressão e do seu restabelecimento"* (Habermas, 2001, p. 18). O desafio é sempre este: ser o "porto seguro" e o "mar aberto". Insistimos, no entanto, que não se trata absolutamente de caminhar conforme "os ventos sopram", de acordo com as pressões do ambiente ou o humor do momento.

Os alunos precisam sentir que estão diante de alguém sensível e aberto ao diálogo, mas não diante de um indivíduo inseguro, frouxo, vacilante; devem sentir que estão diante de alguém que sabe o que quer, que domina o processo, mas simultaneamente não diante de um arrogante, prepotente ("tirano", "dono da verdade", "iluminado").

Digamos que, em determinado momento do processo de ensino, o professor percebe os alunos dispersos.

Diante disso, questiona, pergunta o que está acontecendo, propõe outro encaminhamento. Se não há manifestação, se a alienação continua – radicaliza, pega firme, chama a atenção, adverte, chama para a interação. Mas faz isso não por sentir seu narcisismo atacado ("O que vão pensar se virem minha classe assim?") ou por uma oscilação emocional extemporânea, e sim pensando no bem dos alunos, na necessidade de uma participação ativa e crítica, acreditando na importância para a vida deles daquilo que está trabalhando; é firme para integrar, para resgatar, e não para anular o outro ou mostrar sua "superioridade". Além disso, mantém-se aberto ao diálogo, às manifestações do aluno que podem pôr em questão sua proposta de trabalho. Está aberto, mas é firme, buscando a superação de uma participação passiva e alienada por uma participação ativa e coletiva. Aqui é quase impossível não nos remetermos à clássica frase de Ernesto Che Guevara (1928-1967): *Hay que endurecer, pero sin perder la ternura jamais*. Eis a tensão dialética colocada para o nosso trabalho: ternura e vigor. Vigor é sinal de vida, de posicionamento, de tomada de partido, de não indiferença, de desejo de participar do crescimento do outro. Não se perde a ternura quando se sabe o porquê do vigor, quando o endurecimento não é por recalque (baixa autoestima) ou fraqueza de caráter, mas, pelo contrário, quando é para garantir a vida, a vida de todos. Com certeza, essa firmeza, esse posicionamento, está supondo um trabalho sério por parte do professor. O professor "enrolador" não tem o mínimo direito de exigir a disciplina da classe, pois não se fez respeitar, já que não tem proposta, não preparou seu curso, não se dedicou a pensar sobre o trabalho com aqueles alunos. Sabemos que o educador, nas atuais circunstâncias, não tem as condições todas de que precisa para exercer adequadamente sua atividade; no entanto, é a partir das condições existentes que ele elabora sua proposta de curso e desenvolve o seu papel social, dando o melhor de si.

4.3. Autoridade-liberdade

Autoridade-liberdade é um par dialético em torno do qual existe muita confusão, a começar pelo fato de não ser entendido como composto de termos que mantêm entre si uma relação dialética; a visão dicotômica costuma valorizar ora um, ora outro elemento, não os tratando no movimento contraditório.

Partimos de dois pressupostos básicos: 1) Não existe autêntico aprendizado sem liberdade!; 2) A autoridade tem importante papel na educação.

a) Necessidade de liberdade

A liberdade se apresenta como necessidade no processo educativo a partir de diferentes e complementares pontos de vista: ontológico, ético, político e epistemológico.

A liberdade é um elemento constitutivo do ser humano, entra na sua própria definição; não é absolutamente admissível tratar um educando como uma coisa, negando sua essência de ser em construção, ser em aberto, em constante vir a ser, no qual tem de fazer e refazer opções. A educação deve respeitar esta *"ontológica vocação de ser sujeito"* (Freire, 1983, p. 36).

Eticamente, a liberdade é uma exigência por estarem em questão na prática educativa seres humanos, que têm uma dignidade inalienável. Além do mais, será a partir da afirmação da liberdade do educando que poderemos trabalhar a contrapartida: a responsabilidade por seus atos; escolha e consequência. *"O problema da responsabilidade moral está estreitamente relacionado com o da necessidade e liberdade humanas, pois somente admitindo que o agente tem certa liberdade de opção e de decisão é que se pode responsabilizá-lo pelos seus atos"* (Vázquez, 1982, p. 91).

Do ponto de vista político, a liberdade é necessária para possibilitar a formação do autêntico cidadão, do sujeito de direitos. Trata-se de o sujeito fazer a opção, tomar partido no conflito, assumir o destino pessoal e participar dos rumos da *pólis*.

CONCEPÇÃO DE DISCIPLINA

Na prática escolar, como temos coragem de dizer que desejamos desenvolver a autonomia dos alunos se o grau de liberdade é praticamente nulo, se tudo – matérias, conteúdos, programas, horários, locais, datas, materiais – já vem decidido? Não é raro o aluno terminar o ensino fundamental e nunca ter tido a oportunidade de fazer uma escolha significativa em termos de currículo.

Esses são pontos que geralmente têm maior visibilidade; no entanto, destacamos a necessidade da liberdade desde a perspectiva epistemológica. A construção do conhecimento, um dos pilares da tarefa educativa, demanda a liberdade, uma vez que a aprendizagem é uma atividade voluntária, de tal forma que, para que ocorra, deve corresponder a uma livre opção do sujeito. A negação dessa exigência implicará a não liberação de representações mentais prévias, fazendo com que não haja *matéria-prima* para a construção do novo conhecimento. É por isso que ambientes autoritários, onde há forte constrangimento do educando, não são propícios para aprendizagem.

Em termos de prática pedagógica, se o professor se põe a falar o tempo todo, objetivamente, para além de suas eventuais intenções libertárias, estará violando a liberdade dos alunos, na medida em que não podem manifestar suas dúvidas, inquietações, ligações do que está sendo exposto com sua realidade, fazer os destaques daquilo que consideram mais importante ou que os provoca mais, trazer suas contribuições, fazer a negociação de sentidos. A construção desse espaço de liberdade é, pois, condição fundamental para a aprendizagem (Freire, 1983; Sampaio, 2001, p. 10)

Considerando que *"não há educação fora das sociedades humanas e não há homem no vazio"* (Freire, 1983, p. 35), reconhecemos que a liberdade não é absoluta; na medida em que o sujeito é um ser de relações, sua liberdade é sempre relativa. Todavia, ser relativa não significa ser nula ou desprezível; muito pelo contrário: todo esforço da existência vai justamente no sentido de ampliar cada vez mais nosso círculo de possibilidades, portanto, de liberdade. No senso comum circula a assertiva: "A liberdade de um termina quando começa a liberdade do outro"; entendemos que essa é uma visão muito restrita e individualista, uma vez que, no concreto das relações, podemos partilhar áreas comuns de liberdade.

A liberdade tem duplo desdobramento: liberdade *de* (restrição, imposição, opressão) e liberdade *para* (proposta, projeto). A liberdade tem este sentido radical de superação das amarras, dos condicionamentos; contudo, não se volta sobre si mesma: para realizar-se, precisa investir num caminho, numa direção escolhida pelo sujeito. Veja-se que, na verdade, encontramos aqui a mesma estrutura interna tensional da disciplina. Não se deve impor o movimento, a mudança, mas também não é razoável ficar a esperar que a necessidade de mudança surja espontaneamente. Daí a demanda de mediação: acolher, provocar, subsidiar e interagir (Vasconcellos, 2008e).

b) Necessidade de autoridade

Os sujeitos em formação precisam da autoridade, seja para se orientarem, seja para se oporem, no processo de constituição de sua personalidade. A identidade – uma das grandes tarefas da escola é ajudar o aluno a construir a sua – constitui-se na alteridade e não na confusão. Um adulto confuso, que não se posiciona claramente, não ajuda a construir uma personalidade mais livre ou democrática; pelo contrário. O adulto, e em particular o professor, não pode ter medo de ser um modelo, uma referência. Isso não significa ser autoritário; significa tomar uma posição e assim ajudar o outro também a tomar a sua. Com Wallon aprendemos que o outro pode tanto aceitar o modelo (identificação), como se contrapor a ele (crise de oposição), negando ou compondo novos arranjos; de qualquer forma, esse é o caminho para a sua construção pessoal.

O conflito com a autoridade é normal, especialmente no adolescente. Wallon destaca a primeira crise de oposição já aos 3 anos de idade, na fase personalista (1995, p. 267).

Não existe autoridade "em si": a autoridade se define sempre em contextos históricos concretos. Entendemos que um primeiro grande desafio para a constituição da autoridade do professor é a necessidade de ressignificar o espaço escolar, ganhar clareza sobre qual é, de fato, o papel da escola hoje, porque será justamente nesse espaço social que o professor exercerá sua autoridade, a qual obviamente carecerá de sentido se a própria instituição não conseguir justificar sua existência. Um segundo desafio é o professor refazer-se, reconstruir-se depois desse turbilhão todo a que foi – e ainda está – submetido (e que, em alguns casos, tem ajudado a manter).

No processo educativo, o professor busca junto aos alunos a legitimação da autoridade a partir do diálogo e da firmeza de proposta. Tem também coragem de questionar as normas e exigências colocadas pela instituição, de praticar sua cidadania no âmbito escolar (participação, justiça, responsabilidade, busca do bem comum). Supera o medo de exercer a autoridade em sala, medo este que, muitas vezes, advém do receio de entrar em conflito com os alunos, da eventual falta de apoio da escola diante de algum confronto com os pais ou ainda de ser "problema" para a escola.

A autoridade pedagógica é uma prática complexa e contraditória, pois a autêntica autoridade leva em si sua negação, isto é, a construção da autonomia do outro. A própria palavra latina *auctoritas* (autoridade) vem de *augere* (fazer crescer) e indica uma atitude que faz o outro crescer (Mesters, 1979, v. 2, p. 62). Podemos compreender autoridade no seu sentido mais radical e transformador que é *a capacidade de fazer o outro autor*. Tal postura é exigente no plano mais íntimo do educador, pois implica a elaboração do luto, o reconhecimento da contingência do *"seu próprio apagamento a favor da sua criação"*, e, a partir de certo momento, de sua própria inutilidade (Alves, 1997, p. 156). Além disso, todo educador sabe que o que vai acontecer em sala de aula não passará de ondas sonoras e gestos sem sentido para o aluno se ele não nos autorizar a tocá-lo subjetivamente. Nesta medida, autoridade significa também a capacidade de se fazer autorizado pelo outro, o que, mais uma vez, deixa claro seu sentido oposto a autoritarismo – a distorção da verdadeira autoridade, pois se baseia na tentativa de negação, coisificação, domesticação do outro. Buscamos a formação de educandos e educadores radicais: *"O homem radical na sua opção não nega o direito ao outro de optar. Não pretende impor sua opção. Dialoga sobre ela. Está convencido de seu acerto, mas respeita no outro o direito de também julgar-se certo. Tenta convencer e converter, e não esmagar o seu oponente. Tem o dever, contudo, por uma questão mesma de amor, de reagir à violência dos que lhe pretendam impor silêncio"* (Freire, 1983, p. 50).

c) A questão da diretividade

Assim como para muitos professores é tranquilo conviver com uma disciplina *tradicional*, é fácil, para alguém que está longe do chão da sala de aula, criticar qualquer tipo de constrangimento ou pretensão disciplinar em relação aos alunos (sobretudo a partir de uma leitura aligeirada das análises de Foucault): o uso do poder, o querer governar o corpo do outro, seus movimentos e até seus desejos. Todavia, sem algum tipo de disciplina, de controle, de frustração, não temos civilização. A rigor, o indivíduo que faz essa crítica sectária a qualquer tipo de disciplina não é coerente, pois até para fazê-la, seja por meio da fala, da escrita, da pintura, da escultura, da fotografia, da música, do cinema, teve de se submeter a alguma disciplina: como o outro iria entendê-lo se não usasse palavras ou outras regras convencionadas? Portanto, disciplina.

Historicamente, sabemos que a escola cumpriu – e vem cumprindo –, em grande medida, um papel de domesticação. No entanto, perguntamos: qualquer disciplina é domesticação? Qualquer forma de organização do trabalho, de estabelecimento de normas, é reprodução autoritária? Precisamos fazer uma aproximação cuidadosa a fim de ponderar qual é, de fato, a necessidade da disciplina na prática pedagógica escolar e de que disciplina está se falando. Já dizia Kant, num texto escrito em torno de 1776, que um *"dos maiores problemas da educação é o de poder conciliar a submissão ao constrangimento das leis com o exercício da liberdade"* (Kant, 1996, p. 34).

> As chamadas pedagogias não diretivas, associadas à concepção crítico-reprodutivista, ao contexto autoritário latino-americano (em especial, os regimes militares da segunda metade do século XX) e ainda ao desmonte provocado por certas visões pós-estruturalistas ou pós-modernas.

A partir do contexto teórico e histórico anteriormente esboçado, muitos educadores brasileiros alimentaram imensa dúvida sobre seu papel: desenvolveu-se um sentimento de medo de ser autoritário, expresso em frases do tipo: "Não quero reproduzir o sistema", "Bastam os anos de ditadura militar", "Não quero ser como os meus antigos professores", "Que direito tenho de interferir na vida dos meus alunos se cada pessoa é única?", "Será que tenho algo que valha realmente a pena ensinar?" Um movimento que tinha uma motivação séria – a luta contra o autoritarismo, o dogmatismo – acabou servindo de fator de desmobilização, de afrouxamento irresponsável, de dispersão da tarefa educativa.

Não assumir a diretividade intrínseca ao processo educativo (objetivos, conteúdos) pode significar ocultação ideológica, demissão pedagógica ou o medo de ser adulto, de tomar posição. *"Toda atitude de respeito à espontaneidade, em sua aparência de respeito à natureza da criança, é na realidade renúncia a educar, a formar o homem segundo um plano humano"* (Manacorda, 1977, p. 83).

A concepção dialética reconhece a necessidade de ter uma firme direção para a prática educativa. A intervenção no processo educacional advém justamente de uma concepção de homem, numa superação tanto do inatismo quanto do empirismo, pela compreensão da sua formação histórico-cultural.

Certa diretividade, uma orientação para o processo educativo sempre é dada, ainda que de forma escamoteada. Um dos méritos da concepção dialética é explicitar esse fato, assumir uma posição e abrir-se para o diálogo. *"A escolha não é entre uma escola politizada e uma escola que transcende a política; mas sim entre as políticas às quais a escola irá ligar-se"* (Snyders, 1978, p. 359-60).

A *suave influência do mestre*, a habilidade em dissimular a autoridade (Snyders, 1978, p. 304) é uma atitude pouco construtiva, pois os alunos podem até chegar ao objetivo desejado sem, no entanto, aperceberem-se do trajeto percorrido, sem terem tomado consciência do problema posto – portanto, sem a apropriação do *méthodos*.

Este problema da autoridade do mestre e da liberdade do aluno e, portanto, do caráter teleológico, da intencionalidade da educação, deve ser enfrentado por toda proposta pedagógica, sob pena de desvios ou fracasso. Como afirma Freire (1921-1997), *"o educador libertador nunca pode manipular os alunos e tampouco abandoná-los à própria sorte. O oposto de manipulação não é laissez-faire, nem a negação da responsabilidade que o professor tem na direção da educação"* (1987, p. 203).

O fato de lutar por algo, por uma concepção, por uma direção, implica enfrentamentos, conflitos, pois nem sempre o desejo das pessoas coincide com a proposta. Há a necessidade, ainda que de forma provisória, de *"ter coragem de não coincidir com o desejo do interessado"* (Snyders, 1981, p. 256), uma vez que aquilo que é necessário para o crescimento do outro pode não corresponder inicialmente às suas expectativas (aluno empírico *versus* concreto – Saviani, 1986, p. 22). Daí o papel do educador como mobilizador, provocador para a experiência, para o conhecimento, para a educação. Na precisa formulação de Makarenko (1888-1939), devemos buscar o *"máximo respeito e a máxima exigência"* (1977, p. 190).

4.4. Em busca do reconhecimento

Há uma provisoriedade na posição do educador: o nosso lugar de professores não está conquistado porque temos um contrato ou fomos aprovados num concurso; assim como a situação de aprendente não está garantida porque o aluno tem uma vaga ou um número de matrícula. Estes são elementos formais que apenas nos colocam no mesmo espaço, mas não garantem a relação educativa. Esta vai começar a partir do momento em que houver a criação de vínculos, o *reconhecimento* de ambas as partes: o aluno reconhecer o professor como aquele que lhe pode ensinar algo significativo, e o professor reconhecer o aluno como aprendiz. Embora apoiado em certas bases, que vão sendo estabelecidas no decorrer do processo educativo, esse reconhecimento é uma conquista que não pode ser tida como definitiva.

Reconhecer é notar, atentar para, prestar atenção em alguém de modo especial; portanto, implica tanto uma identificação intelectual (*recognoscere*: conhecer de novo) quanto uma carga afetiva (atribuição de um valor positivo). Hegel (1770-1831), em suas reflexões sobre a dialética do reconhecimento, alerta-nos para a importância do outro, não só no que tange à possibilidade de partilha, convivência, mas, antes de tudo, como necessário para o desenvolvimento da autoconsciência, da própria percepção do sujeito enquanto tal: *"A consciência de si é em si e para si quando e porque é em si e para si para uma Outra; quer dizer, só é como algo reconhecido"* (1992, v. 1, p. 126). *"O indivíduo é o ser social"* (Marx, 1989b, p. 195). Na situação de isolamento, o ser humano não se constitui. Todavia, a aproximação com o outro não significa fusão, mas superação, *"unidade diferenciada, isto é, unidade na qual a diferença não desaparece"* (Oliveira, 1996, p. 182), mantendo-se, pois, espaço para a alteridade. Já vimos que o homem é um ser de desejo, daí o perigo de *"querer absorver o outro, destruir sua independência"*. O relacionamento não deve caminhar para a reificação, transformando o outro em coisa. A preservação da liberdade é fundamental. Na verdade, a consolidação da autoconsciência, marca do humano, só se dará no momento em que o sujeito controlar seu ímpeto de dominação e reconhecer o outro como outra autoconsciência, portanto, portador de igual dignidade (Oliveira, 1996, p. 183).

Nesse contexto entra toda a questão da capacidade de convivermos com pessoas que têm projetos diferentes dos nossos, bem como da interação, do diálogo (Habermas,

> Lembrar do alerta de Kant: não usar as pessoas como meio.

CONCEPÇÃO DE DISCIPLINA

Freire), da negociação de sentidos. *"No quadro de um processo de entendimento mútuo – virtual ou atual – não há nada que permita decidir a priori quem tem de aprender de quem"* (Habermas, 1989, p. 43).

> Ver, no próximo capítulo, o desdobramento operacional desta perspectiva por meio do diálogo em sala de aula.

Depois do primeiro contato, da tomada de consciência da existência do outro, Hegel se refere a uma *luta de vida ou de morte*, quando os sujeitos começam a estabelecer um relacionamento, a se confrontar; cada um se sente, ao mesmo tempo, desafiado e ameaçado pelo outro. Uma alternativa é fugir do encontro, abandonar o terreno; mas isso nem sempre é possível (muitas vezes há contratos firmados), muito menos desejável, pois seria também uma forma de morte (em função do isolamento – claro que pensando isso não quanto a uma relação com uma pessoa em particular, mas como atitude diante da existência). O sujeito sente-se desafiado porque intui que pode crescer com o outro; deseja o desejo do outro; ameaçado por perceber que pode se anular e passar a ser aquilo que o outro quer que seja. Se isso ocorre, na verdade o que seria a morte de um é a morte de ambos, uma vez que, embora possa tirar algumas vantagens momentâneas (desde a satisfação narcísica até benefício material), o que se sobrepôs não tem agora com quem se confrontar, deixando de se desenvolver. Por isso, será preciso manter o outro vivo para que o reconheça (assumindo, é certo, o risco de, no processo, ser submetido por ele).

> É claro que poderá se confrontar com um terceiro, mas, de qualquer forma, deixou passar a contribuição do segundo.

Essa descrição, quando trazida para o plano da relação pedagógica na escola, remete-nos para a autêntica luta que ocorre, especialmente nos momentos iniciais (cf. Capítulo IV), no encontro entre professor e aluno em sala de aula. É comum a constatação dos docentes de uma espécie de *exame* a que são submetidos pelos alunos logo nos primeiros contatos. De certa forma, parece que a "testagem" que os alunos fazem é para ver se o professor tem valor, se sabe o que está fazendo, se "liga" para os alunos ou se está ali apenas para "dar o seu conteúdo" (ou garantir seu salário...). A testagem, então, tem que ver com o respeito intelectual: quem está ali sabe o que faz, é

CONCEPÇÃO DE DISCIPLINA

inteligente; sabe ler o real, sabe o que quer, tem o que propor, sabe conduzir, avaliar o trabalho (*méthodos*); além disso, tem que ver com o reconhecimento afetivo: quem está ali está preocupado com eles, é sensível a eles, não está só formalmente; está inteiro, desejando que aprendam, que cresçam.

No fundo, o aluno está querendo alguém que revele inteligência para com a situação, que tenha algo relevante a lhe passar, que o ajude a crescer, a entender o que se passa com ele e com seu mundo, e não apenas um "dador de aula". Além disso, quer se sentir respeitado no plano afetivo, engendrado pelo professor. Assim, a "testagem de autoridade" que os alunos fazem é para saber do valor do outro, se realmente vale a pena seguir aquele mestre ("Por que vou submeter minha liberdade às orientações deste outro?"), ver se ele efetivamente está convicto do que propõe ("Me dê um motivo"). No entanto, se não sentirem firmeza, o reconhecimento não se dá e faltará a base para a interação (mais ou menos conscientemente, o sujeito não autoriza a internalização do conteúdo da intervenção do outro). Daí a menção, no início desta subseção, à provisoriedade da posição do professor.

É comum a referência à dialética do reconhecimento por meio das figuras do senhor e do escravo. É importante destacar que a posição senhor-escravo é um momento possível dessa relação (Vaz, 1981, p. 23), mas não seu destino inexorável. Assim, no plano escolar, o aluno, ao desejar aquilo que o professor traz para ser estudado, atualiza a vocação do mestre, uma vez que este se preparou a vida toda para esse momento; o desejo do mestre está em participar do crescimento do outro por meio de sua área de atuação. Sentindo o interesse do aluno, o professor procurará dar o melhor de si, o que fortalecerá o vínculo e provocará ainda mais o desejo de saber do aluno. Portanto, não há anulação, e sim fortalecimento recíproco. Podemos imaginar as objeções a essa descrição; antecipando-nos a elas, diríamos que temos consciência de que, embora desejável, este é apenas um dos caminhos possíveis e, para que ocorra, se exige todo um cuidado, a começar, por exemplo, pela atenção que o professor dispensa à realidade do aluno tanto para escolher os objetos de conhecimento a serem disponibilizados em sala quanto para ver quais as melhores formas de abordagem. Mas, insistimos, é uma – feliz e muito desejada – possibilidade.

Destacamos que, mesmo quando o professor se coloca na posição de mero transmissor, o aluno (assim como o escravo da parábola), em contato com a matéria (simbólica, no caso da sala de aula), pode trabalhá-la, recusando-se a assumir a posição esperada de receptáculo (sobretudo pela possibilidade de outros encontros humanos que a escola propicia). Desta forma, ao inserir-se na atividade de estudo, de construção do conhecimento, de produção cultural, subverte a relação e se liberta, com a ajuda daquilo que era para ser sua anulação (os conteúdos jogados).

> Casos em que há aprendizagem, embora a prática seja instrucionista.

A relação professor-aluno suporta, portanto, um espectro que pode se pautar no paradigma do senhor-escravo (dominador-dominado; transmissor-receptáculo) ou do mestre-discípulo (encontro de sujeitos em torno de um objeto de conhecimento e da realidade em busca da humanização de ambos – e dos demais).

A relação discípulo-mestre não é morte; pelo contrário: se autêntica, é despertar, é crescimento – logo, desejo, vida. Ser autêntica significa que o educando tem sua dignidade preservada: é aprendiz e, enquanto tal, é gente, não coisa! Sua posição assimétrica decorre do papel que assume; é funcional, não existencial. No limite, o autêntico mestre é aquele que se alegra com a superação por parte do discípulo. Também o educador tem sua dignidade preservada, uma vez que não é atacado pelo educando, mas constrói com ele um campo de possibilidade de desenvolvimento.

> Lembrar a situação contrária em que o professor não é ouvido em sala, é desrespeitado diante da classe, tem seu carro riscado pelos alunos ou mesmo é ameaçado de morte pelo aluno.

O sujeito pode alienar-se, acomodar-se, abrir mão de lutar por sua igualdade e assumir a posição de escravo. O escravo acaba interiorizando a cosmovisão do senhor,

CONCEPÇÃO DE DISCIPLINA

submetendo-se a ela e esperando que todos também ajam de acordo com ela. Analogamente, há situações em que o aluno acaba interiorizando o modelo autoritário – que vivencia na família, na sociedade e na própria escola – e passa a aguardar que o professor o trate da mesma forma; ou seja, agirá ou parará de agir de determinada maneira só quando for coagido ou reprimido. É a alienação de si na figura do outro. Por isso, a relação tem de ser cuidada com muita atenção.

O reconhecimento leva a identificar diferenças, singularidades, enfim, diversidade; mas também aproximações, semelhanças, igualdades. Muitas vezes circula no senso comum escolar a assertiva de que "cada um é cada um". Não temos dúvidas de que isso seja verdade: igual àquele determinado aluno, jamais teremos outro. Todavia, isso é apenas parte da verdade, pois, ao mesmo tempo que cada um é cada um, cada um é também um gênero, uma posição social, uma cultura, uma idade, uma etnia, etc.

> Podemos recordar das pesquisas de boca de urna: ouvindo apenas alguns milhares de eleitores, os institutos são capazes de acertar os resultados de dezenas de milhões, com margem de erro de menos de 3% (evidentemente, não ouvem de forma aleatória, mas estratificada, de acordo com o perfil que têm traçado da população).

O autêntico reconhecimento propicia que as pessoas se relacionem, superando os preconceitos – forma terrível de violência – bem como as profecias autorrealizantes de fracasso, uma vez que não se lida com o outro de acordo com um estereótipo; procura-se efetivamente conhecê-lo – *olhar que quer ver* (Tura, 2000).

4.5. Características da disciplina

Apresentamos, na sequência, algumas características da disciplina escolar na perspectiva dialético-libertadora.

a) *Interação social*

A disciplina não surge espontaneamente do (interior do) sujeito nem é obtida por imposição (externa). Não imaginemos que a disciplina vá brotar "naturalmente", só pela imersão do sujeito no ambiente. Não queremos, dicotomicamente, negar a influência do ambiente, até porque ele, como afirma Gramsci, também funciona como educador; por outro lado, como em qualquer prática educativa – no autêntico sentido –, há necessidade de participação do indivíduo na condição de sujeito, o que implica consciência, vontade (deixando registrado que o ambiente igualmente deve ser educado – Gramsci, 1984, p. 159).

A disciplina em particular e a educação em geral encontram-se sempre diante de uma contradição fundamental: a relação entre o sujeito em formação e a cultura acumulada da humanidade. *"Pode ser vencida a contradição? Terá a educação que escolher sempre entre o indivíduo e a sociedade? (...) Estará ela sempre perante este dilema: a infalível dominação do mestre ou o seu apagamento? Deverá ela, sob pena de subjugar a consciência da criança ou de exagerar os seus instintos de concorrência, proibir-se qualquer meio de emulação, recompensa ou punição?"* (Wallon, 1979, p. 234).

A concepção dialética de educação procura superar essa contradição por meio da interação entre educador, educando, objeto de conhecimento e realidade, na qual o professor tem o papel de mediador dessas relações. Parafraseando P. Freire, dizemos: *"Ninguém disciplina ninguém; ninguém se disciplina sozinho; os homens se disciplinam em comunhão, mediados pela realidade."*

> *Ninguém educa ninguém, como tampouco ninguém se educa a si mesmo: os homens se educam em comunhão, mediatizados pelo mundo"* (Freire, 1981b, p. 79).

Se, conforme nos ensina Vygotsky (1896-1934), as funções psicológicas superiores existem primeiro no plano social ou interpessoal para então se constituírem no intrapessoal (1984, p. 64), raciocinando por analogia, poderíamos dizer que é preciso garantir na escola e na sala de aula um clima hegemônico de disciplina, que venha a favorecer sua internalização em cada aluno em particular (o que demanda esforço individual concreto). Tal compreensão vai no sentido contrário daquilo que se prega muitas vezes no senso comum pedagógico: a crença de que a disciplina coletiva seria resultado do somatório das disciplinas individuais, que passariam, então, a ser uma espécie de "pré-requisito". No limite, essa interpretação supõe que os alunos já deveriam vir disciplinados de casa...

A disciplina tem um caráter individual, assim como social. É comum a constatação de que as pessoas, em grupo, têm comportamentos que dificilmente teriam no

CONCEPÇÃO DE DISCIPLINA

Por exemplo: o pintor lá no seu ateliê, lutando consigo mesmo para encontrar a forma ideal de expressão.

plano individual. Diz respeito ao sujeito na sua intimidade, na construção do seu projeto de vida, mas também nas suas relações sociais, próximas e distantes.

b) Construção por parte do sujeito

Disso tudo, vem um entendimento claro: a disciplina é uma construção (apropriação, incorporação, internalização). Dá-se a partir da interação com o meio, mas é uma elaboração do sujeito. A influência do meio não é "automática"; a formação não se dá por osmose, mas num processo ativo, criativo. Vejamos dois exemplos no campo dos valores: 1) Os filhos veem, desde cedo, a mãe se preocupando com os pobres; um fará disso um modelo para sua vida; outro se distanciará dos pobres, por ter se sentido deixado de lado pela mãe, em virtude do cuidado por ela dispensado aos necessitados; 2) A escola de classe média alta, nas férias, leva alunos para um trabalho de inserção no meio popular. Na volta, alguns alunos têm ampliada sua sensibilidade e proximidade com os pobres; outros tiram a seguinte lição: "Ainda bem que meu pai é rico e eu não vivo naquela situação; vou lutar muito para manter a fortuna da família..."

A disciplina passa pela consciência, mas provém não apenas dela; origina-se também dos processos socioafetivos e culturais, da totalidade das experiências concretas do sujeito (afetos, crenças, condições, relações, etc.).

A internalização de valores, portanto, só pode se dar pelo próprio sujeito; é certo que na relação social, porém, em última instância, é um construto dele. Para tanto, no âmbito escolar, entre outras coisas, o aluno passará por um processo reflexivo, em que vai se conhecendo, criticando, fazendo opções e tomando decisões. Outrossim, a dinâmica intersubjetiva é relevante à medida que lhe possibilita confrontar com o grupo as próprias posições e, a partir daí, rever-se (ou não). O importante é que chegue a enunciar o seu próprio discurso e não simplesmente reproduza o discurso do outro. *"No domínio moral, como no campo intelectual, só possuímos realmente o que conquistamos por nós próprios"* (Piaget, 1977b, p. 316). Tal exigência relaciona-se também com o trabalho pedagógico cotidiano, uma vez que, quando o professor desestimula a construção do conhecimento por parte do aluno, está passando uma mensagem, no plano da ética, que desvaloriza ou nega as construções discentes. O que queremos dizer é que existe uma relação muito íntima entre o processo de trabalho com o conhecimento e a formação ética, não só pelo conteúdo (pelas ideias veiculadas), mas muito mais pela forma: o reconhecimento do outro, o espaço para sua manifestação autêntica (e não mimética).

c) Processo

Pensar a disciplina em termos de construção implica reconhecer que não está pronta, o que nos remete à ideia de processo.

Poderíamos, de imediato, recordar Piaget (1896-1980) e os estágios por ele apontados (anomia, heteronomia, autonomia – 1977b). A anomia é o estágio em que o indivíduo vive a ausência de regras de conduta; na heteronomia, as regras vêm de fora, têm um caráter *sagrado*, incontestável, cabendo obedecer (daí se entender também como alienação, num sentido mais geral); já na autonomia, o sujeito constrói as regras por um processo consciente e voluntário, a partir de relações de igualdade que estabelece com os demais.

O conceito de disciplina que estamos trabalhando tem como horizonte a autonomia. Ocorre que o indivíduo não nasce autônomo; pelo contrário, nos primeiros meses de vida (até um ano e meio aproximadamente), vive a anomia, porque não desenvolveu ainda a contento a capacidade de representar mentalmente, o que o torna incapaz de evocar referenciais valorativos para sua ação. Entra depois no campo moral, mas numa relação de dependência muito forte do ambiente. A autonomia tem origem na heteronomia. Em outros termos, disciplina se aprende; tem que ver com a constituição do ser humano, com o desenvolvimento das funções psicológicas superiores (processos voluntários, ações conscientemente controladas, mecanismos intencionais), enfim, com *educação*. Assim, por exemplo, quando tratamos os alunos na base

Concepção de disciplina

do esforço-recompensa, prêmio-castigo, estamos caminhando em direção à heteronomia, uma vez que ficamos em funções elementares (meramente naturais ou biológicas); embora esses expedientes possam "funcionar" (e até ser necessários em determinadas situações), não são formas tipicamente humanas de obter disciplina.

O desenvolvimento moral do sujeito se dá mediado por elementos da cultura e por outros sujeitos.

Em diferentes idades, os educandos têm diferentes necessidades, para as quais os educadores estarão atentos. O conhecimento por parte do professor dos estágios de desenvolvimento dos educandos é importante para compreender suas manifestações; um comportamento que poderia ser decodificado como indisciplina será mais bem entendido com tal conhecimento. Por exemplo, numa faixa de 11 a 13 anos o aluno pode apresentar um comportamento um tanto atabalhoado simplesmente por não saber controlar direito seus braços e pernas, em franco crescimento. Em outro momento, o aluno que era tão falante se cala, não por "ter algum problema em casa", mas por causa do valor que passa a ter para ele a aprovação do grupo e o decorrente medo da gozação dos colegas. Nos anos iniciais de escolarização, o *aluninho* pode ser rotulado de "mentiroso" simplesmente porque confunde imaginação com realidade, característica do estágio de desenvolvimento que está vivendo. O aluno adolescente, em especial, está se opondo a qualquer autoridade instituída; saber disso faz diferença, pois o professor pode deixar de decodificar tal comportamento como "ofensa pessoal".

De modo geral, os alunos menores protestam menos, aceitam mais, têm uma postura de *integração*; todavia, é grande a responsabilidade da escola para com eles, no sentido de não saturá-los com um ensino massacrante, pois os frutos, com certeza, serão colhidos posteriormente.

O desenvolvimento moral tem que ver com a dimensão afetiva do sujeito, com aquilo que o sujeito valoriza ou não; mas tem que ver também com a dimensão cognitiva, no que tange tanto aos conteúdos da consciência quanto às formas de pensar/operar. Piaget deixa clara a relação entre as formas de pensar (por exemplo: reversibilidade, ser capaz de olhar de outro ponto de vista) e as possibilidades de agir moral (1977b).

A disciplina não é algo universal, não vale para todas as ocasiões; ao contrário, tem um caráter situacional, uma vez que depende da realidade concreta em que se constrói. As pessoas são as mesmas, mas agem de formas diferentes em diferentes ambientes ou contextos. Um exemplo claro é a postura dos alunos que cursam o ensino médio regular e o profissionalizante: embora com praticamente os mesmos condicionantes sociais (especialmente os que costumam ser destacados pelos professores como fatores de indisciplina: família e mídia), é gritante a diferença – os do curso profissionalizante dão muito menos problemas de disciplina, têm maior autonomia. Isso se deve à cultura da escola, à forma de tratamento mais adulta (o aluno responde à forma como é tratado), aos objetivos mais claros por parte da escola e dos alunos. Todavia, podemos observar diferenças também dentro de uma mesma escola: os alunos se comportam de um jeito com um professor e de modo bem diferente com outro. Assim sendo, fica muito difícil falar de forma geral, querer explicar determinada situação de indisciplina sem conhecê-la mais profundamente; é preciso análise concreta da situação concreta. O que vamos observar em termos de comportamento do sujeito tem longa história, e tal comportamento só poderá ser entendido à medida que essa trajetória for resgatada (Vygotsky, 1984, p. 70).

> Exemplo: vemos um veículo passando o semáforo no vermelho. É um erro. Mas se trata de uma ambulância, com sirene ligada. Então a situação se modifica. No entanto, não transporta nenhum paciente, o motorista quer chegar logo a casa para tirar um cochilo maior depois do almoço...

Algo análogo ocorre quando tomamos por referência não mais o indivíduo, mas o grupo, o coletivo de sala de aula: seria muita ingenuidade o professor imaginar que só porque os alunos estão na sala já constituem um coletivo e, mais ainda, que a disciplina já estaria dada. Ao contrário, esta será sua tarefa inicial. A organização da coletividade é longo processo, que deve ser priorizado logo no começo (cf. Capítulo IV) para abrir espaços de interação

CONCEPÇÃO DE DISCIPLINA

e colaboração normalmente inexplorados, mas portadores de grande potencial educativo.

* * *

Indo ao núcleo conceitual, podemos dizer que disciplina consciente e interativa é a capacidade de mediar a tensão dialética adequação-transformação, tendo em vista atingir intencional e criticamente um objetivo.

A referência pode ser um sujeito e/ou um grupo, que são mediadores, uma vez que devem administrar a tensão básica entre adaptação e transgressão. A mediação nos remete ao *méthodos,* que envolve a capacidade de leitura de realidade, clareza de objetivos, elaboração do plano de ação, ação e avaliação.

A tensão adequação-transformação em função de um objetivo, portanto, a partir do vínculo estabelecido, representa o elemento constitutivo fundamental da disciplina na perspectiva dialético-libertadora. O quadro abaixo explicita algumas das tensões vividas pelo educador que assume tal visão de disciplina:

Quadro 3: Tensões dialéticas da disciplina

	Polo 1	⇔	Polo 2
Capacidade	Afirmar, posicionar-se	⇔	Questionar, problematizar(-se)
Campo	Limite	⇔	Possibilidade
Objetivo	Orientar	⇔	Garantir espaço para superação
Distorção	Dogmatismo	⇔	Frouxidão

São necessidades que apontam em direções opostas, mas imprescindíveis na prática educativa.

Ser intencional significa atividade consciente (não mecânica) e voluntária (não por imposição).

Crítica tem que ver com a atenção quer à dimensão política (risco de manipulação – exemplo: servidão voluntária) quer à epistemológica (abordagem de complexidade, superar reducionismos e/ou dogmatismos). A postura crítica caracteriza-se pelo esforço de apropriação dos condicionamentos (biológicos, físicos, estéticos, afetivos, éticos, lúdicos, sociais, econômicos, políticos) da ação, bem como das possibilidades de intervenção.

O objetivo diz respeito a todo o campo do sentido, da perspectiva, do horizonte, do projeto.

Indisciplina, portanto, é quando a tensão não é bem administrada, caindo no polo da perene adequação (indisciplina passiva), no polo da mera transgressão (indisciplina ativa), no ficar oscilando, no impasse ou na indiferença. Naturalmente, tal entendimento implica a partilha do referencial conceitual, de maneira que, em muitas situações nas quais um professor está vendo indisciplina, outro vê, por exemplo, o exercício legítimo da transgressão.

A mudança na disciplina escolar, como analisamos, não acarreta apenas alterações na forma de realizá-la; antes de mais nada, está em jogo novo olhar sobre a realidade, nova forma de compreender a própria educação e a sociedade – portanto, nova postura, novos paradigmas. Com Boaventura Santos, podemos dizer que se trata da busca de um paradigma emergente que visa a *"um conhecimento prudente para uma vida decente"* (1996, p. 37; 2004). O que gostaríamos de enfatizar é quanto a mudança disciplinar está relacionada a uma tomada de posição diferenciada em amplo conjunto de dimensões da realidade, seja pedagógica, seja sociopolítico-cultural: sermos portadores de um projeto de futuro para todos.

Capítulo IV

A DISCIPLINA ESCOLAR EM CONSTRUÇÃO: PERSPECTIVAS DE AÇÃO

A disciplina escolar em construção: perspectivas de ação

O que fazer? O nosso objetivo é conseguir uma disciplina consciente e interativa em sala de aula e na escola (e, no limite, também na sociedade). Neste capítulo, tendo como base o percurso feito em termos de análise da realidade disciplinar educacional e de expressão da concepção de disciplina, refletiremos sobre possíveis formas de mediação para a construção da disciplina que desejamos.

O entendimento da questão da disciplina na sua totalidade não vai desfocar sua manifestação muito concreta em sala de aula. É aí que o educador enfrenta no dia a dia seu desafio, e caberá a ele, como articulador do processo, estabelecer relação dialética com a totalidade por meio dos diferentes canais e formas de organização da classe e da escola. O problema da disciplina, então, foi proposto a partir da sala de aula, submeteu-se à análise mais ampla e voltou para a sala, onde será enfrentado com nova compreensão.

Uma primeira memória a ser feita é que nos movemos num campo de alta complexidade. É muito difícil o educador fazer previsão de minuciosa forma de enfrentamento justamente em razão disso. Não há uma relação causal, linear e monolítica; ao contrário, são inúmeros os fatores que interferem e inúmeras as possibilidades de reação/elaboração dos sujeitos (alunos e professores, em especial).

Se estamos de acordo que não existem receitas, entendemos também que, no embate com o problema disciplinar, podemos nos valer de práticas já realizadas (*contra o*

Um dia fomos tradicionais, logo depois modernos e depois tecnicistas, depois libertadores e histórico-críticos, crítico-sociais do conteúdo, construtivistas, socioconstrutivistas, pós-construtivistas, coconstrutivistas, qualidade total, inteligência emocional, múltiplas inteligências, holísticos, pedagogia de projetos, interdisciplinares, transdisciplinares, pós-modernos, pós-estruturalistas, etc.

desperdício da experiência – Sousa Santos, 2000), bem como de alguns princípios teórico-metodológicos para orientar a ação. Antes, contudo, uma observação sobre a questão do discurso e da prática.

Plasticidade do discurso x rigidez da prática. Assusta muito ver como a escola não muda, ou muda muito lentamente. O discurso educacional tem mudado com uma velocidade incrível, mas a prática resiste, perdura. Cada dia é uma novidade que chega. O que poderia representar um ganho – se fosse apropriado dentro de um quadro de referência maior, com uma visão crítica – torna-se mais uma moda. Essa incorporação superficial no discurso é problemática, pois tira o eventual caráter transformador das ideias, já que não vem acompanhada de uma ética, de um compromisso com a efetiva mudança da realidade, enfim, não faz parte do *plano de ação* do sujeito. Sabemos que, muitas vezes, a reprodução discursiva funciona como estratégia de sobrevivência dos professores em face das exigências equivocadas das equipes diretivas, que não querem ficar "desatualizadas".

A identidade do educador não está dada *a priori*; vai se construindo historicamente. Quando sua história é negada, perde a identidade. Com os modismos, temos a negação da trajetória profissional do professor: o que fazia até então está errado, porque "o certo agora é a disciplina *hermenêutico-quântica*. Ah, você não está sabendo ainda? Então, está por fora!" Desqualifica-se seu saber de tal forma, que o docente vai para a sala inseguro.

Um dos antídotos para isto é o méthodos.

Precisamos estar atentos ao perverso formalismo na educação: está tudo resolvido formalmente, contudo a prática continua como antes! Esse formalismo se dá também no campo da disciplina: muitas das alternativas disponibilizadas aos educadores não constituem propriamente "novidades" (exemplo: o diálogo em sala de aula); o problema é que tais práticas, com frequência, são feitas sem convicção, sem ter havido uma mudança de postura: faz-se uma atividade nova, mas com a velha concepção.

Assim, no exemplo acima do diálogo, o professor não consegue ouvir (autenticamente) o aluno; está marcado por pré-conceitos, já o olha como *culpado* (ele e/ou sua família). Tal posicionamento *contamina* toda a relação, não possibilitando o diálogo no verdadeiro sentido.

Mais do que sair numa busca frenética de novas concepções ou alternativas, talvez fosse bem mais produtivo tomar – pessoal e coletivamente – algumas ideias, alguns princípios considerados relevantes, acreditar, ir fundo, tentar colocar em prática, refletir sobre os resultados, reformular, constituir autêntica práxis pedagógica.

Vínculo e exigências. A partir das análises e projeções feitas anteriormente, fica patente que a tarefa de construir nova disciplina passa pelo restabelecimento do vínculo com o estudo (sentido + afeto), bem como pelo restabelecimento das exigências.

Muito sinteticamente, apontamos a seguir algumas perspectivas para os vários agentes contribuírem na construção de nova disciplina em sala de aula e na escola.

1. Elaboração do sentido do estudo

Se um dos elementos decisivos para a crise da disciplina é a falta de objetivos, o vazio de sentido para a atividade educativa, e se a disciplina se constitui tendo por base um objetivo, uma finalidade, uma das primeiras tarefas do educador que se compromete com sua concretização deve ser justamente buscar construir esse sentido nos vários níveis (estudo, matéria, conteúdo), como forma de qualificar a mediação junto aos diferentes sujeitos envolvidos no processo, para a elaboração do sentido pessoal das suas atividades.

1.1. Resgate da dinâmica de projetar

O grande papel dos educadores (pais, professores, etc.) é resgatar a dinâmica de projeto e possibilitar aos educandos a construção de projetos de existência. É isso que os meninos e meninas, jovens e adultos, estão pedindo desesperadamente hoje.

Naturalmente, existem diferentes níveis de projeto. Ocorre que o projeto macrossocial ressignifica todos os outros. Não é que substitua os demais: só com uma visão de mundo não se faz nada. Se não houver, por exemplo, um projeto político-pedagógico, não se organiza adequadamente a escola; se o professor não tiver um projeto de ensino-aprendizagem, não realiza bom trabalho em sala; se o sujeito não tiver um projeto de vida, fica perdido. Só que o projeto de vida de cada um está ligado a uma visão, a um futuro, a um horizonte de possibilidade. Isto é fundamental: resgatar a capacidade de sonhar. Paulo Freire insistia nisto: infeliz do educador que deixa de sonhar (1982). Ernst Bloch (1885-1977) fala do papel do sonho acordado (1977). Devemos considerar que a realidade não é só o que está dado; é o que está dado mais o sonho de mudança, uma vez que nosso sonho também faz parte dessa realidade, se considerada na sua totalidade. Não podemos ter diante da vida uma atitude meramente adaptativa. Tal comportamento é próprio do animal. O ser humano é tarefa, é projeto. A experiência humana mais fundamental – por ser fundadora da espécie – é a do ser mais, não se conformar: projetar. O nosso grande papel é este: apontar para um mundo novo – para nós mesmos e para nossos alunos –, afirmar a possibilidade de que o mundo pode ser mudado. Projeto significa a crença, a esperança, a confiança de que as coisas podem ser diferentes do que vêm sendo. Quem disse, por exemplo, que só pode existir globalização com exclusão? Globalização excludente é uma forma de ser. Mas, se acreditamos que é o homem quem faz a história (Marx, 1986, p. 17), embora ela tenha sido assim, pode ser diferente: a história é um campo de possibilidades. Piaget, na sua fase final de vida, estava muito preocupado com isto: a abertura a todos os possíveis (1985); as estruturas deveriam ficar cada vez mais complexas e flexíveis; o fato de irem se tornando rígidas é uma distorção. Olhar o mundo como possibilidade

(Prigogine, Freire). Este é um papel fundamental do educador: convidar os meninos e meninas para estarem no mundo com gosto. Comenius já dizia há tanto tempo que devemos tornar a vida tão maravilhosa, que as pessoas desejem que ela seja eterna. Do jeito que vivemos hoje, há muita gente querendo se evadir, pois a vida ficou pequena, mesquinha.

Por seu caráter ativo, o sujeito sempre atribui um significado às coisas com as quais entra em contato. No decurso de sua experiência de estudos, de uma forma ou de outra, o aluno dá um significado à escola; só que, muitas vezes, esse sentido não é nada favorável: "A escola não serve para nada, não tem valor para minha vida." O que está em questão é a atribuição de um significado relevante, emancipatório!

Os sonhos não nascem prontos; há evolução nos projetos. Uma coisa é o sonho de uma criança na educação infantil; outra, o do jovem terminando o ensino médio ou a universidade. Mas, se o aluno não encontrar uma dinâmica de projeto no interior da escola, ficará bem mais difícil alimentar o seu. Isso independe de determinado conteúdo concreto: a exigência é haver na escola uma dinâmica de projeto. Numa concepção pluralista, que reconhece a diversidade, os conteúdos de cada projeto vão depender do momento, da realidade, das necessidades de cada um. O professor, estando *vivo*, estará aberto, buscando e apontando relações, janelas, possibilidades. Enfatizamos que, nesse processo, mais do que discutir um ou outro sonho, o que está em questão é o resgate da dinâmica de projeto, tendo em vista o desmonte havido nesse campo. Por isso, o professor que se compromete com um projeto, que revela vida, desejo, paixão, está, com efeito, dando uma das mais importantes lições de vida para os alunos! Sem essa paixão, não há conteúdo ou técnica mirabolante que possa mobilizar os alunos. O grande papel do professor é, pautado no melhor da tradição, ser *portador de um projeto, de um horizonte de futuro!*

> Como vimos, este impulso de vida pode ser travado ou alienado (*Eros* x *Tânatos*): a sociedade de consumo confunde/canaliza o "ser mais" para o "ter mais"; os abusos de poder cerceiam as manifestações pessoais mais autênticas; pode haver o medo à liberdade, a servidão voluntária, etc.

1.2. Atividades de produção de sentido

> Embora às vezes possa assim parecer em decorrência da ênfase que desejamos dar a determinados aspectos.

As práticas que apontaremos na sequência – assim como outras que virão depois – têm apenas uma função ilustrativa, são possibilidades de ação, não tendo, portanto, um caráter prescritivo ou normativo. São experiências vivenciadas por nós e/ou por colegas educadores que estão nessa busca de alternativas. Aqui, estão colocadas no plano geral, já que retiradas de seus contextos específicos. A prática realizada pelo educador, no entanto, é concreta (lembrando que o concreto é concreto por ser a *"síntese de múltiplas determinações, de relações numerosas"* – Marx, 1978, p. 116). O que queremos dizer é que as ações a serem desencadeadas no sentido de favorecer a construção da disciplina devem ser verdadeiras atividades, ou seja, pautadas na reflexão nas suas várias dimensões (*realidade, finalidade, plano de ação,* etc.). Consideremos que toda ação é localizada, limitada, mas pode ter uma repercussão muito grande, dependendo da rede de relações que se estabelece.

> Soltar uma bomba atômica depende da ação objetiva de um sujeito, que é, em si, muito simples: apertar um botão...

Feito o alerta, vejamos, então, algumas iniciativas.

a) Escola

A pesquisa e o acompanhamento de instituições de ensino têm demonstrado que uma prática absolutamente fundamental é a construção participativa (professores, funcionários, equipe de serviços, alunos, pais) do projeto político-pedagógico da escola, resgatando o sentido do estudo, do conhecimento. O projeto é síntese:

- antes de mais nada, de uma esperança, de uma utopia, de um horizonte; é portador de uma crença partilhada;
- da negação do viver na morte, na mesmice, na repetição mecânica; é uma tomada de consciência e de posição;
- de um conjunto de valores assumidos (por exemplo: conhecimento, espaço público, cidadania, verdade, justiça, solidariedade, ética, diálogo, paz, cuidado);

- do convite a caminhar juntos; portanto, um apelo à inclusão, à pertença, à associação;
- dos compromissos assumidos coletivamente.

Entendemos que esse desafio deve ser impreterivelmente assumido pelos educadores, pois é até compreensível que os pais mandem os filhos para a escola sem saber muito bem por que ou os alunos não saibam claramente o que estão fazendo em sala – mas é muito delicado quando a própria instituição, quando os professores também não sabem. É uma tarefa que nos cabe, que não temos como transferir para outros (diferentemente de quando consideramos, por exemplo, as condições objetivas de trabalho: elas não dependem apenas da escola). Essa busca de sentido maior corresponde a uma das tarefas básicas do projeto educativo da instituição.

Por meio do projeto político-pedagógico avançamos na construção de uma linha comum de trabalho. A falta de consenso entre os educadores pode provocar sérios problemas no trato com a disciplina. Digamos que, para alguns, o trabalho de grupo tem uma valência extremamente positiva, enquanto para outros é considerado "matação" de aula ou falta de controle disciplinar; tal descompasso produz um desgaste enorme nos relacionamentos cotidianos (julgamentos, comentários, críticas), além de os alunos explorarem essas contradições, jogando com as diferentes posições entre os professores.

> O que não significa todos atuando da mesma forma; unidade (de princípios, valores), sim; uniformidade (de ação), não.

É importante o educador pertencer a alguma comunidade ética; trocar experiências, fortalecer linhas de ação. Caso contrário, pode cair numa segregação ou mesmo degeneração moral.

> Espera-se que a escola represente isto para ele. Outras a que pode estar vinculado: alguma organização social, associação profissional, partido, grupo de não violência ativa ou de desobediência civil, comunidade religiosa, etc.

A superação do formalismo, da burocracia, da alienação das relações ajuda no enfrentamento dos desafios disciplinares, pois tais atitudes funcionam como dreno de energia e desvitalização em relação às questões que realmente valem a pena ser tratadas.

É o projeto que, de um lado, revela as possibilidades educativas e, de outro, dá sentido aos limites que preservam a vida e ajudam a crescer. Os valores e intencionalidades expressos no projeto ajudam a descobrir ou criar possibilidades para a ação.

b) Sala de aula

Na linha de reflexão de Arendt (1997, p. 244), em outros tempos, a tradição tinha um valor por si, era cultuada simplesmente por fazer parte do passado, tomado como modelo a ser seguido. Hoje, como vimos no Capítulo II, o aluno já não traz aquela disposição "natural" (na verdade, cultural) para com as coisas da escola. É preciso ressignificar a tradição, o que é desafiador, na medida em que devemos imprimir a essa jornada um caráter emancipador, pois sabemos do estrago que a adesão cega ao passado provocou em muitos campos.

Queixamo-nos da falta de interesse do aluno em sala. Todavia, se pensarmos numa escala mais ampla, veremos que a falta de interesse ou, em termos mais precisos, a seleção do interesse é condição de saúde mental: num mundo com tantos estímulos, se ficarmos abertos a tudo, simplesmente enlouquecemos. Selecionar aquilo em que vamos ou não colocar a atenção é atitude perfeitamente razoável, de autopreservação, de autoestima até. A grande questão é a configuração dessa sensibilidade, desse interesse, dessa necessidade, para que o aluno disponibilize a atenção sobre os objetos de estudo necessários na sua formação. Será preciso muito diálogo, muita negociação.

Não estamos falando, pois, de uma mobilização em geral – como se existisse –, e sim da mobilização para objetos de conhecimento disponibilizados na escola e considerados importantes para a formação do aluno. Usualmente, isso não corresponde ao seu interesse imediato. Um dos grandes papéis da escola, do professor, é justamente suscitar no aluno outras necessidades, para além das imediatas. A nossa tarefa é articular as necessidades que trazem com os saberes, assim como abrir outras possibilidades, trazer outros elementos para provocar outras necessidades e, no limite, outros valores, para além daqueles que

A DISCIPLINA ESCOLAR EM CONSTRUÇÃO: PERSPECTIVAS DE AÇÃO

estão vendo no cotidiano marcado pela alienação. Há momentos em que o professor tem de bater de frente com a expectativa que o aluno traz. Porém, com que perspectiva? Não impor autoritariamente, mas trazer elementos novos, desequilibrar, estabelecer a contradição, para que o aluno possa perceber outra possibilidade.

Por isso, torna-se imprescindível ao professor – sempre pensado em termos pessoais e coletivos – ter convicção daquilo que vai ensinar. A convicção, a segurança, a firmeza da fala é, na palavra dos alunos, uma das marcas mais frequentes do bom professor. Não é suficiente articular um discurso; é preciso passar pelas entranhas, senão fica vazio. Quando o docente não consegue revelar o sentido do que ensina (ou quando o aluno ainda não consegue captá-lo), mas demonstra grande entusiasmo, o aluno pode ao menos fazer esta fundamental aprendizagem: saber que vale a pena lutar por algo em que se acredita! Deve ficar claro que estamos nos referindo, em primeiro lugar, a uma convicção crítica, atenta ao efetivo significado do que se ensina, e não ingênua (por exemplo: o professor se desdobra em argumentos e afetos para que os alunos aprendam o nome dos donatários das capitanias hereditárias...). Depois, essa convicção é transitiva (que provoca o outro) e não dogmática (que impede o outro de falar; que fecha questão): o professor que tem convicção demais não questiona sua prática, não revê seu trabalho e, por sua postura autoritária, pode provocar grande prejuízo às gerações que lhe são confiadas. A convicção provém do conhecimento da realidade, da clareza de objetivos, de boa preparação do curso, e não da arrogância, da prepotência. É importante ter convicção; mas não há convicção em geral: temos convicção de ser portadores de algo relevante para determinado grupo em determinado momento (para isso é fundamental conhecer o grupo e o contexto). Portanto, existe para o educador uma dialética irredutível entre convicção e abertura, conhecimento já adquirido e conhecimento a ser adquirido da realidade em que vai atuar.

Tomemos uma situação concreta: um professor vai trabalhar numa escola e, ao chegar, recebe da coordenação uma relação de conteúdos que os colegas anteriores costumavam trabalhar. Recordando as reflexões que fizemos sobre o *méthodos*, no Capítulo I, questionamos: em que dimensão situar esses conteúdos? Se o docente é menos avisado, coloca-os direto no *plano de ação*; se tem uma postura ingênua, pode também colocá-los na *finalidade*; todavia, um posicionamento mais crítico o levaria a colocar aqueles conteúdos na *realidade*, uma vez que é isso que sucede de fato: aqueles conteúdos que até então costumavam ser trabalhados são um dado de realidade, um elemento a ser considerado no conjunto do processo de planejamento, assim como tantos outros fatores. O que vai ser aproveitado (ou não) daqueles conteúdos dependerá de outros elementos da realidade, bem como da finalidade. Se colocados diretamente no *plano de ação*, seria um caso típico de falseamento do sentido que deve ter o plano, qual seja, ser fruto da tensão entre a realidade e a finalidade; se fossem assumidos como *finalidade*, implicaria clássica confusão entre meios e fins: o conteúdo é (deve ser) um meio, e não um fim em si mesmo.

Resgatar a significação dos conteúdos a serem trabalhados em sala de aula é indispensável, embora não seja tarefa tão simples, uma vez que, não raro, o próprio professor não domina o sentido maior daquilo que ensina; não por culpa, mas pela precária formação que teve, cujos conteúdos também foram jogados, ou pela pressão dos exames e vestibulares, que acabam impondo um programa. A tarefa superadora é buscar elementos da cultura que sejam relevantes e pertinentes para cada ciclo de vida dos alunos.

> O professor pode ajudar ainda os alunos a perceber as aproximações e os conflitos entre os diferentes sentidos veiculados pela família, pela escola, pela mídia, pelo coletivo juvenil, pela Igreja, pelo mundo do trabalho.

Quando o professor prostitui suas palavras, ensina algo em que não acredita, em que não vê sentido, fica sem moral diante dos alunos. Se o próprio professor não consegue atribuir um sentido àquilo que está a ensinar, como o poderá o aluno? O que fazer, então, em face desses conteúdos preestabelecidos? Em primeiro lugar, pesquisar: o conteúdo talvez não tenha sentido para ele, mas pode ser relevante na área de saber, na articulação com as demandas da comunidade; procurar colegas que elaboraram o programa, a coordenação pedagógica, a direção, outras escolas, universidade, literatura especializada, internet. Se não encontrar sentido relevante, ter coragem de deixar de lado e trabalhar com aquilo em que realmente acredita. "Ah, mas existem escolas ou concursos que exigem"; nessa circunstância, pode-se dar um roteiro de estudo aos alunos, explicando que aquele conteúdo talvez seja solicitado por *entidades* com outra concepção de educação e, portanto, seria prudente que pelo menos tomassem contato com ele e, no caso de qualquer dúvida, procurassem o professor, além de deixar claro por que não serão abordados e revelar sua convicção naquilo que será trabalhado em aula. Há situações em que o problema não é descartar, mas simplesmente alterar a ênfase.

Nossa posição em relação aos exames, ao vestibular, é muito clara: formar bem desde cedo e, se for necessário, imbecilizar na reta final. Entendemos que a melhor maneira de preparar para enfrentar essa dura realidade não é condicionando e selecionando desde cedo, mas formando bem, propiciando uma educação integral, aquilo em que acreditamos, trabalhando com projetos, temas geradores, estudo do meio, experimentação, problematização. Depois, se for necessário, lá no final do nono ano (para quem for fazer "vestibulinho") ou do terceiro ano do ensino médio (para quem for fazer vestibular), podemos dar os *macetes*, deixando claro: "Meninos, isto é para vocês sobreviverem num sistema de alguns vestibulares burros que – ainda – estão por aí." Por outro lado, não podemos deixar de considerar que os próprios vestibulares, assim como os processos de seleção de muitas empresas, já estão mudando (Vasconcellos, 2008g).

c) Relação com a comunidade

Algumas iniciativas junto à comunidade educativa têm contribuído para a criação de um *campo de sentido* na instituição. Uma estratégia fundamental é a participação

Mais adiante voltaremos a esta prática.

dos pais na construção do projeto político-pedagógico da escola, justamente porque uma das questões nucleares do projeto é a explicitação do sentido desejado para a prática educativa. Outras práticas: realização de trabalho de conscientização com as famílias quanto ao sentido do estudo e da escola, aproveitando os momentos de encontros e atividades; explicitação para alunos e pais do sentido das normas existentes (e que naquele momento não estão em discussão); ajuda da família para que os filhos reflitam sobre o sentido do estudo e da existência; busca por parte da sociedade de valorização efetiva da educação e de seus profissionais; o compromisso de todos com a construção de nova ética social.

1.3. Em busca de um sentido maior

Entendemos que a questão do sentido do trabalho pedagógico é o núcleo da problemática hoje na educação. Se o professor – pessoal e coletivamente – não acredita, se não vê o sentido do que faz, se, diante daquela pergunta do aluno, "professor, estudar para quê?", não consegue dar resposta minimamente satisfatória, se o próprio professor não sabe o que está fazendo ali, todo o resto, toda a elucubração sobre ensino e disciplina fica sem nexo.

Todavia, há o perigo de, diante da falta de sentido para o estudo, em consequência da queda do mito da ascensão social, cair no jogo da atual supercompetição: já que o mercado está cada vez mais restrito, caberia estudar para ser o melhor, para passar na frente dos outros, para garantir o próprio lugar. Em vez de caminhar para a superação, reforça-se a lógica de exclusão, a dessocialização, o individualismo competitivo. Essa pseudossuperação é um engodo do ponto de vista tanto ético-político (por reforçar a exclusão) quanto motivacional: os alunos têm cada vez maior clareza de que são pouquíssimos os lugares, de tal forma que esse apelo à supercompetição repercute apenas em um pequeno grupo que se considera em condições de lutar pelos poucos postos disponíveis no mercado.

Fala-se e escreve-se muito a respeito do *novo perfil profissional* e omite-se, por ingenuidade ou maquiavelismo, a questão essencial da recriação das relações: estamos diante de um modelo fracassado, já que, como analisamos, existe um fosso enorme – e crescente – entre as nações e as pessoas, a ponto de as próprias organizações dos países mais ricos (como o Fundo Monetário Internacional e o Banco Mundial) alertarem sobre a necessidade de cuidar um pouco do social, sob pena de se instaurar o caos.

Visão holística, capacidade de trabalhar em grupo, criatividade, capacidade de aprender a aprender, gosto pelo conhecimento, capacidade de resolver problemas e tomar decisões, etc.; no entanto, outras características, como senso de justiça, solidariedade, senso crítico, direito à preguiça, participação política, compromisso com a transformação da realidade, não são desejadas (a não ser no âmbito restrito da empresa ou do setor...).

a) Um sentido para o trabalho pedagógico

Urge resgatar o sentido da escola. Que perspectiva apresentar aos alunos? Estudar para quê? "Ser alguém na vida", "garantir o seu"? Qualificar-se para o trabalho? Desenvolver-se plenamente como ser humano? Ajudar a transformar a realidade?

Há necessidade de o próprio professor resgatar o sentido do trabalho, pensar seriamente sobre a sua prática – "O que é que estou fazendo aqui? A serviço de que e de quem? Eu acredito no que faço?" – e ter coragem de tomar uma posição.

Essas respostas devem ser dadas pelo professor e pelo seu coletivo de trabalho. As reflexões que faremos a seguir visam apenas subsidiar essa busca.

O trabalho escolar articula-se com o horizonte formativo humano. Que tarefas se apresentam ao sujeito? Constituir sua identidade; desenvolver um autoconceito positivo; ampliar sua socialização; formar-se como novo dirigente social (aquele que tem condições de dirigir ou controlar quem dirige – Gramsci, 1982, p. 136); aprofundar o gosto de viver, o sentido da vida; desenvolver um sentido de transcendência, de compromisso com uma causa maior, ser *"capaz de pensar e de vivenciar algo além de seus interesses imediatos (além do dinheiro, do poder e do prazer)"* (Gandin, 1995, p. 20). *"Seria vulgar, servil e inteiramente indigno chamar de educação uma formação que visa somente à aquisição do dinheiro, do vigor físico ou mesmo de alguma habilidade mental destituída de sabedoria e justiça"* (Platão, 1999, p. 92 [Livro II]).

Tal perspectiva supõe o alargamento do quadro de valores: romper com a hegemonia de valor econômico e abrir-se para valores como justiça, verdade, solidariedade, respeito, amizade, cultura, paz, autonomia; dessa forma a escola configura-se como um espaço que efetivamente possibilita a formação do sujeito para a recriação do mundo que o cerca.

A principal função social da escola é participar do processo de humanização. Mas isso cabe a outras instituições também; qual seria a contribuição específica da escola? *O encontro de gerações mediado, intencional e criticamente, pelo conhecimento sistematizado.* Por mais que se queira fugir, não é possível desvincular a função da escola do conhecimento. Não se trata de fechar-se sobre essa questão como se fosse a única. Porém, com certeza, há aí um aspecto muito importante do trabalho educacional escolar. Vislumbramos, pois, o seguinte horizonte para a escola neste momento histórico:

> Uma vez que o gosto pelo conhecimento em geral, digamos assim, a criança já tem.

- favorecer o acesso às várias manifestações culturais, despertando o gosto pelo conhecimento sistematizado;
- ajudar o aluno a adquirir método de pensamento, de conhecimento, de pesquisa, de investigação;
- favorecer o desenvolvimento de instrumentos de participação na sociedade por meio da construção do conhecimento de forma significativa, crítica, criativa e duradoura e do trabalho com conceitos fundamentais para a leitura e a intervenção no mundo;
- contribuir para a humanização plena de cada um e de todos os membros da comunidade educativa.

Deseja-se ajudar a formar um aluno sensível, com capacidade de refletir, compreender o mundo que o cerca, sonhar, julgar, tomar decisões e intervir na realidade (*métodos*), pautado num conjunto de valores internalizados, de maneira que venha a ser solidário, crítico, comprometido com a transformação.

Conhecer, então, para quê? Para compreender o mundo em que vivemos, para dele usufruir, mas sobretudo para *transformá-lo!* A perspectiva burguesa da escola era estudar para "garantir o lugar" na sociedade; o horizonte libertador é estudar para desenvolver-se como ser humano em todas as dimensões e ajudar a mudar esta sociedade, que não tem lugar para todos e, se continuar assim, vai ter cada vez menos. Para tanto, cabe ao professor se compreender como sujeito de transformação e ter clareza de que está participando da formação dos novos sujeitos de transformação. Ser professor é essencialmente acreditar na possibilidade desse vir a ser. Se não acreditamos na viabilidade da transformação da realidade, nossa posição no magistério (aliás, na própria vida) fica debilitada, demandando uma tomada de consciência e de posição para superação desse estado de descrença.

> Outras reflexões sobre o sentido da existência e do trabalho docente podem ser encontradas no volume *Educação: conhecimento, ética e política*, do prof. Antonio Joaquim Severino, nesta coleção.

O professor é, por excelência, articulador de sentido: por meio do trabalho com o conhecimento, ajuda as novas gerações a atribuir sentido ao mundo em que vivem. Caso perca o sentido do próprio trabalho, perde o eixo de referência do ensino. Hoje, diante do clima de perplexidade do mundo, as pessoas estão procurando ansiosamente sentido para as coisas. O professor tem uma riqueza em mãos que é o conhecimento, pois é por meio dele que pode colaborar para que os indivíduos se localizem e entendam as relações que estabelecem e às quais estão submetidos: atribuir sentido e abrir perspectivas de intervenção. É, portanto, o tempo propício para o autêntico conhecimento, para o verdadeiro mestre e para o estudo na sua perspectiva radical. Quando, em vez de ajudar os alunos a compreender o movimento das quantidades no real, torno-me mero *ensinador* de equação do 2º grau; quando, em vez de pensar o movimento da linguagem, o uso, o poder do discurso, detenho-me no dígrafo, na memorização mecânica da classificação das orações; quando, em vez de pensar o movimento das populações e das mercadorias, a ocupação do espaço, a geopolítica, coloco-me como expositor de acidentes geográficos e dador de nomes de capitais, estou abrindo mão da minha capacidade intelectual, estou amesquinhando minha atividade como docente, além de desrespeitando e desperdiçando a sensibilidade e a inteligência dos alunos.

É pertinente ressaltar que, mesmo no campo econômico – grande foco das atenções e paixões contemporâneas –, há horizontes radicalmente novos sendo abertos. Constatamos que o nível tecnológico chegou a um ponto em que houve um salto qualitativo: a possibilidade de liberação total do homem das tarefas mecânicas! Como se sabe, para alcançar o nível de desenvolvimento atual, grande parcela da humanidade foi reduzida ao *status* de máquina durante séculos, milênios. Hoje, no entanto, existem condições para liberar totalmente o ser humano dessa situação de homem-máquina. Só a título de ilustração, determinada colheitadeira de cana dispensa o serviço de 80 boias-frias! Do ponto de vista da história da humanidade, isso é incrível, pois libera inúmeros trabalhadores de uma condição desumana, de uma atividade de alto risco. No entanto, do ponto de vista existencial de cada um daqueles sujeitos, é o caos, pois sai do corte da cana, mas não tem para onde ir, não tem outra ocupação, não existe ainda outro espaço social de acolhida.

Como nunca, estamos diante de tarefas históricas fantásticas: simplesmente recriar as formas de organização do trabalho, as relações humanas, a cultura, a política, o lazer, o uso do tempo livre, uma vez que novas condições para reprodução material da vida estão dadas potencialmente; todavia, ao mesmo tempo, estão aprisionadas num modelo ultrapassado de organização social, gerando uma contradição fundamental na base objetiva da existência. O mundo está para ser reinventado! Isso deve nos levar a solicitar o melhor de cada um e de todos nós: usar o conhecimento, a tradição, a imaginação, a intuição, a emoção, as redes, a criatividade para encontrar alternativas. É um estupendo desafio que se apresenta ao homem de nosso tempo (Vasconcellos, 2008f).

O avanço tecnológico trouxe também a expansão dos meios de comunicação e com isso a possibilidade de acesso a estonteante quantidade de informações. Ocorre que a cultura de massa hoje no Brasil, como vimos, se caracteriza, sobretudo na televisão aberta, como lixo, numa sociedade capenga, evidenciando a importância cada vez maior das instituições de ensino como espaços de socialização, cultura, humanização e crítica.

A construção coletiva do projeto educativo da escola permite a reflexão, o amadurecimento e o cultivo de outros valores, além do econômico, fundamentais enquanto referências para a caminhada.

O fato de a escola ter um projeto não significa que será imposto ao aluno, uma vez que isso negaria a própria dinâmica de constituição de projeto no sujeito – objetivo almejado na educação emancipatória –, a qual implica sua participação ativa e livre. Nossa compreensão é que a presença de um projeto possibilita um diálogo mais qualificado com o educando, reconhecendo e respeitando sua alteridade. A existência de um projeto é uma forma de provocar um posicionamento crítico; a pessoa pode concordar, discordar, combinar, mas dificilmente haverá indiferença.

b) Necessidade de coerência

Essa perspectiva radical ficará totalmente fragilizada se nós, educadores, assumirmos o discurso arrojado de transformação da realidade, mas no cotidiano acabarmos entrando na lógica da adaptação ao que está dado, ainda que com a melhor das boas intenções ("preparar o aluno para a vida"). Não precisamos de grandes elucubrações para perceber isso: basta ver quanto nos submetemos, por exemplo, à lógica estúpida dos vestibulares, que perverte todas as relações pedagógicas na escola, desde a educação infantil. Em nome de preparar para o concurso, fazemos os alunos engolir conteúdos nos quais nem nós mesmos vemos significado, partimos para uma metodologia passiva (para transmitir tudo o que está preestabelecido) ou festiva.

Muitas vezes, há um descompasso entre os objetivos que os professores registram nos seus planos (formação

---

A política cegada pela regra do jogo, que é a briga pelo poder (e não o bem comum, como se sonhou um dia); a Igreja fundamentalista ou que corre atrás do tempo, do bonde perdido da história; a família desmontada; o mundo do trabalho vivendo o angustiante momento do "adeus ao trabalho". Encontramos no mercado-mídia alguns dos poucos espaços "preservados", o efetivo projeto de sociedade que temos hoje.

O roteiro metodológico apresentado na Oficina, no final desta obra, com pequenas alterações, pode ser aplicado para a construção do projeto político-pedagógico da escola, caso ela ainda não tenha um.

Podemos lembrar aqui da dialética do reconhecimento (Hegel, 1992, p. 126) ou da dialética do processo educativo (Freire, 1981b, p. 79).

Transformando os alunos em meros consumidores e não em construtores do seu conhecimento; depois, com que moral criticaremos a lógica consumista da mídia?).

Tipo de animação de auditório, comum nos cursinhos preparatórios, para tornar "palatável" os conteúdos jogados goela abaixo, com *musiquinhas* para o aluno memorizar as informações, passando-lhe uma pseudossegurança de que domina o programa.

da cidadania etc.) e o objetivo que, de fato, assumem na relação com os alunos. Quando perguntamos aos alunos que iniciam o ensino médio qual justificativa geralmente os professores dão àquilo que estão ensinando, a resposta é unânime: "Vestibular!" Até entendemos a situação de desespero do professor e a tentativa de "ganhar" o aluno, de alguma forma, para as aulas; nossa preocupação é saber até que ponto não estamos deserdando da luta. Depois não adianta reclamar que o aluno só pensa em nota, que não está interessado no conhecimento; ele aprendeu o *esquema* com a própria escola!

Os alunos querem respostas para já, para o imediato, e não apenas para longínquo futuro. E estão certos! Qualquer discurso sobre transformação social que não venha acompanhado de transformações concretas, ainda que limitadas num primeiro momento, está correndo sério risco de ser ideológico, manipulador, alienante. Se eu, como professor, sou acomodado, demissionário, que moral terei para falar a meus alunos de transformação? Se não estou me transformando, não estou transformando as minhas aulas, se não estou sendo capaz nem de modificar a relação com meus alunos, como é que vou falar de transformar o mundo?!

Esse novo horizonte de transformação para a escola é muito bonito, muito digno, porém muito exigente. Já que ninguém está pronto, estamos sempre num processo, construindo-nos como sujeitos de transformação. O ritmo da caminhada, naturalmente, vai depender de um conjunto de fatores; mas o horizonte tem de ser assumido.

Em todo processo histórico, precisamos levar em conta a dialética de continuidade-ruptura, lembrar que o novo se faz a partir do velho e durante algum tempo os dois vão conviver, só que tensamente, dado o compromisso com a superação. Assim, de imediato, não podemos abrir mão das demandas sociais existentes (por exemplo: preparação para o vestibular, o mercado de trabalho); trata-se do polo da continuidade. Todavia, não podemos também deixar de lutar para que o novo possa emergir na forma de novas relações entre os homens, o que vai nos levar a realizar nossas tarefas de forma crítica e inovadora, aproveitando as possibilidades ainda não exploradas e a energia das contradições trabalhadas; esse é o polo da ruptura. Administrar essa tensão não é absolutamente fácil, embora imprescindível.

2. Criação de vínculos afetivos

O trabalho pedagógico escolar tem a peculiaridade de se realizar num coletivo. Daí a preocupação inicial do educador em justamente constituir esse coletivo, criar vínculos que possibilitem a construção da disciplina.

> No filme *Mentes perigosas* (baseado em fatos reais), por exemplo, o vínculo inicial se estabeleceu por um caminho todo peculiar: a luta – que era, para aquele coletivo, um elemento valorizado. Durante um curso de formação, uma professora relatou-nos que seu *contato* com os alunos se deu a partir de sua capacidade de aproveitar em aula o cachorro que os alunos considerados "difíceis" por outros professores trouxeram para testá-la.

Muitos alunos estão na escola por causa de um vínculo alienado (pais mandaram, Conselho Tutelar obrigou, a empresa onde trabalha está exigindo a qualificação). Ao enfrentar essa situação, busca-se de todas as formas estabelecer novo vínculo (com professor, colegas, conhecimento, escola e realidade).

Uma condição básica para a formação de vínculos é a presença dos sujeitos. Isso aponta, de imediato, a necessidade de diminuição das faltas do professor e da rotatividade da equipe escolar. Fica deveras difícil a criação de vínculos significativos quando, de um ano para outro, há uma renovação muito substancial do quadro de professores, funcionários ou direção. Sabemos que se trata de uma questão delicada, que passa por aspectos como localização da escola, políticas administrativas, disposições legais, profissionais e mesmo corporativas. Algumas experiências, ainda tímidas, é verdade, propõem que o concurso de ingresso seja feito não na rede como um todo, mas para determinada escola. Reduzir o número de professores por classe (por exemplo: o mesmo professor que dá Matemática dá também Ciências) e possibilitar que o mesmo professor acompanhe a turma no ano seguinte são estratégias capazes de criar condições para o fortalecimento do vínculo professor-aluno.

> Até que ponto a possibilidade de anualmente o professor poder fazer remoção não atende mais aos interesses docentes do que discentes?

> Naturalmente, desde que haja desejo por parte dos alunos e do professor.

A DISCIPLINA ESCOLAR EM CONSTRUÇÃO: PERSPECTIVAS DE AÇÃO

Em certas situações, observamos a grande dificuldade do professor em estabelecer limites. Ocorre que, como ponderamos, limite implica vínculo; à medida que não está conseguindo criar vínculo (por estar didaticamente desorientado, sem clareza no que está propondo; muito voltado para si mesmo, para suas questões, para seus dramas; ressentido, reativo), não consegue estabelecer limites com convicção: não tem moral para cobrar se não está contribuindo.

O processo de criação de vínculos, de inclusão, pode passar por muitas mediações: o desejo de ser aceito pelos pais, por exemplo, pode levar o aluno a respeitar a instituição escolar, à medida que esta é um valor para eles. Aqui, quanto menos mediações, melhor: o ideal é que o aluno se sinta engendrado pelo próprio espaço escolar, que por meio dele possa sentir reforçado seu sentido de pertença à humanidade.

Uma das maiores agressões que uma pessoa pode fazer a outra é não acreditar nela. A falta de confiança nas possibilidades do aluno tem se configurado como sério problema no enfrentamento da questão da indisciplina: o aluno "sente" que o professor não acredita, não confia nele. Isso, de certa forma, o autoriza a agir de qualquer jeito, já que não se espera o melhor dele mesmo. *"Existe uma espécie de direito de mentir para com quem nos julga mentirosos"* (Alain, 1978, p. 29). Não acreditar é não ter *projeto* para o outro. Ora, volta a questão básica: sem projeto, sem perspectiva, o sujeito vai se limitar para quê? Por aqui vemos o engodo da escola/professor que sempre apresenta uma visão negativa do aluno, só criticando, destruindo, anulando: ele nada terá para defender enquanto imagem. Quando os professores fazem essas críticas severas ao comportamento dos alunos, muito provavelmente a motivação seja boa, isto é, esperam assim provocar o desejo de mudança a fim de que voltem a ser aceitos e admirados pelo grupo; ocorre que esse efeito de resgate acontece apenas quando o vínculo não foi total-

160

mente rompido, pois, se o aluno já se sente como um pária, como um sem pátria, sem amigo e admiração, "nada terá para perder", como eles mesmos dizem. Sabemos que tal percepção tem sérias repercussões até mesmo na questão da violência, uma vez que esse sentimento leva o sujeito a praticar atos fora de qualquer parâmetro de convivência social saudável. O caminho é justamente o contrário: *"reforçar, no aluno, o sentimento de sua dignidade como ser moral"* (La Taille, 1996, p. 23).

Muitas vezes os professores não acreditam na capacidade dos alunos e até mesmo na própria capacidade. Prova disso é a surpresa e o entusiasmo que experimentam quando, depois de terem se engajado timidamente numa atividade, veem os resultados do trabalho, a produção concreta dos alunos e a sua; o espanto dos mestres é tal, que chega a chamar a atenção, já que essa confiança deveria fazer parte do cotidiano. Quando o professor acredita nos seus alunos, não tem um saber preconceituoso em relação a eles, não desiste, investe. O verdadeiro professor é aquele que jamais desiste e acredita sempre nas possibilidades de aprendizagem e desenvolvimento do educando.

Nessa medida, a aproximação ao aluno "indisciplinado" é decisiva; o distanciamento cria fantasmas, preconceitos, medo; enquanto esse aluno é visto como "problema", "perigo", fica difícil qualquer superação. Certa feita, num espaço de formação, no início do segundo semestre letivo, uma professora que trabalhava com educação infantil se queixava de um seu aluno "impossível" (ficava apagando e acendendo a luz, punha a boca no bebedouro, agredia os colegas, já a tinha chutado, inclusive). Ao ser indagada sobre aquilo de que o aluno gostava, estranhou a pergunta: já era agosto, ela estava com a criança desde o início do ano e ainda não sabia nada sobre os seus interesses, uma vez que só o enxergava como "problema" para ser controlado (até porque tinha receio da coordenação pedagógica e dos pais das outras crianças).

Além do investimento na criação de vínculos entre professor e aluno, completa-se a abordagem com a consideração do vínculo entre os próprios alunos, uma vez que este também desempenha papel muito importante na educação e na disciplina. Há todo um campo de possibilidades aqui, desde a utilização de trabalho de grupo em classe até dias de formação fora da escola, passando pelo recreio, organização dos alunos em grupos de interesse, gincanas, etc.

Prática bastante interessante é a realização das manhãs (tardes ou noites) de convivência: logo no começo do ano, a classe tem um encontro especialmente preparado para que se conheça melhor. Naquele período não há aula no sentido mais tradicional, e sim uma vivência diferente: por meio de jogos, dinâmicas de grupo, dramatização, brincadeiras, música, lanche comunitário, estreitam as relações, superam preconceitos, desfazem barreiras. Quanto maior o número de professores que participam desses encontros, no todo ou na parte, maior é o ganho.

2.1. A questão do respeito

No âmbito escolar, enorme gama de problemas de indisciplina tem origem no desrespeito.

Quando se trabalha essa questão com os docentes, embora se lembrem da relação dos alunos com os colegas, a ênfase costuma recair no desrespeito dos alunos em relação aos mestres; cada professor tem um caso escabroso para contar, confirmando "os sinais dos tempos", a crise a que chegamos. Se, por um lado, o professor não tem o direito de obrigar um aluno a prestar atenção nele (fazer com que "abra mão", ou melhor, exerça sua liberdade, dando-lhe atenção), por outro, como humano, companheiro de jornada e portador de uma dignidade inalienável, tem o direito de interpelá-lo para que, no mínimo, o respeite como ser humano. Nas reflexões anteriores já passamos por essas questões e vimos todo um conjunto de medidas que podem ser desencadeadas junto aos alunos. Neste momento, gostaríamos de abordar o aspecto do desrespeito que não costuma ser tão facilmente veiculado ou nem sequer admitido: o da escola/professor em relação aos alunos.

A DISCIPLINA ESCOLAR EM CONSTRUÇÃO: PERSPECTIVAS DE AÇÃO

Objetivamente, e com frequência, a indisciplina dos alunos é uma reação ao desrespeito, aos coeficientes de poder não adequadamente equacionados pelo professor. Diante desse equívoco, não é muito razoável esperar que o aluno levante a mão e argumente: "Professor, gostaria de pôr em questão nossa relação, tendo em vista a percepção de que entramos num processo de reificação, no qual minhas potencialidades ontológicas e epistemológicas estão sendo subestimadas"... Os educandos não conseguem verbalizar de maneira clara, porém encontram algum caminho para manifestar que as coisas não vão bem (querem sair a todo momento da sala de aula, ficam conversando fora do assunto, não fazem as lições, agridem o colega ou o professor).

Diante da queixa da violência perpetrada pelo aluno, precisaríamos refletir: será que existe violência maior do que a negação da esperança, a negação simbólica de um futuro melhor a que o aluno, especialmente das escolas públicas, está submetido? A abertura de possibilidades de alteração do *destino* no plano simbólico é fundamental para que se abram novos caminhos no plano das relações objetivas! Se queremos enfrentar a questão da violência do aluno, o caminho não é usar outra violência ou ser conivente com ela.

Enquanto o desrespeito por parte do aluno, normalmente, é explícito, o desrespeito por parte do professor costuma ser camuflado, sutil. E tem várias facetas. Uma delas é o preconceito de classe. Na escola pública, às vezes, no fundo, o professor não acredita no aluno simplesmente por sua condição social ou racial. Paulo Freire diz que uma das coisas mais cruéis que o sistema nos ensina é detestar o cheiro do pobre. Aprende-se a desconfiar do pobre. Detestar o pobre. Isso é muito cruel. Na escola particular, esse preconceito pode ocorrer de forma diferente se os alunos pertencerem a uma camada de maior poder aquisitivo, sendo comum a tendência de tratar os professores como mais um empregado de casa: "Eu estou pagando." Alimentar o preconceito vicia a relação educativa. Temos

Uma professora no interior do Rio Grande do Sul, no momento de assumir as aulas numa rede municipal, indagou se iria trabalhar com pobres; foi informada que sim (até porque grande parte da população brasileira está nessa condição e a escola pública está aberta a todos). Diante disso, afirmou: "Veja se é possível não me colocar no trabalho com eles, pois *pobre me dá depressão*"...

de ganhar esses alunos, seja o menino da camada popular, seja o menino da escola particular, já que estamos engajados num projeto de transformação.

Relacionado aos preconceitos anteriores, aparece o preconceito quanto às possibilidades cognitivas do aluno; o professor olha seu aluno e pensa: "Ih, este, eu acho que não vai." É impressionante como isso está presente no cotidiano da escola. Pesquisa feita na primeira série do ensino fundamental (Collares e Moysés, 1996) revela que os professores "acertaram" a previsão de reprovação dos alunos, feita logo no início das aulas, em 80% dos casos. A pergunta que fica é: será que "acertaram" ou condenaram os alunos logo no começo do ano? O professor acertou ou os alunos foram "acertados" pela previsão dele? Outras pesquisas já mostraram isto: a expectativa do professor em relação aos seus alunos é decisiva em termos do sucesso ou fracasso deles (profecias autorrealizantes de fracasso). Ora, essa descrença é profunda falta de respeito.

Existe desrespeito da escola em relação aos alunos até por meio de práticas tidas como *normais* (na verdade, comuns, consagradas) – por exemplo, o funcionário pegar aluno pelo braço para chamar a atenção, a direção entrar em sala de aula sem pedir licença ao professor, a merendeira jogar a comida no prato como se estivesse alimentando um animal, o funcionário deixar os sanitários sem a devida limpeza, etc.

> Existem detalhes que revelam mais; por exemplo, a qualidade do papel higiênico disponibilizado aos alunos (e funcionários).

Do ponto de vista pedagógico, uma das formas mais tradicionais de desrespeito pelo educando, e que infelizmente não é coisa do passado, é o professor reduzir o aluno em sala a simples ouvinte e reprodutor das informações. Tal prática é superada quando se constroem relações emancipatórias no interior da escola.

Outra falta de respeito: as faltas constantes do professor. É muito sério para o aluno esse comportamento docente; sente-se profundamente desrespeitado quando o professor não comparece nem sequer envia ou apresenta, na aula seguinte, uma justificativa; é como se não tivesse valor algum para o mestre.

A falta de tolerância para com os erros dos alunos é mais uma forma de desrespeito. Nesse campo existem as "santas" gozações que os colegas ou mesmo o professor fazem com alunos que estão tendo dificuldade na aprendizagem.

O fato de propiciar em sala um clima de acolhimento e respeito possibilita que o aluno assuma as responsabilidades pelos seus atos. Se o ambiente é hostil, autoritário, ele não se manifesta por medo das consequências.

Sabemos que a perspectiva do respeito é muito exigente, considerando a situação concreta do professor. É necessário criar um clima de respeito também em relação a ele. Se o professor vem de uma sequência de desrespeitos (ser repreendido na frente dos outros, a interrupção das aulas sem seu consentimento, os transtornos decorrentes da falta de funcionários), fica difícil manter um relacionamento de respeito para com os alunos. Há situações em que, por causa da necessidade de preenchimento de carga horária e de outros problemas administrativos, o professor acaba dando aula de matérias para as quais não teve formação (tem habilitação em História e está dando aula de Matemática); se não domina nem o que ensina, como pode esperar o respeito do aluno? Imaginem as consequências disso. Lembrando aquele velho clichê: "o professor deve vestir a camisa da escola", poderíamos completar, insistindo que a escola/mantenedora deve "vestir a pele do professor". Portanto, o que se almeja é criar um clima de respeito na escola como um todo.

No fundo, percebemos que o aluno, pelo menos a princípio, espera muito do professor, faz dele um depositário de esperança num mundo melhor. Cabe ao professor honrar esse investimento ético e afetivo do aluno sobre ele. Por meio disso, o professor também resgata seu valor, seu poder, sua importância e cria uma rede de apoio para a prática pedagógica em sala de aula. Já sabemos que nenhum conteúdo é aprendido sem a atividade do sujeito, e para isso é preciso mobilização, que envolve vários fatores, entre os quais a relação interpessoal professor-aluno.

Quantos professores dão aulas em periferias, até a alunos tidos como difíceis (de rebeldes e viciados até marginais), e desenvolvem com eles um bom relacionamento, pois, antes de tudo, os respeitam, os tratam como gente e não como um objeto etiquetado! Talvez o que marque muito os alunos (conforme pesquisas sobre o "bom professor") não sejam tanto os aspectos de competência pedagógica ou epistemológica, *stricto sensu*, mas o fato de serem tratados como seres humanos e não como "coisas". Se um dos maiores objetivos da tarefa educativa é a humanização, podemos dizer que tais professores estão atingindo essa tão dignificante meta.

2.2. Importância dos momentos iniciais

Embora a conquista dos alunos para o trabalho seja uma demanda permanente, os momentos iniciais têm uma relevância maior, em razão do estabelecimento do vínculo de aproximação. Estudos sobre disciplina (Estrela, 1994, p. 114; Vasconcellos, 1993) revelam que o sucesso ou o fracasso do professor no relacionamento com a turma pode estar sendo definido nas primeiras aulas; alguns autores são mais radicais e afirmam que isso se dá nos primeiros momentos da primeira aula. É certo que se pode retomar depois, mas é bem melhor quando o docente se prepara adequadamente para esses momentos.

Ao nos referirmos aos primeiros momentos, não estamos falando só do planejamento da aula e do estabelecimento de regras de trabalho. É muito mais que isso. É sobretudo desejo e competência. Nos momentos iniciais, além de terem dimensão da proposta de trabalho trazida (visão geral, sentido, perspectivas, articulações), os alunos devem perceber no professor o que ele tem de melhor, ou seja, o desejo profundo de que cresçam, aprendam, sejam gente, se tornem seres humanos cada vez melhores. Daí o empenho dos docentes na preparação inicial. Se é necessário preparar bem todas as aulas, as primeiras sejam com um cuidado excepcional, para que o aluno sinta esse interesse, esse cuidado, esse amor (bem compreendido, e não aquele do tipo: "Oi. Bem, eu te amo; você é tudo para mim. Agora, abra bem o ouvidinho e ouça o que é a 'célula'. Repita comigo: a célula é..."). O que se acabou de mencionar – o amor – é negado por aquilo que se faz quando se começa a ensinar de um jeito autoritário, mecanicista, que coloca o outro na condição de objeto e não de sujeito.

Outro viés equivocado é aquele analisado acima: entrar pelo caminho dos preconceitos. Existem professores que, nos primeiros dias de aula, em vez de procurar conhecer cada aluno para ver a melhor forma de interagir, já batem o carimbo de quem "vai" ou não ter sucesso.

Então, o amor pelo aluno, quando autêntico, traduz-se numa prática pedagógica muito competente, coerente com um projeto de emancipação humana. Enfatizamos que isso vale para todo o ano, mas em especial para o início. É fundamental que, já nas primeiras aulas, os alunos sintam no professor esse desejo profundo.

Neste contexto, exige-se do docente muita atenção às atividades iniciais que propõe, para não provocar situações de fracasso. Uma simples prova diagnóstica, feita com a melhor boa vontade para saber em que ponto os alunos estão a fim de retomar dali o trabalho pedagógico, pode desencadear fantasias, memórias de situações de avaliação marcadas pela angústia, pela humilhação, e já provocar um fechamento ou mesmo o desejo de abandono por parte do aluno. O professor, enquanto coordenador do processo, tem em mente a necessidade de garantir em sala um clima de respeito, o direito fundamental do aluno à dúvida; caso contrário, o aluno não se expõe, com receio da possível gozação dos colegas. Há professores, lamentavelmente, que gostam dessa pressão do grupo porque assim não aparecem muitas dúvidas e ele pode avançar mais no conteúdo, cumprir adequadamente o programa. A preocupação em "cumprir o programa" é, com certeza, um dos mais sérios ruídos na relação educativa, pois, em nome disso, se passa rapidamente por muitos conteúdos sem propiciar a efetiva aprendizagem. Ao contrário, quando nos apropriamos das contribuições da epistemologia e da didática crítica, tomamos consciência de que a curva do conhecimento não tem seu desenvolvimento linear, mas exponencial; isso significa que, num primeiro momento, o professor deve fazer grande investimento de situações de aprendizagem em cima de poucos conteúdos (estabelecendo assim as bases conceituais estruturantes, alfabetizadoras para aquela área de conhecimento, além do próprio vínculo afetivo entre professor, aluno e coletivo de sala de aula); depois, pode ir diminuindo o número de experiências e aumentando a quantidade de conteúdos, pois, em decorrência das condições iniciais favoráveis (vínculo, resgate das representações mentais prévias, linguagem comum, conceitos primordiais), o aluno será capaz de acompanhar (Vasconcellos, 2008b). No senso comum, há um raciocínio simplista que diz assim: "Tenho nove unidades e três trimestres; então, devo trabalhar três unidades por período." Quem disse que essa é a melhor matemática?

Pensando no conjunto do percurso do aluno, lembramos, além do início do ano no trabalho pedagógico, a importância da formação inicial da criança: como é decisivo um bom trabalho nas séries iniciais para o resto da sua vida escolar, pois será ali, nas suas primeiras experiências na escola, que estará construindo a imagem de estudo, de conhecimento, de professor, de escola (e de si nesse contexto)! Toda situação de indisciplina tem uma gênese; às vezes, essa gênese está no trabalho equivocado que a própria escola fez com o aluno. Os professores das séries mais adiantadas sabem perfeitamente como é difícil estabelecer outro tipo de vínculo quando o aluno veio marcado por uma pedagogia do esforço-recompensa, do medo, da passividade. Reconhecemos que há um despertar da sociedade brasileira para o trabalho tão relevante das professoras e dos professores dos anos iniciais de escolarização.

3. Estabelecimento das exigências: limites e possibilidades educativas

A solidariedade é valor decisivo para o nosso tempo; é a antítese do individualismo, da competição a todo custo que marca as relações, desde as mais banais até a lógica dos negócios, todas elas respaldadas pela pregação constante da grande mídia. Cabe reconhecer que a solidariedade não pode se manifestar onde não há limites, onde não se dá um basta à expansão exacerbada de determinados egos, desenvolvendo a sensibilidade para *ver* o outro, reconhecer que tem direitos, além de *necessidades* e *desejos*. Os limites, portanto, são bem-vindos.

Por outro lado, preocupa-nos o fato de estar configurando-se verdadeira onda neoconservadora: em vez de se estabelecerem os limites de uma forma crítica e criativa, o que se tem observado é uma restauração de limites autoritários, o que, a nosso ver, dentro em breve provocará nova crise, já que a questão central não foi superada.

Aproximando-nos da escola, percebemos que os alunos estão sinalizando claramente — embora de forma inconsciente — que não querem mais o ensino mecânico, formalista, desprovido de vida, de entusiasmo, de sentido, de relevância social. A seu jeito, sem o saberem, estão provocando uma revolução. Estão transgredindo, exigindo a emergência de práticas significativas.

A análise do cotidiano revela que nossos processos de disciplinamento se baseiam muito mais no sentido negativo, da mera interdição, da proibição, do que no sentido positivo, do desafio para a abertura de outras possibilidades de atividades, atitudes e comportamentos.

> Só a título de ilustração: na análise de um regimento escolar, no capítulo sobre os direitos dos alunos, dos 37 itens encontrados, 27 eram deveres e 10 eram proibições... Não é para transgredir mesmo?

A visão dialética de disciplina assume, então, o desafio de, mais do que simplesmente limites, apontar para a necessidade das *exigências* na educação. Exigência é um conceito mais amplo, pois seu campo semântico passa tanto pela questão da obrigação, do dever, quanto da demanda, do direito adquirido. Inclui, portanto, os *limites*, mas também as *possibilidades*. Como ressaltamos no capítulo anterior, no imaginário educativo as possibilidades normalmente são omitidas; esse resgate é importante para não cairmos numa disciplina meramente restritiva.

3.1. Limites

O limite é necessário na formação do sujeito. O educador não deve se sentir culpado por fazer uso dele. Análogo ao medo que o pai tem de perder o amor do filho é o temor do professor de perder o afeto do aluno. Mas, se entrar neste jogo de não estabelecer limites para não perder o afeto, aí é que perderá mesmo, pois deixará de ser uma referência para o aluno. As crianças – assim como o jovem e o adulto – precisam de limites. Por exemplo, o fato de o professor ou a classe estabelecerem limites é libertador para o aluno (há certo alívio), pois não o sobrecarrega com algumas exigências que seriam difíceis de ser assumidas por ele sozinho, diante da pressão contrária do grupo.

No entanto, não é qualquer limite ou qualquer forma de trabalhá-lo que são educativos. Há o perigo da "curvatura da vara", o pensar dicotômico, por extremos. Os educadores conscientes procuram distinguir os limites necessários, que ajudam a crescer, e os limites arbitrários, autoritários, frutos do capricho ou de estados emocionais afetados (impulsos). É comum os limites serem estabelecidos depois de discussões, tornando-se punitivos e inconsistentes. Por isso, quando o professor constrói o contrato didático, antecipa-se e estabelece coletivamente os limites necessários para o desenvolvimento da atividade escolar.

> Para um aprofundamento destas perspectivas, ver C. S. Vasconcellos, *(In)disciplina: construção da disciplina consciente e interativa em sala de aula e na escola.*

Apresentamos, na sequência, algumas práticas relativas aos limites na escola e na sala de aula.

Muitos educadores já se deram conta de que o ponto de partida para o trabalho com os limites é a própria compreensão da atividade em sala de aula, o entendimento do estudo como trabalho: é uma atividade que pode e deve ser realizadora, mas exige esforço, dedicação (implicando, normalmente, uma carga de frustração). O aluno precisa ter clareza disso. Ou seja, não é possível esperar uma atividade "gostosa" o tempo todo. O conhecimento dá profundo prazer, mas chega-se a isso debruçando-se sobre o objeto de conhecimento, tentando apreender suas relações, analisando sua gênese, estudando seu desenvolvimento, etc. É um prazer construído pelo sujeito e não dado "em pacotes prontos". Assim, o professor tem todo o empenho em tornar a aula o mais possível agradável, mas, como dizia Einstein (referindo-se a explicações da Física), não mais que o possível, pois nesse caso poderia cair na banalização do saber ou das relações.

Uma estratégia básica de trabalho é o estabelecimento coletivo de limites, o negociar do "contrato de trabalho": os objetivos e as regras de participação.

Logo adiante voltaremos a este ponto.

Quando se trata de limites já definidos, há a preocupação com o resgate deles e com a explicação do seu sentido, uma vez que o aluno não é um robô dominado por comandos do tipo "sim" ou "não", "permitido" ou "proibido", mas uma pessoa que quer saber o sentido das coisas, que deseja, pensa, decide, faz. Todavia, não cabe explicar demais; o importante é que ele perceba que aquilo que é estabelecido com clareza e firmeza tem um motivo, não é algo aleatório, só para submetê-lo. Às vezes, não explicitamos os limites, supondo que estão claros ou para não sermos antipáticos. Essa omissão poderá nos custar caro futuramente.

Quando estabelecidos de forma inadequada (autoritária, impositiva), os limites representam para o aluno uma disputa de espaço e de vontades, provocando nele o desejo de infringi-los só para ganhar esse jogo. No processo de diálogo, normas equivocadas ou ultrapassadas são superadas.

A exigência do respeito aos limites estabelecidos é fundamental. A evocação de limites por parte do professor evita que exceda sua própria capacidade de tolerância e acabe *explodindo* depois. É papel da criança e do jovem testar (estão construindo sua identidade); é papel do adulto (pai, professor, etc.) reafirmar (e rever, quando efetivamente for o caso).

O compromisso do professor com os seus limites se manifesta, por exemplo, em não chegar atrasado, não faltar por qualquer motivo, não entrar no esquema reativo diante da eventual agressão do aluno, respeitar o que foi combinado com os alunos, controlar seu impulso de falar, deixando espaço para os alunos se manifestarem. Em situações de desrespeito aos limites, busca-se o *diálogo* autêntico, que não é nem o "sermãozinho" particular nem o "passar a mão na cabeça", como se nada tivesse acontecido, mas, sim, a disposição não preconceituosa para ouvir o outro, ver "o outro lado". Se preciso, aplica-se a sanção por reciprocidade (Piaget, 1977b), aquela que tem que ver com o ato cometido e visa levar o sujeito a refletir sobre seu ato e a assumir a responsabilidade por ele, reparando o dano e restabelecendo o vínculo rompido com o grupo.

Os alunos, pouco a pouco, percebem e assumem que a construção da democracia é tarefa árdua, em que têm de dar também, abrir mão, saber tolerar a frustração (princípio de realidade). Quando são "mimados", poupados, desfibra-se o caráter, não amadurecem nem assumem responsabilidades. Muitas vezes, querem os benefícios da democracia (por parte da escola) com as vantagens da ditadura de uma minoria (por parte deles). Trabalhar com os limites é saber desenvolver o senso de realidade; ter limites é despertar para o fato de que não somos o centro do universo; nesta medida, é ajudar o processo de socialização. Esse trabalho, no entanto, deve ser complementado por outro da maior importância: os valores. Naturalmente, não conseguimos tudo o que queremos nesta vida; ora, para contrapor às perdas que necessariamente temos, os valores também são fundamentais: o fato de incorporar determinados valores nos ajuda a trabalhar a frustração da perda e não partir para a violência contra os outros (agressão, roubo) ou contra nós mesmos (desistência, anulação, sentirmo-nos um zero à esquerda por não conseguir obter algo).

Uma das melhores formas de o aluno aprender a trabalhar com as contradições é por meio da maneira pela qual o professor trabalha com elas – como dá conta do conjunto de pressões, limites, constrangimentos, solicitações conflitantes que vivencia no cotidiano da sala de aula e da escola ou como trata as contradições dos outros alunos. Isso ajuda a superar uma visão ingênua de mundo. Um professor que entra em crise em face da contradição de um aluno, de um colega ou da direção da escola não está colaborando com os alunos em termos de posicionamento existencial.

Muitas escolas já se impuseram limites no sentido de fechar as cantinas, por terem se dado conta do quanto sua existência, ainda que com boas intenções de arrecadar fundos para a instituição, incentivava o consumismo e a discriminação entre os alunos em consequência das diferenças no poder aquisitivo, além de ser mais um fator a contribuir no crescente problema da obesidade infantil. Outras não fecharam, mas mudaram totalmente os produtos servidos.

Houve uma época em que se criticou muito o uso do uniforme (padronização, anulação das diferenças, imposição autoritária). Todavia, nos últimos tempos, superados os ranços da perspectiva reprodutivista, cada vez mais se percebe o valor do uniforme, seja para evitar a cruel competição que se dá entre crianças e jovens em cima de grifes e marcas, seja pela economia que representa para os pais em termos de gasto com roupas, sem contar o nada desprezível fator de segurança que representa. Há ainda o efeito no imaginário estudantil de estar "vestindo a camisa da escola". É certo que, uma vez exigido, são providenciadas as condições materiais para que todos os alunos o possuam.

O trabalho com jogos tem sido de grande valia para que os alunos aprendam a respeitar limites. No jogo, devem esperar a vez e agir de acordo com as regras estabelecidas. Aprendem a ganhar e a perder. Os jogos envolvem

> Para que esta *química* se dê, é preciso que a escola também vista a camisa do aluno, fazendo-se digna da admiração dele!

> Isto tem sido feito por meio de Associação de Pais e Mestres, Conselhos Escolares e, mais recentemente, pelas próprias mantenedoras.

respeito, cooperação, frustração, dedicação, atenção, lidar com fracasso e êxito, e tudo isso naturalmente dentro de um contexto significativo, uma vez que correspondem à satisfação da necessidade lúdica do ser humano (jogo pelo jogo, pelo prazer de jogar).

Por fim, ganha força a luta para a superação do clima de falta de limite, de impunidade na sociedade. A sensação de impunidade, pelos mais diversos motivos (da lentidão do judiciário à falta de recursos da polícia, da omissão à corrupção de autoridades que deveriam preservar os valores públicos), é muito danosa à formação moral das novas gerações.

3.2. Possibilidades

"Quando prevenimos nossos discípulos contra o que não devem fazer, ao mesmo tempo chamamos sua atenção para esta falha e, desse modo, os incitamos a cometê-la" (Vigotski, 2003, p. 215).

O par complementar dos limites são as possibilidades. As possibilidades são importantes por abrirem novas alternativas e superarem a disciplina da mera repressão, do "não, não e não". Muitas vezes, o que falta à criança e, em especial, ao jovem é opção. *"Spinoza escreve que, se um ser humano evita algo por considerá-lo ruim, procede como um escravo. O ser humano livre, conforme a opinião de Spinoza, só é aquele que evita algo porque outra coisa é melhor"* (Vigotski, 2003, p. 214). Na educação escolar, podemos pensar em novas possibilidades que às vezes não tínhamos percebido antes, não víamos como necessárias; pode ser o momento de propor algo inédito até então, da forma de relacionamento interpessoal à relação pedagógica (outro conteúdo, outra abordagem, uma técnica diferente).

É fundamental consolidarmos a compreensão da postura educativa anteriormente elaborada: o estabelecimento de limites e a direção do professor ganham sentido quando voltados para a participação ativa do aluno.

Citamos na sequência, a título de ilustração das possibilidades, algumas práticas que estão ocorrendo entre escolas e educadores.

a) No âmbito da escola

Proposta curricular. Toda a reflexão que fazemos sobre disciplina tem como substrato determinada forma de organização escolar, determinado currículo. Por currículo podemos entender o conjunto de experiências, atividades, propiciado pela instituição de ensino para a formação humana plena dos sujeitos (educandos, educadores, comunidade) e sua inserção crítica na sociedade. Isso significa que há aqui um campo da maior importância se queremos buscar alternativas de construção de uma escola democrática.

> Caso contrário, corremos o risco de colocar alguns enfeites na grade, que nem por isso deixa de ser grade... (Arroyo, 2000).

A partir de toda uma massa crítica produzida sobre as contradições da estrutura tradicional do currículo, já existe um espaço discursivo favorável: *"o nexo poder-saber no currículo, a transversalidade no currículo, novas organizações curriculares, as interações no currículo em ação, o conhecimento e o cotidiano escolar como redes, o currículo como espaço de construção de identidades, o currículo como prática de significação, a expressão das dinâmicas sociais de gênero, sexualidade e etnia no currículo, o multiculturalismo"* (Moreira, 2000, p. 118). Há escolas que caminham na perspectiva de organização do currículo por projetos, por temas, de acordo com o interesse e/ou a necessidade dos alunos (tomados como seres concretos e não no imediatismo de sua experiência, para não cair nos equívocos escolanovistas, vale dizer, o desprezo pelas *aprendizagens básicas* – Goodson, 1997, p. 18).

> Cabe distinguir metodologia de trabalho por projeto, como veremos abaixo ao tratarmos da sala de aula, e o que estamos postulando agora: o currículo todo organizado por projetos. Uma prática que tem servido de referência é a da Escola da Ponte, em Portugal (Alves, 2001; Sayão e Aquino, 2004; Pacheco, 2004).

Todavia, a prática tem trazido à tona uma gama enorme de obstáculos para avançar nessa direção (no momento em que se tenta mudar é que podemos efetivamente aquilatar as resistências do real), o que demanda tenacidade, forte compromisso para conquistar a inovação.

A revisão da proposta curricular possibilita a superação de situações de fragmentação do trabalho. Tomemos pequeno exemplo: o professor tem uma aula semanal ou tem quatro aulas, mas de 50 minutos cada, espalhadas pela semana. Fica muito difícil estabelecer vínculos ou realizar um trabalho de maior complexidade, já que este pede um tempo de preparação, outro de aprofundamento, de síntese e de expressão. Lamentavelmente, para alguns professores, como diz Perrenoud, a grade curricular é um artifício que os protege dos alunos, uma vez que não conseguiriam ficar mais do que 50 minutos com eles... A mudança dos tempos de aula supõe, por certo, a alteração da metodologia de trabalho em sala. O que se tem feito é rever a distribuição geral das aulas de forma que uma disciplina só é oferecida se tiver pelo menos três aulas semanais; no caso de ter só um tempo semanal, uma alternativa é a concentração das aulas num semestre (em vez de ter uma aula o ano todo, ter duas aulas no primeiro semestre e não ter no segundo).

Ciclos de formação. A perspectiva de organização da escola em ciclos é uma das mais avançadas – e viáveis – no panorama pedagógico e educacional atual, seja pelo profundo respeito à criança, seja pelo seu caráter democrático de compromisso com o saber de qualidade para todos, seja ainda pela repercussão muito importante na disciplina escolar.

Nos ciclos, a estrutura da instituição volta-se efetivamente para as necessidades educativas dos alunos (e não o oposto, como costuma fazer a escola seriada), respeitando sobretudo a questão básica dos tempos diversos para a aprendizagem e o desenvolvimento (tempos da vida), mediante a superação das interrupções artificiais (séries). O professor, pela inexistência da classificação, não precisa ficar se envolvendo com a aprovação ou a reprovação dos alunos, investindo sua atenção e energias na construção da aprendizagem.

Ao romper com a seriação, rompe-se também com o estabelecimento prévio e definitivo dos conteúdos a serem transmitidos, já que há a continuidade do trabalho pedagógico ao longo da escolarização do aluno.

Esta novidade – fim da classificação – constitui um avanço institucional, mas é também um campo de possíveis equívocos e discórdias (consequência das distorções históricas acumuladas). Tem ocorrido desde o abandono puro e simples de qualquer prática de avaliação ("já que todos vão passar mesmo") até a permanência de práticas autoritárias, só que travestidas de artifícios (criação de "ciclo intermediário" como camuflagem para a reprovação), passando por atividades pseudossuperadoras (manutenção da organização seriada dos conteúdos curriculares), embora permeadas por extrema boa vontade dos docentes. Por isso, sua implantação deve ser feita com todo o cuidado e rigor (Vasconcellos, 2008e).

É de lastimar, mas, para alguns professores, o fim da avaliação classificatória daria motivo para o crescimento dos problemas disciplinares. O equívoco dessa compreensão é claramente demonstrado pela observação de muitas escolas particulares que mantêm o sistema tradicional de avaliação e nem por isso deixam de ter graves problemas nesse campo. Outro fator não devidamente entendido é a correlação entre alunos repetentes e indisciplina; comumente se faz uma leitura ingênua dessa situação que confirma o equívoco da escola (é como se dissesse: "Está vendo, acertamos em reprovar; este aluno realmente é problema"). Não se pondera que a relação causal pode ser inversa (o aluno está indisciplinado justamente porque foi reprovado). Com os ciclos, portanto, podemos superar estruturalmente essa causa de indisciplina que é a classificação e exclusão (cf. Capítulo VI).

Supervisão/coordenação pedagógica. É grande o reconhecimento dos professores em relação à atuação da coordenação pedagógica como um espaço de real acolhimento, em que podem se abrir, partilhar suas dúvidas e angústias. A supervisão é aqui assumida não como vigilância, controle externo ameaçador, mas como "outra-visão", alguém que está disponível para ouvir atenta e qualificadamente o professor e ajudá-lo a entender o que se passa e a encontrar alternativas de enfrentamento. Só o fato de poder falar já favorece a organização dos pensamentos e, com frequência, a tomada de consciência por parte do docente. Além disso, por estar mais distanciada do seu contexto imediato, a coordenação faz questionamentos sobre os vários aspectos do trabalho do professor (desde o projeto de ensino-aprendizagem, o contrato didático, a postura em sala, até as técnicas que vem empregando), bem como sugere estudos e leituras ou resgata elementos do projeto político-pedagógico que possam balizar o enfrentamento de situações de conflito vivenciadas pelo docente, ajudando a superar o eventual estresse informacional (modismos). A supervisão tem como uma das especificidades trabalhar com os processos de ensino-aprendizagem onde quer que se deem; aqui está colocado o desafio de o professor aprender com a própria prática, refletindo criticamente sobre ela, com a mediação da coordenação pedagógica.

Reuniões pedagógicas semanais. Cada vez mais os educadores percebem a necessidade de conquistar – e ocupar bem – o espaço de *trabalho pedagógico coletivo* constante na escola, as reuniões pedagógicas semanais. Esse espaço é fundamental para a construção da disciplina na escola, na medida em que possibilita a efetivação de uma linha comum de atuação, a interação ética, o estabelecimento e a revisão de normas da escola, a avaliação das formas de intervenção dos colegas na resolução de conflitos, confrontando com os valores assumidos coletivamente, a troca de experiências, a diminuição da ansiedade ou da culpa do docente (por achar que o problema é só seu), a discussão dos dilemas disciplinares, a reflexão sobre os incidentes críticos e a busca da solução coletiva de problemas. Quando vivido nessa perspectiva, constitui importante exercício democrático. O fato de a escola ter o seu projeto político-pedagógico explicitado, formalizado em um texto, é algo necessário, relevante, mas não é garantia de sua realização; a nosso ver, o espaço de trabalho coletivo dos educadores é uma mediação decisiva para essa concretização.

> Também denominadas hora-atividade (HA), horário de trabalho pedagógico coletivo (HTPC), trabalho coletivo (TC), tempo de dedicação (TD), centro de estudos, etc.

A DISCIPLINA ESCOLAR EM CONSTRUÇÃO: PERSPECTIVAS DE AÇÃO

Uma queixa corriqueira nas escolas com problemas graves de disciplina é a falta de uma postura comum. Se cada professor precisa ter sua postura bem definida, o mesmo se espera do coletivo dos educadores. Muitas vezes um professor é bastante firme, estabelece com clareza os limites e cobra rigidamente. Outro, até por reação a esse, é totalmente liberal, não cobra o que foi estabelecido, não exige. Dessa forma, um acaba recriminando o outro e o ciclo de distorção vai se realimentando.

Em alguns casos, a dificuldade em conseguir disciplina do sexto ao nono ano não advém apenas da faixa etária, mas da forma equivocada pela qual o aluno foi trabalhado anteriormente, desencadeando uma saturação em relação à escola. Outras vezes, a dificuldade é decorrente do formalismo e da distância dos professores da segunda fase do ensino fundamental. É preciso analisar cada situação, buscando uma linha comum coerente com o projeto educativo da instituição.

Há também a tendência de um professor assumir o papel de mão uterina e outro, de mão do real. Ou então os professores passam a ser mão do real e a orientação educacional, a mão uterina. Essa divisão gera uma complicação enorme, porque todo educador (cf. Capítulo III), todo pai, toda mãe, todo professor precisam ser, ao mesmo tempo, essas duas mãos, embora com diferentes matizes, já que ambas são necessárias no processo formativo, não podendo haver fragmentação.

Naturalmente, a constituição de uma postura coletiva não é apenas questão de boa vontade; será preciso esse trabalho coletivo constante.

Em nossa concepção, as reuniões teriam pelo menos duas horas por semana com um horário fixo, estabelecido previamente em consenso com o grupo, não com todos os professores, mas por nível de ensino ou turno. Destacamos o fato de não fazer apenas reunião de área, pois o trabalho fica fragmentado, dificultando a integração ou a efetivação de uma postura comum no nível; estando os professores reunidos por nível, é possível fazer reunião

As reuniões gerais – todos professores da escola – podem ser bimestrais.

A DISCIPLINA ESCOLAR EM CONSTRUÇÃO: PERSPECTIVAS DE AÇÃO

por área, por série, nível, de acordo com a necessidade. Costuma aparecer aqui o argumento de que não é possível reunir os professores, pois trabalham em várias escolas. De fato, se as reuniões forem esporádicas, o professor não terá como reservar aquele horário; mas, se as reuniões são sistemáticas e, obviamente, remuneradas e incorporadas ao salário, a disponibilidade deixa de ser problema, uma vez que passa a fazer parte do contrato de trabalho. Assim, o docente prevê aquele espaço como horário normal de trabalho; ou seja, participar da reunião passa a ser, com o tempo, não só um direito, como também uma exigência da instituição. No processo de implantação, serão necessários o compromisso e a negociação do horário com bastante antecedência, para que todos possam se programar.

> *É comum até uma previsão mínima em calendário de algumas modalidades de reunião.*

O espaço de reunião deve ser bem ocupado, pois há o perigo, por exemplo, de tornar-se espaço para a direção dar "avisos" (comunicar portarias e resoluções), fazer cobranças ou "dar sermão", para "eterno" estudo (textos totalmente desvinculados da prática) ou ainda para a coordenação dizer "o que deve ser feito" (imposição de procedimentos); por outro lado, os professores podem boicotar o trabalho, faltando às reuniões, não se preparando para elas, omitindo-se nas discussões ou ainda não assumindo aquilo que foi decidido coletivamente.

O que significa ser bem ocupado? Significa que deve satisfazer as necessidades reais do grupo, tendo como referência o projeto político-pedagógico em realização. Dizemos necessidades reais porque, muitas vezes, por causa das solicitações da sociedade, estamos envolvidos por todos os lados pela alienação, o que demanda atenção e empenho mútuo para acordarmos.

> *Lembrar os modismos pedagógicos.*

No início, os espaços coletivos em muitas escolas ficam marcados pela catarse: momento de descarregar as mágoas e frustrações. Isso tem seu lugar: só o tomar conhecimento de que outros colegas têm problemas semelhantes já é um alívio e, diríamos até, um fator de saúde mental do

180

professor. Todavia, não se para aí: avança-se, analisando criticamente a realidade, estabelecendo objetivos e estratégias de intervenção (Vasconcellos, 2008f).

Negar esse espaço de trabalho na escola é contribuir para o desperdício da cultura pedagógica desenvolvida, para o risco de mera justaposição ante os saberes acadêmicos e para o reforço da dicotomia teoria-prática, além ser uma forma de negar o saber (e o poder) do professor. A valorização das práticas positivas, das iniciativas, das habilidades e competências dos professores nos mais diversos campos de atuação é fundamental para o resgate de sua autoestima, de sua potência. Na reunião, quando os professores são convidados a falar, cremos que o primeiro conteúdo não é tanto o que falam, mas o próprio ato de falar, isto é, o fato de estarem assumindo a condição de sujeitos, ocupando o espaço, dizendo a sua palavra. A coordenação poderia fazer um discurso sobre a importância da participação. Mas, quando a própria dinâmica do encontro provoca a participação, ele é muito mais significativo.

Nas reuniões pedagógicas, a proposta é ter a prática como referência, fazer uma reflexão sobre ela, de maneira mais próxima, mais particularizada (pesquisa-ação). A rigor, trata-se de buscar a *práxis*: reflexões e estudos relacionados a problemas, metas e projetos de ação, e não infindáveis elucubrações acadêmicas em nome de uma aplicação no futuro ou, no polo oposto, as "feiras" de práticas onde um fala, outro fala, mas nada é sistematizado, criticado, confrontado com o referencial da escola.

As reuniões são autênticos espaços de formação continuada do professor. Considerando que ninguém se forma sozinho, toda formação exige abertura e, em particular neste contexto de aprender com os colegas – e não com um *mestre* da academia –, boa dose de humildade; de modo geral, quem conhece pouco é arrogante, pois pensa que sabe; quem pesquisa tende a ficar humilde, em face do fascínio da complexidade da existência. Cada vez mais a pesquisa vai se firmando como um princípio formativo da docência. Além da formação nos vários saberes pedagógicos, as reuniões abrem espaço para o campo do desenvolvimento moral dos docentes, o que ajuda muito na construção da disciplina, já que são os grandes referenciais no trabalho com os alunos. A partilha, por exemplo, de enfrentamentos de situações de conflito possibilita a reflexão ética, bem como a memória e o confronto com os valores básicos assumidos no projeto político-pedagógico da instituição. Nessa linha, outra iniciativa básica, mas à qual nem sempre se está atento, é o espaço de reunião semanal da equipe diretiva da escola (direção, vice, coordenação pedagógica, orientação educacional).

Salas-ambientes. A sala-ambiente (ou temática) é um espaço onde estão dispostos de forma relativamente permanente os materiais e recursos de determinada área do conhecimento (ou de um conjunto de componentes curriculares afins): quadros, murais, tabelas, ilustrações, livros didáticos e paradidáticos, revistas especializadas, acervo de vídeos e *softwares* educacionais, jogos, materiais didáticos específicos. Destina-se, sobretudo, a alunos a partir da segunda fase do ensino fundamental, uma vez que, nos anos iniciais de escolarização, a própria sala de aula é ambiente, dispondo de materiais e recursos apropriados (biblioteca de classe, cantinho da leitura, cantinho dos jogos, estante do verde, caixa das experiências).

> Os recursos podem vir da mantenedora, ser adquiridos pela escola ou confeccionados pelos professores ou alunos (por exemplo: depois de uma feira cultural ou de Ciências, os alunos deixam a maquete, o ábaco, o modelo, na escola).

> Na biblioteca da escola ficam as obras de referência e as de interesse mais geral.

Essa prática é de grande valia, pois, além de o professor ficar num espaço mais apropriado, com os materiais que vai utilizar – e que muitas vezes nem usaria se tivesse de pedir com antecedência ou ficar levando de uma sala para outra –, há vantagens adicionais em termos de disciplina, seja porque o ambiente é mais mobilizador, seja porque é o aluno que chega ao *campo* do professor (e não o contrário, como é usual).

Quanto ao argumento de que pode haver atraso pelo deslocamento dos alunos de uma sala para outra, não é isso que se tem verificado: o tempo médio dos alunos é menor que o do professor, uma vez que tem de juntar o material, acabar de atender alunos, deslocar-se, passar na sala dos professores para pegar material de outra turma.

A organização do horário em aulas duplas possibilita um trabalho mais apropriado de construção do conhecimento, com melhor aproveitamento dos recursos.

Cremos ter ficado patente que não se trata de construir novas salas, mas utilizar as já existentes, só que com nova distribuição; algumas salas podem ficar como "curinga", de uso múltiplo; outras podem ter uso por revezamento, com prévio agendamento.

Recreio. O recreio é um espaço importante para os alunos não só para satisfazer necessidades físicas (descanso da mente, merenda, ida ao banheiro), mas também sociais, pois é momento privilegiado de convivência mais livre com os colegas. O que vai acontecer com o aluno se a escola lhe dá 10 ou 15 minutos de recreio? Com tão pouco tempo para fazer tanta coisa (deslocar-se até o pátio, merendar, conversar, brincar, lavar-se, fazer as necessidades fisiológicas e ainda retornar à sala), o aluno volta para a classe estressado, disperso, ansioso, o que dificulta a atenção e a concentração. Ao contrário, quando se propicia tempo e forma adequados de recreio, a produtividade em sala aumenta significativamente. Pode-se fazer a experiência: diminuir alguns minutos de cada aula para ampliar o recreio! Sabemos dos argumentos que logo surgem aqui: "Ah, mas e os 200 dias, as 800 horas?" Pobre legalismo. Estejamos atentos ao sopro dos tempos (resgate da escola como espaço de encontro de gerações, emergência da cultura como núcleo organizador do currículo) e ao espírito da lei (o que está por trás da nova LDB é que os alunos aprendam mais e melhor). Sejamos honestos: de que adianta um mundo de aulas desconectadas da vida e das necessidades radicais dos educandos? Além disso, os próprios Parâmetros Curriculares Nacionais e os Temas Transversais dão respaldo a essa prática.

> Se alguém fica muito inseguro, basta fazer pequeno projeto de convivência escolar, incorporando esse tempo de recreio no currículo.

> O argumento da falta de recursos pode ser perfeitamente contornado: em grandes atacadistas, encontramos dominó por cerca de 50 centavos; no limite, um tabuleiro de damas pode ser riscado no chão e montado com tampinhas de garrafa. De qualquer forma, é crescente o cuidado das redes de educação com a disponibilização de recursos pedagógicos para as escolas.

Muitas escolas desenvolvem atividades bastante interessantes nos intervalos, que vão desde jogos e campeonatos até rádio ou TV dos alunos. Não se trata, por certo, de formatar demais esse espaço: é importante que o aluno tenha opções, como ficar conversando com amigo ou, eventualmente, isolar-se um pouco.

Organização estudantil. Os alunos, por meio de grêmios, representantes de classe, podem ajudar a pensar a escola no seu conjunto, exercendo desde logo sua condição de cidadãos, lutando pelo bem comum. Essas perspectivas de participação na vida da escola estão pressupondo professores e escola inteligentes, abertos.

Na dinâmica da organização da coletividade, muitas vezes, quem vai acabar exigindo mais do professor será o aluno (em decorrência de seu novo posicionamento), e não tanto a escola; de modo geral o professor se sente isolado, sem apoio; se o aluno pede alteração, desperta nele o potencial adormecido. Às vezes, o professor quer mudar, mas, só em pensar que os alunos não estão nem aí, desanima. Assim, com a organização, com propostas, o aluno também participa da transformação do professor, educa o educador.

É preciso valorizar a participação dos alunos na vida da escola (não lhes negando a identidade e a condição de sujeitos) pelo favorecimento de formas de organização estudantis. A prática de ouvir os alunos é muito eficaz, pois eles têm avaliações importantes sobre o trabalho do professor e da escola; têm clareza sobre aspectos que a equipe escolar pode levar anos para descobrir; por meio de seus comentários, de seus posicionamentos (e até mesmo de suas brincadeiras), dizem muito.

Vários problemas que afetam os alunos (e, portanto, sua aprendizagem) são mais bem enfrentados quando é feito um trabalho sério com os representantes de classe (alunos eleitos pelos seus pares), os quais, por meio de encontros sistemáticos com a equipe diretiva, fazem a avaliação da escola nas suas várias dimensões.

Em algumas escolas, a função de representante passa a ser decorativa (só para dizer que tem) ou é distorcida (representante é usado como *office-boy*, dedo-duro dos colegas quando o professor deixa a sala, menino de recados

> Vale lembrar: o aluno não "vai ser", já é cidadão!

A DISCIPLINA ESCOLAR EM CONSTRUÇÃO: PERSPECTIVAS DE AÇÃO

da direção); depois, no ano seguinte, quando os alunos elegem os piores para serem representantes, a escola ainda se espanta...

Como forma de ampliar o protagonismo dos alunos, algumas redes de ensino têm investido no trabalho dos representantes ou líderes de classe por meio de todo um cuidado que vai desde a busca de clareza do papel do representante de classe, a eleição deles, as reuniões sistemáticas com gestores, a articulação com o Conselho de Escola, o trabalho de formação dos representantes, as assembleias de classe e de escola, até encontros municipais de representantes. Um currículo que tem como eixo a humanização não deve deixar de lado a vida concreta do aluno, as questões do cotidiano escolar.

Existem várias iniciativas incentivando também as demais formas de organizações estudantis (grupos de teatro, música, esportes, vídeo, literatura, política, grafitagem, produtores de *sites* ou *blogs* na internet, comunidade de jovens, rádio escolar, fanfarra, jornal da escola, fanzine). O jovem, em especial, tem forte necessidade de pertencer a grupos; se a escola favorece a formação de agrupamentos, supre em alguma medida essa demanda e evita a sedução de grupos de caráter destrutivo (gangues, quadrilhas).

A participação ativa do aluno na vida da escola é excelente vivência da democracia e caminho fecundo para o desenvolvimento de valores como diálogo, cooperação, solidariedade, respeito, responsabilidade, autonomia, senso de justiça.

Outras iniciativas. O cuidado com as condições da sala de aula (limpeza, ventilação, iluminação) é importante porque constitui um fator que interfere na disciplina. O contato de alunos – e professores – com funcionários encarregados da limpeza favorece a humanização dessa relação.

Uma iniciativa interessante de muitas escolas é o trabalho com professor-coordenador da turma (ou professor-representante), escolhido pela turma e encarregado

A DISCIPLINA ESCOLAR EM CONSTRUÇÃO: PERSPECTIVAS DE AÇÃO

Sobre sexualidade, ver *Sexualidade na escola: alternativas teóricas e práticas* (de Júlio Groppa Aquino, Summus, 1997).

de ser mais um mediador na organização da classe e no seu relacionamento com a instituição como um todo.

O desenvolvimento de projeto/aulas sobre afetividade e sexualidade tem sido uma forma de ajuda para diminuir as gracinhas e piadinhas entre os alunos, além de colaborar no enfrentamento do penoso problema da gravidez indesejada na adolescência.

Quando a escola tem a figura do "mestre de disciplina", "coordenador disciplinar", acaba favorecendo a postura de encaminhamento dos alunos por parte dos professores. A disciplina é tarefa de todos e não de uma pessoa em especial. Se a escola quer alguém trabalhando mais especificamente com as relações entre os alunos (cuidando dos relacionamentos, representantes de classe, grêmio, jornal, etc.), poderá atribuir à própria orientação educacional ou criar o serviço de orientação de convivência. Vale lembrar que não adianta mudar o nome se não há mudança de concepção, mas, quando há mudança de concepção, alterar o nome ajuda a evitar a criação de representações e expectativas equivocadas.

O mesmo raciocínio vale para o chamado "inspetor" de aluno; ser denominado *auxiliar de coordenação* ou *de convivência* nos parece bem mais adequado.

A existência do "professor substituto" é uma forma de institucionalizar a falta dos professores, desresponsabilizando-o, pois se sabe que terá alguém para cobrir sua ausência. Para aprimorar o trabalho, podemos ter na escola a função do professor adjunto ou do professor de projetos especiais, aquele que está junto com o colega em sala ou divide a turma com ele, possibilitando novas formas de organização do espaço e do tempo escolar.

Chama a atenção o interesse das crianças pela língua brasileira de sinais (Libras): todas querem aprender.

A prática de inclusão de alunos com necessidades educativas especiais tem sido bastante interessante, primeiro, por respeitar um direito básico da criança/jovem de conviver com seus pares e, depois, por favorecer a sensibilização dos colegas aos demais; de modo geral, há um incremento de humanização. Outro ganho é a mudança metodológica que a inclusão acaba provocando no professor; antes, por exemplo, falava voltado para a lousa enquanto escrevia; agora, com a presença de um aluno surdo, escreve e depois fala voltado para a turma, propiciando leitura labial e beneficiando assim o conjunto dos alunos. É preciso muito cuidado e critério para o encaminhamento de alunos para os serviços de atendimento especializados (psicológico, fonoaudiológico, neurologista), pois se pode sobrecarregá-los, impossibilitando que os alunos com efetivamente alguma dificuldade nesse campo sejam adequadamente atendidos.

Estamos supondo o apoio especializado para demandas das quais a escola sozinha não pode dar conta, sobretudo quando se trata de distúrbios e síndromes complexas. Em termos de formação, lembrar que o que está em questão é a construção da educação inclusiva, a qual envolve a todos (e não só quem tem necessidades especiais), implicando, antes de tudo, a mudança de postura do educador.

O exame de vista e de audição para os alunos ajuda a superar problemas na disciplina (ou na aprendizagem) que têm sua origem em coisas simples, mas não detectadas e tratadas.

Os projetos de arte-educação têm representado um caminho muito significativo para o desenvolvimento integral dos alunos, sendo, inclusive, uma alternativa para favorecer a aprendizagem, bem como a integração do aluno ao grupo, pela descoberta de seus talentos e potenciais, pelo fortalecimento da autoestima, pela oportunidade de estabelecer novos relacionamentos num ambiente diferente da sala de aula tradicional, em que, muitas vezes, experimentou o fracasso e o estigma. Comumente, a arte exige uma disciplina que lhe é inerente, uma vez que, se determinados passos não forem seguidos, decerto não se atinge o resultado; essa disciplina, portanto, é cheia de sentido para quem a pratica. A arte é uma experiência humana fundamental, capaz de quebrar ou driblar muitas barreiras racionais nos relacionamentos humanos. O que se tem observado também é que, aos poucos, o dinamismo desses projetos acaba "contaminando", no melhor sentido, o trabalho cotidiano de sala. Algo análogo acontece com os já mais disseminados projetos e programas de incentivo aos esportes que são direcionados aos alunos.

Os motivos para encaminhamento são, em sua maioria, aprendizagem e comportamento. Em aprendizagem, o mais frequente é o relativo às dificuldades em leitura e escrita, sobretudo para crianças por volta de 7 anos (Proença, 2002, p. 183) – ou seja, estamos encaminhando para que outros façam aquilo que é nossa função específica, aquilo que é a tarefa mais elementar da escola... Seria cômico se não fosse trágico!

Muitas escolas trabalham o desenvolvimento cívico por meio do cultivo ressignificado ao hino e à bandeira nacionais. Em consequência da vinculação com o regime militar, abandonaram-se quase totalmente essas práticas. Hoje, aponta-se para o sentido de pertença a uma nação, para a necessidade de construção de uma identidade

Música, teatro, contação de histórias, dança, coral, artes plásticas, etc. As práticas de capoeira também se têm destacado, assim como o trabalho com elementos da cultura *hip-hop* (*break*, *rap*, grafite, discotecagem).

nacional, para o cultivo de nossas tradições e valores, num autêntico compromisso com a transformação de nosso país. Naturalmente, tais atividades repercutem na disciplina, seja pela vivência coletiva que se tem, seja pelo resgate do sentido do estudo nesse quadro maior da nação.

b) No âmbito da sala de aula

Diálogo. O diálogo é grande estratégia no fortalecimento das relações humanas e na solução de conflitos na escola. Por meio dele, as pessoas passam a confiar na comunicação e diminuem a necessidade de se expressar mediante atos agressivos ou violentos. Ajuda a tomar contato com os sentimentos e a ter coragem de expressá-los. O diálogo autêntico é consequente: depois de uma conversa com os alunos em que há uma reivindicação, por exemplo, dá-se uma resposta, mesmo que seja negativa, argumentando o porquê de não poder ser atendida naquele momento.

No cotidiano, o professor dialoga com o aluno sobre suas dificuldades, sobre a maneira como está entendendo a matéria, sobre a participação em aula; desenvolve a escuta sensível, na qual o aluno se sente acolhido; tenta entender o que o aluno está querendo dizer com aquilo que expressa; investiga as causas da não aprendizagem ou do comportamento inadequado. Ajuda o aluno a pensar sobre o que quer, sobre seus desejos (podendo, por certo, provocar outros desejos pelas propostas que faz). Desafia o aluno a se conhecer, crescer, avançar, superar-se. Embora aparentemente simples, sabemos que o diálogo é exigente, pois implica administrar a tensão entre "esvaziamento e transbordamento": para que aconteça de forma autêntica (e não como monólogos justapostos), cada interlocutor deve ter a capacidade de se esvaziar para acolher o outro, realmente ouvir, deixar-se tocar, procurar entender o outro ponto de vista (círculo hermenêutico); ao mesmo tempo, o sujeito do diálogo deve ser capaz de interagir com a fala do interlocutor e se expressar, ter o que dizer, comunicar os conteúdos de sua consciência

É claro que a referência formativa no caso aqui é o professor, que deverá ter essa competência para ajudar o aluno a desenvolvê-la também.

que considera importante para aquele momento, que pode ajudar o outro a se localizar. Se o professor vai para o encontro já com o "discurso pronto", com certeza o diálogo ficará truncado (Vasconcellos, 2008e).

Costuma haver na escola uma crítica exaltada em relação à mídia, aos apelos consumistas, às estratégias de *marketing*. De fato, existe todo um universo de distorção e manipulação de necessidades (cf. Capítulo II). Todavia, talvez tivéssemos algo para aprender com os marqueteiros: eles ouvem os indivíduos! Empregam horas e mais horas em pesquisas objetivas ou subjetivas, entrevistas, grupos de discussão qualitativa, atendimento pós-venda. Não estamos, de forma alguma, querendo comparar a escola à lógica do mercado nem muito menos querendo transformar os alunos em "clientes". Desejamos apenas apontar uma contradição muito concreta: é comum, na escola, embora tendo o aluno o tempo todo ao nosso lado, não nos dispormos a "perder tempo" com suas questões; pelo contrário, alguns dirigentes "não gostam" de ser procurados pelos alunos com reivindicações ou sugestões. Objetivamente, a mídia ou o mercado acabam dando, de alguma forma (naturalmente, em função de seus interesses), respostas a apelos existenciais (medos, angústias, sentido, sonhos, desejos) não ouvidos das crianças e jovens (e, por que não dizer, adultos).

O exercício de descentramento é fundamental: sair do próprio umbigo! Ver e ouvir os educandos. Lamentavelmente, há entre os educadores muito ouvido indisponível e muito *olhar que não quer ver* (Tura, 2000).

Trata-se, ao fim e ao cabo, de um resgate da crença no humano, na capacidade da espécie de se dizer, de se comunicar, de resolver as questões por outras formas que não simplesmente pela força física, pela imposição do mais forte ou do mais esperto. Há que distinguir entre os discursos intermináveis e estéreis sobre disciplina e o diálogo, a via argumentativa (levar o aluno a pensar, trocar pontos de vista – reversibilidade)! Significativo desafio pedagógico é conseguir criar condições para a produção de movimentos expressivos em sala de aula, superando os impulsivos.

Quando, diante de uma orientação que o professor dá, o aluno pergunta o porquê daquilo, não raro o docente sente o questionamento como uma ameaça ao seu *status*, um desafio à sua autoridade, e reage, impondo-se à força; se, em vez disso, explica o motivo, possibilita uma série de aprendizagens e, sobretudo, uma que é decisiva: na vida, ninguém deve submeter-se a fazer algo em que não veja sentido! A orientação pedagógica a ser dada no trabalho, que supera tanto o estilo autoritário quanto o *laissez-faire*, é o exercício reflexivo do diálogo.

O diálogo é um caminho para que cada indivíduo se constitua companheiro de jornada.

Metodologia participativa. A metodologia participativa em sala de aula pode ser entendida como um desdobramento do diálogo no plano didático.

Uma das grandes causas da indisciplina é a falta de comunicação, que ocorre por múltiplos fatores: desde o professor não abrir espaço para a expressão do aluno até o aluno não conseguir verbalizar, seja porque não entende o que está se passando, por sentir a pressão do grupo ou porque foi condicionado à passividade. Há momentos na aula em que o professor está falando e percebe que os alunos estão com ele, estão ligados; em outros momentos, não, parece que perdeu o contato. O que seria? Chega a interromper a fala, abrir para perguntas e contribuições, mas nada vem. Seria assunto já sabido? Algo muito óbvio? Algo muito distante? Difícil? Está falando há muito tempo? A falta de expressão do grupo o deixa sem saber. A metodologia participativa requer dos alunos um aprendizado, uma vez que demanda uma postura interativa.

Levando em conta a necessidade de atividade por parte do aluno, o professor propõe ações como problematização, exposição dialogada, cochicho, oficina, trabalho de grupo, pesquisa, projeto, seminário, experimentação, debate, estudo de casos, jogos, dramatização, simulação, produção coletiva, estudo do meio.

A DISCIPLINA ESCOLAR EM CONSTRUÇÃO: PERSPECTIVAS DE AÇÃO

Em termos de participação ativa, o trabalho por projeto é uma alternativa particularmente interessante, já que, no processo de aprendizagem por pesquisa ou descoberta, o aluno tem oportunidade de ir construindo as relações, desde as mais elementares – pois, se não constrói a relação mais elementar, não consegue ir adiante e chegar ao conhecimento mais elaborado – até a descoberta, o entendimento. Esse caminho obriga-o a necessariamente construir a relação anterior para avançar. No caso da mera exposição do professor, isso pode não acontecer, especialmente se o docente não propiciar espaço – físico e psicológico – para o educando se debruçar sobre o objeto e solicitar, frequente e insistentemente, o retorno, a exposição dos alunos (Vasconcellos, 2008g). Na sua forma mais radical, o projeto é construído pelos alunos, com a supervisão do professor: *"Usa as matérias, mas não consiste em matérias, ou disciplinas feitas e acabadas"* (Kilpatrick, 1974, p. 85). O plano de trabalho, portanto, é feito pelos próprios alunos, a partir do roteiro geral apresentado pelo professor: *"O plano será resultado de um esforço de cooperação e não algo imposto"* (Dewey, 1979, p. 71). Este é o núcleo do trabalho por projeto: a elaboração e realização por parte do aluno do seu projeto. O grande ganho aqui em termos de aprendizagem está justamente no fato de o projeto nascer da participação ativa dos alunos, o que implicará alto grau de mobilização, aumentando em muito a probabilidade de uma aprendizagem significativa: *"o prazer da pesquisa e da responsabilidade de escolha é necessário, se se quiser obter melhor resultado no ensino"* (Kilpatrick, 1974, p. 86). Além disso, há um ganho em termos de construção da autonomia (decorrente do processo de tomada de decisão) e da solidariedade (em virtude do trabalho ser grupal). Esse também é um caminho propício para a prática interdisciplinar, uma vez que é o problema localizado na realidade (na sua complexidade) que passa a ser o guia do trabalho, e não uma estrutura de conhecimento disciplinar previamente definida. Por meio do trabalho com projeto, o professor incentiva e propicia a expressão e extensão da curiosidade do aluno.

Assembleia de classe. As assembleias de classe, realizadas periodicamente ou sempre que necessário, avaliam o trabalho de sala de aula seja em termos de aproveitamento e/ou de relacionamento. A assembleia é momento privilegiado de parada para refletir sobre a prática e possibilitar a análise de situações concretas de forma intencional e democrática. Há a manifestação de diferentes pontos de vista, de sentimentos, a tomada de decisão coletiva. Uma vez que se tenha criado o hábito, é realizada com maior frequência e menor tempo (por exemplo: usar parte final da aula). A disposição das carteiras em círculo (ou círculos concêntricos, no caso de salas menores) favorece a comunicação. Quando a assembleia é acionada por causa de um problema, é importante que este seja exposto claramente, que se jogue aberto com os alunos. É interessante que os alunos sejam avisados previamente da pauta, a fim de provocar uma reflexão prévia sobre a dinâmica da sala. Em alguns casos, depois de tentativas individuais sem êxito, o professor, tendo comunicado anteriormente o aluno, pode levar para a assembleia uma situação mais específica, a fim de que seja analisada em conjunto. Estabelece-se um código de ética, no sentido de que aquilo que é comentado na assembleia deve ficar somente com a classe. Cabe ao professor estar aberto, pois, ao abrir a discussão, poderão surgir elementos que dizem respeito à necessidade de rever sua atuação.

Leitura crítica da mídia. Há um leque de iniciativas muito interessantes que visam desenvolver a leitura crítica dos meios de comunicação. O fato de a mídia ser problematizada em sala de aula provoca um distanciamento crítico, estabelece uma ruptura epistemológica: a televisão, por exemplo, ao ser analisada, deixa de ser mero objeto de fruição para constituir objeto de conhecimento. Essa mudança de olhar, sendo benfeita, estrutura nova maneira de o aluno encarar a mídia. Hoje praticamente toda escola tem uma televisão e um aparelho de vídeo/DVD; programas são gravados (no todo ou em parte), de acordo com a faixa etária (desenhos, propagandas, novela, noticiários), e submetidos à análise dos educandos, com a mediação do professor. É comum o encantamento inicial dos alunos com a internet, mas nem sempre desconfiam que muito do que está ali é puro lixo, que é preciso checar as fontes, discernir as informações e, sobretudo, os valores veiculados. Trata-se de se capacitar para saber escolher; romper, por meio do acesso à informação e da reflexão crítica e coletiva, o ciclo vicioso de alienação.

O que se espera em sala de aula é um clima hegemônico de participação, em que pequenas flutuações indisciplinares possam ocorrer, mas no entorno de um bom nível de interação. Para tanto, é importante que o aluno assuma progressivamente a responsabilidade coletiva pela aprendizagem e desenvolvimento, participe ativamente das aulas, expresse suas necessidades (autonomia). A disciplina é tarefa de todos (e não só do professor).

c) No âmbito da relação com a comunidade

A abertura da escola para a comunidade, tanto em termos de espaços e recursos quanto – e sobretudo – em termos de participação organizada (Conselho de Escola, conselhos de classe participativos, grupos de estudo, grupos de trabalho), tem se revelado da maior importância no enfrentamento das questões de convivência. O Conselho de Escola, por exemplo, é excelente espaço para ampliar a discussão dos problemas, debater abertamente questões como disciplina, afetividade, mercado de trabalho, violência, drogas, procurando compreender as causas e buscar coletivamente possíveis alternativas. São criados espaços, momentos, práticas de cultura, em que os alunos e a comunidade se expressam, resgatam valores, dignidade. Há ainda o desenvolvimento de projetos de parceria com a comunidade, os quais aproveitam recursos locais para qualificar o trabalho da escola (pessoas que se disponham a ajudar, por exemplo, em monitoria, atividades

> Mais adiante trabalharemos com maior vagar a contribuição da família na disciplina.

> Em relação às drogas, ver *Drogas na escola: alternativas teóricas e práticas* (de Júlio Groppa Aquino, Summus, 1998).

Estas práticas, no entanto, não devem ser entendidas como substituição das obrigações do Estado.

recreativas durante o intervalo, biblioteca, cantinho de leitura, trabalhos manuais, manutenção, criação de brinquedos e jogos, acompanhando atividades extraclasse dos alunos). Em algumas escolas há a criação de laboratórios, oficinas de produção, de resgate de material, de conservação, de conserto de material escolar, como forma de fortalecer a capacidade de intervir e mudar.

Sempre acompanhados da crítica às políticas públicas que não dão conta de tal cuidado material da escola.

Com isso, tem havido um efeito derivado nada desprezível: um avanço na ecologia escolar, ou seja, a conservação do patrimônio (diminuição de pichações, de roubos, de destruição das instalações da escola).

Aos poucos, podemos perceber maior articulação entre escolas próximas para partilha de experiências, assim como a articulação da escola com a sociedade (associações, organizações não governamentais, movimentos sociais, coletivos produtivos, cooperativas), rompendo o isolamento, indo *além-muros*, construindo redes de solidariedade, de comunicação, de troca. Este é um princípio fundamental da existência: a cooperação. Hoje, a Nova Biologia (Maturana e Varela, 1997) tem revelado que, para além da leitura ideológica que se fez de Darwin (darwinismo social), da competição e luta para a sobrevivência, o princípio básico organizador do universo é a cooperação.

Algumas instituições já são sensíveis ao movimento – que cresce em termos mundiais – de simplicidade voluntária: pessoas que optam por limitar a carga de trabalho, ganhar menos, levar uma vida mais simples, consumir menos, para ganhar em qualidade, enfim, viver melhor. Há um esforço em conquistar um distanciamento em relação aos apelos consumistas da mídia, descobrindo que se pode ser feliz – no limite, que se pode *ser* – sem a posse deste ou daquele objeto e refundando a vida com base em outros valores para além do econômico. Naturalmente, tal iniciativa é acompanhada por uma luta em favor de nova política para os meios de comunicação social, de tal forma que já não sejam monopolizadas por algumas poucas famílias ou grupos econômicos e outros valores possam ser veiculados.

Melhoria das condições de trabalho. No processo de construção de uma disciplina consciente e interativa, emerge com muita força e urgência a necessidade do compromisso de todos com a conquista de melhores condições do trabalho docente. Que sociedade é esta que remunera melhor um policial do que um professor? Não podemos deixar que a questão das condições se torne uma querela ideológica, uma estratégia de desaparição, de intransparência: cria-se uma cortina de fumaça com o discurso de valorização ("sociedade do conhecimento", "toda criança na escola", "o futuro do país passa pela educação", "educação é tudo") enquanto se destrói efetivamente a escola e o professor. É imperioso superar o reconhecimento meramente retórico da importância do trabalho do professor e desencadear medidas concretas, tanto do ponto de vista financeiro quanto em termos de participação na gestão ou no aperfeiçoamento dos processos de formação docente. O que fazer numa sala com 45 alunos onde cabem, no máximo, 35? O que normalmente se vai tentar é *disciplinar*, no pior sentido: reprimir. É um jogo muito contraditório: exige-se que o professor estabeleça limites para os alunos, mas parece ser normal romper os limites em relação ao professor. Onde fica o respeito pela profissão docente? Alguns limites e possibilidades são imprescindíveis para garantir condições de trabalho minimamente satisfatórias:

> Lembrando que esta não é a decisão de um governo em particular, mas de uma sociedade que elege determinado perfil de governantes.

- formação (inicial e permanente);
- remuneração, salário digno;
- outras condições objetivas (quadro funcional completo, número de alunos adequado em sala de aula, diminuição da burocracia, material didático, instalações, etc.).

Tomemos como exemplo a questão da falta de professor (que desmonta qualquer prática educativa mais significativa): é comum os sistemas de ensino terem uma legislação neste campo que corresponde ao tempo em que o professor raramente se afastava da sala de aula.

Hoje, o quadro mudou substancialmente; em outros termos, como imaginar garantir a base mínima para o funcionamento das escolas, em tempos de *burnout* (síndrome de desistência), com regras de quando o professor era "tratado a pão de ló"? Os dirigentes do Executivo dizem que nada podem fazer em razão das leis existentes. Ora, obviamente, é preciso envolver o Legislativo e criar outra normatização.

Em algumas escolas particulares já houve avanços no que tange à garantia de respeito pelo profissional, também no sentido de que o professor não se sinta "nas mãos do cliente".

> Há escolas em que o docente simplesmente é demitido se seu prestígio com os alunos não está bom...

As mais significativas lutas por condições de trabalho têm se revelado aquelas em que se tem sempre presente o projeto, o objetivo maior da educação de qualidade para todos os alunos, não se perdendo assim em corporativismos.

3.3. Sobre o contrato didático

O relacionamento fecundo entre professor, alunos, objeto de conhecimento e realidade é pautado por um contrato. No passado, esse contrato era muito mais implícito, tácito, não havendo necessidade de sua explicitação, já que os pressupostos eram partilhados, senão diretamente com os alunos, com certeza indiretamente por meio de seus pais ou responsáveis. Com as mudanças todas ocorridas, com a quebra dos consensos e dos pressupostos comuns do mundo que se reconhece plural, a expressão mais formal do contrato didático (também chamado de contrato de trabalho, contrato pedagógico, combinado, normas de convivência, código de ética) se impõe. O contrato funciona como uma espécie de *carta de intenções* quanto às relações que se vão estabelecer em sala de aula; tem um sentido de compromisso, pacto, acordo, sendo resultado de negociações entre o professor e os alunos (e também dos alunos entre si). Desde Rousseau, aprendemos que, paradoxalmente, o contrato aumenta, e não restringe, a liberdade.

Há professores que afirmam que os alunos são avessos a regras. Uma simples observação do cotidiano põe em xeque tal entendimento. No desenvolvimento moral da criança, as regras ocupam largo espaço; como constata o professor Cipriano Luckesi, às vezes, numa singela partida de futebol entre crianças, para cada cinco minutos de jogo, propriamente há 15 minutos de discussão em torno das regras (definição e aplicação). Outra situação: como explicar a submissão que as crianças e adolescentes têm às regras nos jogos eletrônicos? São regras implacáveis; não há negociação: devem ser seguidas. Parece-nos que a grande diferença é que, nos jogos, as regras fazem sentido, uma vez que se trata de uma atividade em que estão envolvidos: estão desafiados, desejam vencer aqueles obstáculos e atingir um objetivo.

As normas de trabalho e de relacionamento em sala de aula não surgirão espontaneamente; há uma intencionalidade na sua constituição: *"Não se deve pensar que a disciplina surgirá só por si graças a métodos e medidas exteriores ou através de certas conversas. De modo algum. A tarefa de conseguir disciplina e sua finalidade deve formular-se abertamente à coletividade, sem rodeios e de um modo concreto"* (Makarenko, 1977, p. 177).

> Espontaneamente podem surgir reproduções de normas assimiladas de forma alienada.

O interesse, a motivação, a boa relação professor-aluno não dispensam o contrato, as regras do jogo. Sabendo que não podemos supor os alunos totalmente motivados o tempo todo, em muitos momentos, o contrato é que vai balizar a relação. Podemos identificar, na questão da construção da disciplina, certa dialética entre sentido e limites, uma espécie de *constante mínima* que precisa ser mantida: em determinado instante, o objetivo, o sentido, o interesse pode não estar tão presente – em termos coletivos –, mas os limites, as regras estabelecidas (e as próprias possibilidades: de o aluno expressar ao professor o desinteresse pelo caminho que está sendo seguido, por exemplo) vão permitir a manutenção de um clima favorável para o grupo atravessar – ou enfrentar – tal dificuldade.

As regras não podem ser elaboradas com pressa nem muito menos com uma intencionalidade enviesada (do tipo "porque a direção/coordenação pediu"). Correspondem à configuração do campo ético no trabalho e emanam dos objetivos, da proposta de trabalho que o professor traz e que também será negociada com os alunos. Com base na proposta, no projeto de ensino-aprendizagem, são levantadas as necessidades a serem atendidas, sendo as regras uma forma de ajudar no atendimento delas. Às vezes, nas primeiras elaborações, os alunos são muito duros, propõem sanções muito severas; o professor, como membro participante da assembleia, sinaliza, alerta, mas será a prática que vai dizer do acerto ou não do estabelecido; caso os alunos sintam necessidade, nova assembleia é feita para rever as normas.

Vale lembrar que as normas envolvem limites, mas igualmente possibilidades; deveres, mas também direitos. São elaboradas participativamente, sendo bem claras e, de preferência, não muitas e formuladas em termos positivos (mais do que restritivos); um número excessivo de regras delimita desnecessariamente a liberdade, a possibilidade de tomada de decisão, enrijece e burocratiza, ou provoca desejo de transgressão. Se a norma é imposta e alguém do grupo a rompe, há aceitação e até certa satisfação; quando a regra é entendida e assumida, a transgressão não é tolerada pelos pares.

O critério de definição de normas não pode ser a tradição ("Sempre foi feito assim") nem a comodidade ("É mais fácil ou agradável"), mas a necessidade do grupo e o objetivo a ser alcançado.

O registro de algumas regras básicas ajuda tanto na melhor definição delas (quando se vai escrever, exige-se a organização do pensamento, evitando subentendidos e ambiguidades) quanto no momento de fazer memória (retomada posterior na aplicação ou avaliação).

Uma vez estabelecida, a norma deve ser cumprida por todos: *"a regra provém de todos, da coletividade, e também se destina a toda a coletividade"* (Vigostski, 2003, p.

218). Isso não significa que o conjunto das regras destinadas aos alunos sejam aplicadas na totalidade ao professor. Reconheçamos que, embora iguais em dignidade, têm papéis diferentes. Assim, algumas são partilhadas, outras são específicas; o importante é que os alunos saibam que os professores também têm suas regras, de acordo com as necessidades de sua atividade (e pautadas no projeto político-pedagógico da escola). O funcionamento adequado das regras terá na autoridade ética do professor seu lastro; se o professor não assume suas responsabilidades básicas, não terá moral para exigir o cumprimento por parte dos alunos.

São necessários a verificação e o acompanhamento/controle constante das normas. A prática, por exemplo, da *rodinha* na educação infantil é muito interessante (e sua continuidade nos anos subsequentes de estudo seria muito positiva): os alunos sentam-se no chão ao fim do dia (ou da semana) e avaliam o próprio desempenho e o desempenho dos coleguinhas de acordo com as metas traçadas (em termos de agenda individual ou coletiva), tendo sempre as regras estabelecidas como pano de fundo.

Os alunos participam da elaboração das normas, mas não podem depois, sem mais nem menos, decidir não cumpri-las. Se as regras já não estão razoáveis, são modificadas ou suprimidas (por meio de assembleias), mas não descumpridas (como no jogo, âmbito com que a criança tem grande familiaridade). Essa exigência vale tanto para a sala de aula quanto para a escola. Vamos tomar como exemplo o caso do tênis: a escola estabelece nas normas disciplinares que o tênis deve ser de tal tipo; depois, por causa da resistência dos alunos e da dificuldade em controlar, faz-se um acordo interno entre direção, coordenação e auxiliares para "haver maior tolerância"; isso desmoraliza a escola. Das duas, uma: ou se revê a regra ou, se é de fato fundamental, providencia-se um aparato para verificar seu cumprimento.

A norma é um meio; quando se torna fim, quando cumpri-la se torna o mais importante, sem verificar sua vinculação com a finalidade que lhe deu origem, o processo precisa ser revisto, pois a lei se tornou um fetiche (*a letra da lei mata; o espírito da lei é que dá vida*).

A construção do contrato é excelente oportunidade para refletir sobre a importância da participação. Entendemos que o aluno pode boicotar o trabalho em sala de aula, falando demais ou de menos. Falando demais (sobretudo quando fora do assunto), dificulta o fluxo da comunicação; falando de menos, deixa de sinalizar o seu movimento, seja em termos de interesse ou de elaboração conceitual, além de não dar sua contribuição para a construção da aula. A participação ativa do aluno favorece:

- a aprendizagem, uma vez que a expressão é uma das exigências para a construção do conhecimento;
- o acompanhamento da sua aprendizagem por parte do professor, a avaliação no processo;
- a possibilidade de resgate da motivação; ao sinalizar, o professor pode ficar mais atento às suas demandas;
- suas contribuições para a matéria que está sendo estudada (hoje, o aluno tem acesso a muitas informações fora da escola);
- a "tradução" para os colegas daquilo que o professor está falando (em virtude da sua linguagem mais próxima);
- que o professor não caia na aula meramente expositiva; mesmo que o docente deseje um trabalho dialogado, interativo, se os alunos não derem a contrapartida, *não tem jogo*;
- a motivação do professor, alimentar o fluxo afetivo educador-educandos;
- que o professor dê o melhor de si; a partir da provocação do aluno – no sentido epistemológico –, o professor sai da trilha que costuma seguir, que tinha planejado, e aventura-se por novos caminhos;
- novas participações dos colegas, seja pela percepção da possibilidade concreta de participação (supondo o respeito do educador), seja pelos *ganchos* que proporciona.

Estamos insistindo na participação; e quando o aluno se empolga e começa a participar muito? O professor e/ou o grupo sinaliza, *dá um toque*; o professor pode canalizar o interesse, sugerindo uma pesquisa, uma ida à biblioteca; individualizar o atendimento (por exemplo: pedir que converse sobre aquilo no intervalo); pedir que pense um pouco mais sobre o assunto antes de expor. Mas, com certeza, a melhor forma de equilibrar a participação é outros alunos ocuparem também a palavra.

Vale um comentário sobre a *conversa paralela;* ela não é o mais grave (basta ver a questão da agressão), mas é um problema muito concreto do cotidiano escolar. Dentro de determinados limites, a conversa paralela (ou cochicho) é excelente instrumento de aprendizagem, pois o aluno pode ajudar o colega a contextualizar, encontrar sentido, ao fazer a tradução ("Ah, então isto que o professor está falando é aquilo?"), agindo como autêntico mediador, atuando na zona de desenvolvimento proximal do colega. De todo o modo, ela tem uma característica bem clara: a curta duração. No entanto, o que muitas vezes existe em sala não é a conversa, e sim um "canal paralelo" de comunicação. Isso é efetivamente problemático, pois, além dos envolvidos diretamente, vai afetar os colegas próximos, bem como desviar a atenção do professor. Nesse momento, o resgate do combinado é fundamental; isso vale tanto para o professor quanto para os colegas próximos (não *dedurando*, mas *chegando junto*, alertando para o rompimento do contrato).

> Até mesmo sendo fora do assunto da aula, pode ser um elemento de descarga de ansiedade (por exemplo: saber se vai haver ou não o jogo à tarde), o que permite a reentrada do aluno na aula.

É preciso considerar a percepção, a sensibilidade do sujeito, pois a pessoa pode ter uma atitude e simplesmente não perceber que está interferindo nos demais. Mas cabe ver também a questão das ideias, do pensamento, das representações, já que, muitas vezes, o aluno que fica conversando até percebe que atrapalha, porém está pautado numa ideia de que "tem direito", de que o professor exigir silêncio é ser autoritário, de que quem está na frente deveria ter a capacidade de motivá-lo. Aqui, pede-se outro encaminhamento: possibilitar a expressão dessas representações e confrontá-las com outra visão. Poderíamos começar, por exemplo, trazendo alguns elementos da autonomia: será que na vida vou ficar o tempo todo na dependência de que algo ou alguém, de fora, me motive? Onde está o automovimento, a *autopoiésis*? Se a aula não está interessante, será que o comportamento adequado é partir para o *canal paralelo* – já que não pode "zapear" o professor – ou ter uma atitude mais construtiva e madura, como sinalizar ao professor ou aguardar até que entre outro assunto mais significativo? Esse enfrentamento, naturalmente, pede um professor inteiro, sem crise em relação à dimensão de diretividade de seu papel de educador e aberto a críticas e sugestões.

4. O trabalho da escola com a família

No processo de construção da disciplina escolar, a família tem importante papel, seja no sentido de buscar conjuntamente alternativas de superação dos problemas, seja porque no lar se encontra, em alguns casos, a origem das primeiras distorções em termos de comportamento e sua postura colabora para a reprodução ou para a transformação de tais atitudes.

Consideramos que, quando do trabalho junto aos pais, para uma contextualização geral, seria útil retomar aquelas reflexões sobre a realidade social e educacional feitas no Capítulo II.

O respeito à inteligência dos pais faz com que, em vez de ficar simplesmente ditando uma série de "receitas", se busque ajudá-los a entender o que está se passando com eles, com os filhos, com a escola e com a sociedade. Não estamos negando a necessidade de chegarmos a orientações concretas, mas estas, conforme análise precedente, só têm sentido dentro de princípios teórico-metodológicos.

4.1. Contribuições da família na construção da disciplina

Existem contribuições específicas da família, o que significa não só que estão ao seu alcance, como também que, se ela não as realizar, dificilmente outro segmento poderá fazer no seu lugar.

A família, enquanto instituição socializadora primeira, tem na criação de vínculos afetivos uma de suas atribuições básicas. Alguns autores entendem o surgimento da criança no parto, outros na fecundação, outros ainda quando do surgimento do cérebro; Winnicott (1896-1971) postula a origem do indivíduo no desejo, no ato em que é concebido mentalmente pelos pais (1988, p. 42). Observamos em algumas escolas particulares que a criança tem tudo em termos materiais (estojos sofisticados, canetas de todos os tipos, coleção de borrachas e grafites), mas falta o principal: a atenção, o carinho, a certeza do amor dos pais. A relação amorosa presente na família é o forte elo nas relações da criança com o mundo.

Outro aspecto fundamental da família é o desenvolvimento de valores. Neste sentido, a tarefa de ajudar o filho a desenvolver um projeto de vida é imprescindível. Para muitos pais, as alternativas que se apresentam em relação ao futuro dos filhos parecem ser as seguintes: "Ou o meu filho vai ser o melhor, ou será um 'zé-ninguém'; como não quero que seja um 'zero à esquerda', terá de passar por cima de todos para ser o primeiro." Para além deste *dilema* entre ser um *bonzinho* que fica para trás ou o *bacana* que tem de massacrar os demais, existem outras possibilidades. A perspectiva de um sujeito competente e solidário, embora se confronte com a lógica dominante da sociedade, é perfeitamente possível!

Quando a família se abre para a realidade maior, numa perspectiva de justiça social, contribui para a consolidação de um projeto de vida fundado na esperança de um mundo melhor.

O desenvolvimento de projeto por parte do filho exige muito diálogo; mas diálogo autêntico, olho no olho: "Como está a vida, como está a escola? Como está sua realização, como estão seus amigos? Como você está vendo as coisas ao seu redor? E o futuro, o que pensa sobre ele?"

A DISCIPLINA ESCOLAR EM CONSTRUÇÃO: PERSPECTIVAS DE AÇÃO

Considerando a relação com a escola, talvez uma das maiores contribuições que a família possa dar no atual momento é a efetiva valorização tanto do estudo quanto da própria escola, enquanto instituição formadora. Isso passa especialmente pelo respeito aos profissionais da educação, pelo apoio aos educadores de seus filhos.

Os estudos sobre o alto desempenho escolar dos alunos estrangeiros – orientais – nas universidades americanas revelam que o fator diferencial e decisivo não está no Q.I. (quociente de inteligência), mas na valorização e apoio que a família dá ao estudo.

Outra contribuição da família nesse campo é o estímulo (ou a não repressão) à curiosidade e reflexão dos filhos. Isso se dá por meio da valorização das perguntas que os filhos fazem, do diálogo, da investigação conjunta (os filhos sentem especial prazer quando veem os pais envolvidos numa questão que eles apresentam), do possibilitar o acesso a programas de televisão, revistas, literatura, *sites* que caminhem nessa linha. Bernstein (1924-2000) traz duas situações de diálogo bastante interessantes entre a mãe e o filho – no colo –, dentro de um ônibus:

Mãe: *Segure firme.*
Criança: *Por quê?*
Mãe: *Segure firme.*
Criança: *Por quê?*
Mãe: *Você vai cair.*
Criança: *Por quê?*
Mãe: *Eu mandei você segurar firme, não mandei?*

Mãe: *Segure firme, querido.*
Criança: *Por quê?*
Mãe: *Se você não segurar, vai ser jogado para a frente e cair.*
Criança: *Por quê?*
Mãe: *Porque, se o ônibus parar de repente, você vai ser jogado no banco da frente.*
Criança: *Por quê?*
Mãe: *Agora, querido, segure firme e não crie caso.*

No primeiro exemplo, toda uma gama de possibilidades de aprendizagem e de estabelecimento de relações foi excluída pela afirmação categórica. A curiosidade natural da criança foi reprimida. (...) No segundo exemplo, a criança é exposta a uma área de relações e sequência. Quando isto é questionado, surge um outro conjunto de motivos. Evidentemente, após um determinado tempo a afirmação categórica é usada, mas houve condições de aprendizagem entre as duas afirmações categóricas (Bernstein, 1982, p. 141-142).

Já analisamos o papel dos limites na formação da pessoa. Também, e antes de tudo, cabe aos pais estabelecer limites que preservem a vida e ajudem os filhos a crescer. A visão psicologizante de que o limite *traumatiza* tende a ser coisa do passado. Ainda persiste, no entanto, o medo de perder o afeto do filho por dizer um "não". Ocorre que, embora rejeitem no momento, a ausência de limites por parte dos pais é decodificada pelos filhos não como liberdade, mas como falta de amor. Não tomar posição não é ser democrático, e sim omisso, deixar a educação dos filhos por conta do meio. *"Se vocês renunciarem a intervir e a guiá-la, usando da autoridade que vem do afeto e da convivência familiar e fazendo pressão sobre ela, de modo afetuoso e amável, mas todavia rígido e inflexivelmente firme, sem dúvida nenhuma ocorrerá que a formação espiritual de Mea será o resultado mecânico do influxo casual de todos os estímulos deste ambiente"* (Gramsci, 1987, p. 165).

Atentamos, no entanto, à onda neoconservadora em curso, em que só se tem falado de limites, sem referência ao vínculo, ao sentido, ao projeto, bem como às possibilidades. Limite por limite é voltar à educação autoritária.

Existem casos de pais que se contrapõem abertamente aos limites estabelecidos pela escola ou não assumem os deslizes dos filhos, chegando mesmo a mentir para a instituição; desta forma, fica difícil construir uma atuação educativa comum. Numa nova postura, qualquer dúvida, eventuais conflitos são resolvidos diretamente com a escola, não deixando o filho na posição de "leva e traz".

Quando os adultos, pais e mestres, se entendem, poupam a criança do conflito entre duas referências tão importantes para ela.

Se desejam que os filhos assumam valores, avancem em autonomia, não é coerente que os pais os tratem na base do esforço-recompensa, prêmio-castigo, pois tal prática leva justamente à heteronomia, a ser governado a partir de fora. Alguns argumentam que agir assim "funciona"; de fato, até com animais! Mas isso não é educação, e sim adestramento. A criança ou o jovem tornam-se presas fáceis para qualquer oportunista que queira levar vantagem, já que têm dificuldade em tomar – e manter – decisão, pois não internalizaram valores. O desenvolvimento da autonomia, a internalização de valores, a tomada de decisão e a avaliação dos resultados são fundamentais para todos os campos da vida: escolha profissional, relacionamentos, casamento e até mesmo no delicado, porém cada vez mais presente campo das drogas.

Atualmente, a criança e o jovem são expostos precocemente à busca do sucesso, à cultura da fama e da glória (que, naturalmente, é para poucos): quem não consegue tem um sentimento terrível de insatisfação, de fracasso. Muitos pais querem desde cedo preparar para o mercado de trabalho e acabam prejudicando os filhos, pois não permitem, ao sobrecarregá-los com atividades, seu pleno desenvolvimento. Veja-se o caso da criatividade (tão valorizada por esse mesmo mercado que os pais têm em mira): existem muitos estudos mostrando como, por meio do brincar, do lúdico, a criança desenvolve a imaginação, base da criatividade. Em nome de preparar para o mercado, os pais não deixam tempo para a brincadeira: nas classes abastadas, as agendas infantis são mais ocupadas do que a de muitos executivos; nas camadas populares, os filhos são precocemente instados a buscar alguma forma de renda que complemente os ganhos da família. Em ambas, manifesta-se o anseio de "adiantar" o filho na escola, de matriculá-lo quanto

> Lembrar Einstein: nada existe na ciência sem ter existido antes na imaginação do cientista.

A DISCIPLINA ESCOLAR EM CONSTRUÇÃO: PERSPECTIVAS DE AÇÃO

antes no primeiro ano do ensino fundamental. A escola não deve alimentar essa neurose.

Cabe à família, antes da escola, ajudar os filhos a desenvolver a leitura crítica dos meios de comunicação. Há "estranhos no ninho", "inimigos íntimos" que chegam a casa pela televisão e pela internet. É um poder de influência sobre as pessoas do qual ainda não nos demos conta suficientemente. Trata-se, com efeito, de nova forma de socialização básica, para além das instituições clássicas da família e da escola. Por meio da mídia, o sujeito tem acesso a valores, concepções de mundo as mais diversas, fato que outrora dificilmente ocorreria, seja pelo controle das famílias sobre os relacionamentos de seus filhos, seja pela pura falta de oportunidade de contato com a informação. Existem pais que entregam os filhos à mídia como se entregassem uma oferta a um deus. Temos de aprender a conviver criticamente com ela; é um fenômeno irreversível do nosso tempo. Isso inclui estabelecer limites para o consumo. O argumento de que não se compra determinado objeto simplesmente "porque não se tem dinheiro" não é muito apropriado, seja porque pode não corresponder à verdade, seja porque deixa de possibilitar o confronto com autêntica escala de valores: tudo se passa como se o problema fosse ter bastante dinheiro para poder comprar tudo de que se tivesse vontade... As consequências éticas de tal visão são desastrosas: individualismo, materialismo, levar vantagem, subir na vida a qualquer custo, etc.

A sociedade está mudando, o que traz reflexos e desafios para a escola. Alguns pais já percebem que novos *conteúdos* estão sendo demandados e se abrem às novas concepções pedagógicas, superando modelos arcaicos, tais como: a exigência de tarefa de casa em grande quantidade para ocupar os filhos no período em que estão em casa; o caderno "cheio de matéria" (preocupação só com a quantidade, e não com a qualidade do ensino); a cobrança de "marcação de provas" (as famosas semanas de prova – por não perceberem a importância da avaliação no processo); o incentivo à memorização mecânica ("decoreba"), em vez de estimular os filhos a ter uma aprendizagem significativa.

> A começar pelos cuidados básicos: alimentação, sono, asseio, vestimenta, respeito pelo horário de ir para a escola.

É muito importante que a família assuma as suas responsabilidades específicas na formação dos filhos. Muitas vezes, o vazio deixado pelos pais provoca grandes perdas na formação da criança, além de obrigar a escola a entrar em campos que não são de sua atribuição: ensinar a lavar a mão antes de comer, a apresentar-se às pessoas, amarrar sapato, escovar os dentes, descascar frutas, desenvolver valores básicos, religiosidade.

A participação na vida da escola por meio de conselhos, grupo de estudos, palestras, esportes, artesanato, teatro, informática é um caminho fértil de contribuição da família para a construção da disciplina.

4.2. Trabalho com a família

Investir na formação dos pais, em princípio, não seria obrigação da escola. Outras instâncias sociais também deveriam se encarregar disso. Só que essa formação não se tem dado. Sabemos como é difícil atingir os alunos; quanto mais os pais, que estão mais distantes, são adultos, já têm seus quadros de valores mais definidos! Todavia, pensando no melhor para as crianças, esforçamo-nos para criar vínculos e nova cultura de relacionamento escola-família.

Nesse sentido, muitas escolas buscam a aproximação qualificada com a família, construindo uma relação de parceria, em vez de vê-la como "problema". Essa aproximação se dá de múltiplas formas, desde os relacionamentos cotidianos até as reuniões, atividades, grupos de reflexão ou Conselho de Escola.

Até que ponto a escola explicitou para si própria quais são suas expectativas em relação à participação dos pais em geral e à contribuição que espera na construção da disciplina, em particular? Algum educador poderia questionar: "Que adianta saber o que a família deve fazer? O que importa é que ela saiba, faça e pronto." Entendemos que é importante no sentido de os educadores saberem o que orientar ou exigir nos contatos com os pais. Se não explicitarmos as atribuições dos pais na construção da disciplina escolar, podemos ficar esperando coisas que não são da responsabilidade da família. Por exemplo: querer que os pais fiquem com os filhos durante a execução das tarefas de casa ou resolvam suas dúvidas. Ora, isso não é função da família, e sim dos professores, educadores de profissão – logo, os grandes responsáveis socialmente de ajudar a produzir aprendizagens não espontâneas, conceituais. Explicitar também é importante para haver uma mesma compreensão entre os educadores do que esperar dos pais; quando cada um espera uma coisa, fica um clima muito confuso. A postura comum entre os educadores é decisiva, pois assim os pais sentem que estão se relacionando com uma comunidade ética e não com um aglomerado de indivíduos.

Há um reverso da medalha no que diz respeito à transferência de responsabilidades acima referida: em algumas situações, podemos observar que a escola não está fazendo sua parte básica – ensinar – e passa a tarefa para os pais. Existem escolas particulares que, depois de uma ou duas semanas de aula, convocam os pais dos alunos "com problema de aprendizagem" e já indicam professores particulares, como se isso não fosse problema dela. Têm crescido nos grandes centros as empresas de aulas de reforço ou de acompanhamento escolar; já não se trata da tradicional figura do *professor particular*, mas de toda uma empresa que se organiza para fazer aquilo que a escola não vem fazendo. Embora um tanto dura, essa linguagem é necessária a fim de alimentar a autocrítica e assim nos possibilitar o exercício adequado da crítica. Quando entramos no jogo de transferência de responsabilidade, não ficamos propriamente numa situação favorável para criticar os pais que fazem o mesmo em relação à escola.

Em relação aos "problemas de família", poderíamos resgatar o questionamento básico: será que os pais fazem o que fazem porque querem, porque decidiram consciente e livremente, ou porque, tal como o professorado, sofrem o forte condicionamento da estúpida e desumana lógica social? Como intelectuais que somos, não podemos ficar só na manifestação primeira; temos de ir além da aparência! Outras questões também podem nos ajudar nesta reflexão: quem não tem problema de família? Será que não estamos idealizando, sonhando com uma família que não existe? Como é que o mesmo aluno "com problema de família" vai bem com outro professor? Se a família tem um peso tão decisivo, como explicar a situação em que uma mesma família tem dois filhos na escola, sendo um *ótimo* e outro *terrível*?

Existem educadores que reclamam que "agora, com o Estatuto da Criança e do Adolescente, estamos de mãos atadas, não podemos fazer nada", sem sequer o conhecer. Um estudo atento do estatuto seria muito salutar para quebrar essa imagem equivocada que se criou, uma vez que há todo um capítulo sobre medidas socioeducativas, muitas das quais, inclusive, com fundamento na perspectiva da sanção por reciprocidade (Piaget, 1977b).

É relativamente comum ouvirmos assertivas do tipo: "Na reunião, os pais que 'mais precisam' não aparecem." O fato de muitas famílias não participarem das reuniões pode estar relacionado a um dado: quando vão à escola, é para simplesmente receberem críticas! Um dia vieram e só receberam "sermão", foram até humilhados, pois os problemas de seu filho foram expostos em público. Ora, nesse contexto, quem desejará voltar? Qualquer pai/mãe que tiver um mínimo de autoestima não desejará retornar. A intenção pode até ter sido boa, mas foi baseada numa concepção equivocada (expor ao vexame para provocar o desejo de mudança).

Algumas práticas em relação às reuniões de pais:

• Crença de que as pessoas estão tentando fazer aquilo que entendem ser o melhor. No entanto, isso não garante o acerto. Daí a necessidade de estabelecer o diálogo autêntico entre escola e família.

- Todos os sujeitos são contraditórios: pais, professores, alunos, coordenação, direção. Contudo, todos merecem profundo respeito, mesmo que, segundo nosso ponto de vista – que é sempre a vista de um ponto –, estejam equivocados.
- Muitas escolas já se deram conta da necessidade de inicialmente não pensar tanto em termos de quantidade de pais presentes na reunião, e sim na qualidade do relacionamento.
- Preserva-se a privacidade dos alunos (e das famílias) quando não se trata em público de assuntos particulares.
- As reuniões mais interessantes e produtivas são aquelas mais formativas que informativas.

No passado, em virtude da relação de proximidade que existia entre a família e a escola, era possível o professor usar como bom argumento o questionamento: "Você faz isto em casa, menino?" Não que essa atitude fosse adequada, pois não se estabelecia a distinção entre uma e outra instância formadora, mas funcionava. Hoje, se perguntar, o professor pode ouvir coisas do tipo: "Faço e faço pior ainda!" É preciso fazer a distinção institucional e ajudar o aluno a entender que a escola é um espaço social diferenciado, saindo do âmbito do meramente privado como é o lar e caminhando para a esfera pública.

Há um aspecto delicado a ser encarado: até aqui, estamos insistindo na aproximação entre escola e família; isso é verdade, mas apenas uma parte da verdade: dialeticamente, às vezes, é necessário um distanciamento (pelo menos de determinadas famílias), porque a escola passa a representar para o aluno um espaço de libertação, à medida que o ambiente familiar está na gênese das dificuldades e conflitos que o aluno vive. Nesse contexto, a proximidade pode negar ao educando um espaço "neutro", alternativo, no qual tem condições de se reestruturar, ensaiar nova forma de ser.

> Está sendo tomado como bode expiatório ou objeto de exploração. Não podemos esquecer que, segundo dados da Unicef, a maior fonte de violência contra a infância é a família. Só para registro, a escola fica com o nada honroso segundo lugar.

Superação da "síndrome de chamamento dos pais". A prática de ficar convocando os pais à escola por qualquer motivo gera uma série de equívocos:

- Tira a responsabilidade do aluno, pois sabe que os pais é que vão responder por seus atos e não ele;
- esvazia a competência institucional da escola, uma vez que se mostra incapaz de lidar com os alunos concretos que tem;
- acaba sendo simples estratégia de (re)transferência de responsabilidades; assim como certos pais não fizeram sua parte, a escola também não faz aquilo que estaria ao seu alcance, repassando o problema para a família;
- banaliza a convocação, levando ao descrédito por parte dos pais, já que são chamados a todo momento por qualquer coisa;
- leva ao agravamento da situação, uma vez que, diante da convocação, os pais podem discordar, gerando um conflito de orientações. Por outro lado, no caso de concordância, e não sabendo o que fazer, alguns pais acabam dando castigo aos filhos (às vezes até físico). Ou seja, o chamamento dos pais acabou complicando ainda mais o problema de partida!

> Está sendo tomado como bode expiatório ou objeto de exploração. Não podemos esquecer que, segundo dados da Unicef, a maior fonte de violência contra a infância é a família. Só para registro, a escola fica com o nada honroso segundo lugar.

Para evitar tais distorções, grande número de escolas orienta os pais, logo nos primeiros contatos (matrícula, reuniões do início do ano), quanto à proposta da instituição e às normas. Comunica também eventuais dificuldades que está tendo com aluno (veja-se que não é transferir, mas partilhar, para ver se os pais têm alguma informação que possa ajudar no enfrentamento do problema). Mas a convocação é feita somente quando a escola efetivamente esgotou todas as suas possibilidades.

Não é interessante a contradição entre a ênfase que a escola dá aos pais ao chamá-los para resolver problemas de disciplina e o *esquecimento* de convidá-los para participar da construção do projeto político-pedagógico?

O que está em questão aqui é uma mudança de enfoque: deixar de ver o aluno e a família como "inimigos" e passar a encará-los como seres contraditórios (como nós), que podem e devem ser parceiros na tarefa do máximo desenvolvimento humano e de transformação social. *"Mais do que 'integração da escola com a família e a comunidade' ou 'colaboração dos pais', é preciso entender esta presença como mecanismo de representação e participação política"* (Spósito, 1999, p. 49).

4.3. Sobre a tarefa de casa

A questão da tarefa merece considerações um pouco mais detalhadas. O que observamos é que a tarefa (dever, lição de casa, tema para casa) tem tido um caráter muito mais social ou moral que propriamente pedagógico. Social porque, amiúde, é dada para "agradar aos pais", que querem os filhos ocupados ou querem ver atendidas suas imagens ou fantasias de escola "séria". Moral, pois muitos professores afirmam ser importante dar tarefa porque assim estarão preparando os alunos para a vida, uma vez que no futuro, no mundo do trabalho, o sujeito terá responsabilidades a assumir; outros argumentam que se deve dar tarefa para "criar o hábito de estudo". Ora, temos aqui uma visão equivocada, pois entendemos que tanto a responsabilidade quanto o hábito de estudo são criados a partir de tarefas que tenham realmente uma finalidade pedagógica, que se imponham como uma necessidade do processo de ensino-aprendizagem, e não como algo postiço, de caráter pseudoformativo. Quando é artificial, acaba tornando-se uma atividade odiosa, meramente repetitiva, mecânica, levando à perda do gosto pelo estudo, a possível conformismo com regras sem sentido – tão ao gosto da classe dominante – ou a posições de rebeldia ou de hipocrisia. *"O que fixa o hábito não é a repetição do mesmo ato, mas a experiência da satisfação que ele proporciona"* (Foulquié, 1971).

Existem professores que não se questionam sobre a pertinência das tarefas propostas e resolvem "apertar o cerco" por meio da nota; o que conseguem é ter aquelas famosas cenas de alunos copiando um do outro, "só para não perder pontos"; é uma farsa. Se os alunos não estão fazendo as tarefas, cabe ao professor ter coragem e ir fundo, investigar as causas.

Indagamos: que teoria do conhecimento está por trás da tarefa proposta? O argumento de "fixação" mecânica está ligado à teoria do "repete-repete" (empirista), ao entendimento de que o aluno "aprende" porque repetiu várias vezes o mesmo conteúdo. Daí os exercícios do tipo "faça conforme o modelo", as listagens enormes de exercícios da mesma espécie. Já num referencial dialético, compreende-se que o conhecimento é uma construção ativa do sujeito, o que implica, antes de tudo, ver sentido no que se está fazendo.

Outro equívoco a ser superado é dar tarefa supondo a ajuda dos pais; ora, a tarefa é para o aluno – espera-se que esteja, portanto, ao alcance de suas possibilidades. Em caso de dúvida, o aluno deve ter a tranquilidade de recorrer ao professor, que é o profissional do ensino (em todas as suas etapas).

Na perspectiva interacionista, a tarefa tem como funções básicas:

- o aprofundamento e síntese do que está sendo trabalhado em classe;
- ajudar o aluno a ter disponíveis representações mentais prévias correlatas ao assunto a ser tratado nas aulas seguintes.

O caráter é bem outro, portanto: está ligado à aplicação do conhecimento em situações novas, à elaboração e sistematização do conhecimento, à pesquisa, sendo atividade significativa para o educando. Em vez de ser repetição mecânica, pode se tornar um instrumento de investigação, de preparação para as aulas. Assim, por exemplo, o professor pode solicitar a leitura prévia de um texto e o levantamento das perguntas sobre ele, o destaque das ideias principais, etc. O fato de ter de preparar algo para levar para a aula realmente ajuda a melhor compreensão do tema e propicia ao aluno a participação, pois tem o que falar, o que perguntar.

4.4. Sobre a tarefa de casa da escola

Diante das dificuldades com os alunos em sala de aula, alguns professores partem para o questionamento – para não dizer acusação – da família. Entendemos que, antes de ter tal procedimento, seria interessante verificar se a escola (e o professor) fez a lição de casa, ou seja, tomou as iniciativas cabíveis e possíveis. Nosso objetivo, ao levantar estas questões, é tanto resgatar o valor concreto do projeto político-pedagógico quanto fortalecer a necessidade de os educadores tomarem consciência e ocuparem sua zona de autonomia relativa.

a) Escola fez "lição de casa"?

- Tem projeto político-pedagógico (PPP) construído coletivamente? É efetivo ou fica só no papel?
- No PPP, há o projeto disciplinar?
- O regimento está coerente com o PPP?
- Houve participação dos pais na construção do PPP?
- Os pais receberam o PPP na matrícula?
- Há unidade de linguagem e de ação entre direção, coordenação, professores e funcionários?
- Há trabalho coletivo constante para comunicação, reflexão e tomada de decisão coletiva?
- Há trabalho sistemático com representantes de classe?
- A escola se abre para a comunidade?
- Há formação de hábitos e internalização dos valores desde os anos iniciais?
- Trabalha-se desde cedo com os alunos com sanção por reciprocidade?
- A escola chama os pais "por qualquer motivo"?
- Foi feita uma revisão do currículo disciplinar instrucionista?

- Encaminha-se aluno ao Conselho Tutelar por qualquer coisa?
- A proposta disciplinar da escola foi apresentada claramente aos pais nas reuniões de início de ano?
- Os melhores professores são colocados nos anos iniciais?
- Há permanência do coletivo de educadores ou alta rotatividade?
- A direção respalda, dá apoio, ao professor nos casos de conflito com expectativas equivocadas dos pais?
- Os banheiros dos alunos têm espelho ou sonega-se a imagem numa fase tão importante de construção da identidade?
- Foram feitos estudos sobre disciplina para suprir a falha da formação acadêmica neste campo?
- Há assembleia de escola periodicamente?
- Há grupos de trabalho com pais?
- Há associação de antigos alunos?
- Há grêmio atuante?
- O Conselho de Escola é operante?
- Os alunos têm voz e vez?

b) Professor fez "lição de casa"?

- Realmente quer ser professor ou está ali "de passagem"?
- Participou efetivamente da construção do PPP?
- Estabeleceu o contrato didático com os alunos logo no começo do ano?
- Põe o contrato em funcionamento?
- Assume junto as regras ou joga os ônus para a direção?
- Cumpre as normas escolares?
- Cumpre os combinados com os alunos?
- Tem preconceito em relação aos alunos?
- Tem respaldo do grupo-classe, legitimidade com o coletivo da sala de aula?
- Tem moral, para cobrar, por exemplo, a lição de casa? Dá lição por necessidade pedagógica ou porque a "direção exige"?

- Planeja as aulas?
- Tem compromisso com a aprendizagem e o desenvolvimento dos alunos ou com o "cumprir o programa"?
- Reviu o conteúdo? E a metodologia?
- Em sala, abre espaço para possibilidades ou só aponta os limites?
- Trabalha com os alunos os objetivos do estudo, da matéria, do conteúdo?
- Faz periodicamente assembleia de classe?
- A avaliação é para qualificar ou para "enquadrar" o aluno?
- Sofre de "síndrome de encaminhamento" de aluno para coordenação ou direção?
- É conivente com erros dos colegas ou tem postura ética que vai além do corporativismo?
- Tem postura adulta ou infantilizada, igualando-se ao comportamento dos alunos?
- É capaz de ver positividade nos alunos ou só suas falhas?
- Leu, estudou o Estatuto da Criança e do Adolescente ou faz comentários baseados no senso comum? Já refletiu bem no capítulo sobre medidas socioeducativas?
- Entra com recurso junto ao Ministério Público quando seus direitos profissionais são desrespeitados ou fica só se lamentando?
- Participa, de maneira efetiva e crítica, do sindicato da categoria?
- Está verdadeiramente aberto à formação?

5. Ternura e vigor

Conseguir disciplina, no verdadeiro sentido, é conseguir muito, pois significa a inserção do sujeito no processo civilizatório de maneira crítica e criativa. O mundo está aí; temos de fazer parte dele; mas ao mesmo tempo temos de transformá-lo, construir um mundo melhor. A disciplina, enquanto frouxidão ou controle exterior, é fenômeno relativamente simples; todavia, assumida como um comportamento consciente e deliberado do sujeito/grupo em cima da tensão adequação-transformação, é algo extremamente complexo.

Que tenhamos a coragem e a ousadia necessárias para nos abrir a todos os possíveis (não só do ponto de vista epistemológico, mas sobretudo sociopolítico-econômico-cultural-ético), apontando para o novo e assumindo um caminhar – ainda que inicialmente com pequenos passos – em sua direção.

Capítulo V

O PROFESSOR E AS SITUAÇÕES DE CONFLITO

O professor e as situações de conflito

Apesar dos esforços, dos cuidados tomados (planejamento das aulas, construção do contrato de trabalho, busca de vínculos com os alunos), muitas vezes emergem os conflitos em sala de aula. O que fazer, então? Neste capítulo, refletiremos sobre a forma de compreender e enfrentar esses conflitos.

Comumente, os conflitos vêm acompanhados por uma aura perturbadora, o que faz com que sejam evitados. Todavia, fazem parte das relações humanas em geral e, naturalmente, das relações no interior da escola. Muito pior do que o conflito é a indiferença. Os conflitos podem dar origem a novas formas de relacionamento e de organização do trabalho pedagógico. A tarefa, portanto, não é negá-los ou camuflá-los, mas buscar a sua adequada mediação.

1. Formas de enfrentamento

Apresentamos na sequência algumas possibilidades de intervenção em face da manifestação de situações de indisciplina em sala de aula.

1.1. Desalienação da relação pedagógica

Seria possível haver educação emancipatória numa relação marcada pela alienação? Entendemos que não. Pelo menos um dos polos da relação, num primeiro momento, deve estar menos alienado, mais inteiro, presente, desejante, engajado, crítico.

É fundamental responder sinceramente à questão sobre o que estamos querendo, de fato: a escola se organizar para "funcionar", para "ter aula", ou para o aluno aprender e se desenvolver? A pergunta pode parecer ingênua, mas a prática demonstra sua necessidade, já que é muito comum percebermos como a lógica da alienação toma conta do processo pedagógico, de tal forma que "conseguir dar sua aula" e "ter os professores em sala sem problema de disciplina" acabam sendo os grandes objetivos do professor e da administração, respectivamente.

O professor atento não alimenta o ciclo vicioso em que às vezes caem as relações humanas, também a relação professor/aluno (ciclo de agressão, de violência verbal ou física); interrompe a espiral de violência ou o círculo neurótico de *pegação no pé* (eleição de um *bode expiatório* na classe). O distanciamento analítico da situação ajuda a interromper o *circuito perverso* (Galvão, 2004, p. 220).

Nesse processo, um aspecto básico é rever (pessoal e coletivamente) o conceito de disciplina: o que é mesmo que entendemos por um aluno disciplinado? É o submisso e obediente? É o participativo e crítico?

Os educadores críticos não veem o aluno (ou a sua família) como "problema" (culpado); tomam muito cuidado com rótulos e preconceitos: "Esta escola", "esta comunidade", "estes pais", "estes alunos". Pelo contrário, buscam no aluno um aliado na construção de nova realidade.

Também não "personalizam" o conflito; consideram que o aluno "indisciplinado" está implicado numa dinâmica mais complexa do que parece à primeira vista. Primeiro, porque a indisciplina está emergindo nele, porém pode representar um problema mais geral, a insatisfação do grupo. Segundo, porque o aluno "não indisciplinado" pode ser entendido simplesmente como aquele que "não perturba", desconsiderando, pois, a questão da indisciplina passiva, também muito séria. Num enfoque ecológico, os docentes não perdem de vista ainda que são as relações que se tornam alienadas, indisciplinadas – portanto, elas é que vão ser trabalhadas. Buscam uma relação de aproximação com os alunos.

> O mesmo aluno, com outro professor ou em outro ambiente (por exemplo: no metrô, no shopping, etc.), pode ter um comportamento bem diferente.

Quando o educador reage às provocações do aluno no mesmo nível, confunde-o e não permite que ele altere as percepções errôneas sobre os outros e passe a controlar seu comportamento (Ferreira e Araújo, 1996, p. 37).

Partir logo para saídas formais (aplicação do regimento: advertência verbal, por escrito, suspensão) normalmente não dá bons resultados. É comum as ações disciplinares das escolas já começarem com as "advertências"; o que isso significa? Parece que estamos num campo conceitual comportamentalista; ou seja, entende-se que o sujeito teve um comportamento inadequado porque não "ouviu" direito, então é advertido e assim fará o que é correto. Na prática, o sujeito pode até ter um comportamento mais enquadrado, porém muito mais em razão do medo de nova advertência do que de uma tomada de consciência. Aliás, o fundamento das punições da escola parece encontrar-se aqui, na teoria comportamentalista de homem, baseado no prêmio e castigo. Se estamos pautados numa concepção humanista, o diálogo é o caminho mais coerente.

> O regimento é a sustentação legal da escola. É necessário como instituição, mas absolutamente limitado como elemento educativo. Deve ficar claro que o regimento será feito a partir do projeto político-pedagógico da escola e não o contrário, como tem ocorrido, sobretudo pela antecedência de sua elaboração (o que se espera é que, uma vez construído o projeto, o regimento seja revisto para dar-lhe suporte formal).

a) Estar inteiro

Para haver educação autêntica, não é possível agir na base do "piloto automático". O fato de o professor estar inteiro em sala de aula – tanto quanto possível – favorece o despertar do aluno; a sua inteireza ajuda a constituir a do outro. Estando presente, disponível, poderá sair de si, observar os alunos e assim captar suas necessidades, a dinâmica do coletivo, e melhor interagir.

Estar inteiro significa que o professor se preocupa efetivamente com os alunos. Sabe que sua função não é meramente transmitir determinados conteúdos, mas educar (= humanizar) por meio do ensino, ter todo empenho para que o aluno aprenda, como forma de se constituir como humano (desenvolver sua personalidade, caráter, consciência e cidadania). Como a aprendizagem não é um ato mecânico – mas, ao contrário, ativo e voluntário –, o professor necessariamente terá de levar em conta o aluno concreto que tem, seus saberes prévios e necessidades, o que implica aproximação, sensibilidade, diálogo, cuidado. E isso não significa de forma alguma ser psicólogo, assistente social, etc., mas, sim, ser professor no sentido radical (e não mero "dador de aula" ou "piloto de livro didático"). O educador que não sai de seu círculo narcísico não entra em comunicação com seus alunos e não consegue, portanto, perceber suas demandas.

b) Outro olhar

Como a ponta de um iceberg.

O ato de indisciplina é um sinal, uma manifestação a ser decodificada pelo professor, que procura ver o que está por trás dela, qual o seu sentido. *"Perguntar em vez de julgar"* (Gómez, 1993, p. 151). Frequentemente, a indisciplina está perpassada por questões de ordem afetiva:

"Sabe, professor, quando a gente faz bagunça, a gente se sente tão importante..."

é uma forma de o aluno chamar a atenção sobre si, de pedir que seja resgatado, que seja incluído no movimento vital de onde, por algum motivo, está se sentindo alijado; pode ser desesperado pedido de um sentido para a vida, só que numa linguagem cifrada, de difícil compreensão e até agressiva, o que pode gerar uma postura reativa do professor. Para evitar isso, ajuda a superação da postura preconceituosa, de acusação (ser vítima disso já é difícil para o adulto, quanto mais para o jovem ou para a criança), a valorização da cultura do aluno (seus conhecimentos prévios, os valores da sua comunidade de referência), a crença nas possibilidades do aluno (capacidade de sentir, pensar, fazer, analisar, superar, criar, comprometer-se), a lembrança de que são as *relações* que se tornam alienadas, portanto elas é que precisam ser trabalhadas.

c) Diálogo

Se, no cotidiano do trabalho pedagógico, o diálogo já tem um papel muito importante (cf. Capítulo IV), quanto mais no enfrentamento das situações de conflito. Observamos que, com frequência, há uma ruptura entre as conversas na sala dos professores e as de sala de aula: existem coisas das quais nos queixamos a vida toda com os colegas e não chegamos – por uma série de medos,

O PROFESSOR E AS SITUAÇÕES DE CONFLITO

interdições, bloqueios – a expor claramente aos alunos (e isso vale da educação infantil até a pós-graduação). O enfrentamento fica mais fácil quando o professor abre o jogo, busca o diálogo franco com os alunos: o que está acontecendo? Essa atitude revela como ele (professor) está vivendo a situação; como ela o está preocupando ou mesmo fazendo sofrer. Esse diálogo, embora não atinja a todos, costuma tocar justamente aqueles alunos mais sensíveis, que estão com a humanidade mais preservada ou com o vínculo com o professor menos esgarçado. A partir disso, o professor começa a ter uma base de sustentação, pela mediação que estes educandos podem fazer junto aos outros e pelo próprio apoio que lhe dão. Só a consciência de que não está sozinho, de que não está "falando para as paredes", já dá ao professor grande alento e lhe fortalece o ânimo para continuar o trabalho. Além disso, ele pode começar a trabalhar com a contradição interna do grupo, abrindo terreno para o diálogo mais localizado com um ou outro aluno mais envolvido no conflito naquele momento.

O diálogo, enquanto estratégia reflexiva, favorece o desenvolvimento da reversibilidade, a capacidade de se colocar no lugar do outro. Essa é uma das características do pensamento autônomo. O pensamento autocentrado não consegue ver o ponto de vista do outro; só consegue ver a si: suas ideias, suas necessidades, seu ponto de vista. O professor autônomo é capaz de reversibilidade, o que é importante para ganhar a confiança do aluno. É comum a queixa dos alunos de que, na verdade, não são ouvidos pelos seus mestres, de que estes não conseguem se colocar no seu lugar (dos alunos). Por meio do diálogo autêntico, o aluno percebe que o professor até pode ter um ponto de vista diferente do seu e contrariar o seu (do aluno) interesse, mas é alguém que o *reconhece*, que o leva em conta, que procura entender seu posicionamento. Um docente limitado em termos de inteligência, que não consegue se descentrar para ouvir o argumento do outro e argumentar em cima, costuma ser rejeitado pelos alunos. Ouvir, entender, não significa que aceitará, e sim que vai respeitar, decodificar, refletir, dar uma resposta, argumentar, confrontar com outro ponto de vista. Muitas vezes, a indisciplina do aluno é uma forma de extravasar a queixa à insensibilidade, até à falta de inteligência do professor. O que está subjacente aqui é a construção da autonomia cognitiva e moral.

d) Autoanálise

Diante da "indisciplina" discente, seria importante uma análise crítica: até que ponto determinada manifestação do aluno pode ser considerada de fato indisciplina? Sabemos que certas "indisciplinas" são perfeitamente cabíveis, até como forma de denúncia de estruturas equivocadas, relacionamentos autoritários, práticas pedagógicas arcaicas. Distingamos dois significados da indisciplina:

- "Resistência/renovação": aquela que denuncia uma forma anacrônica ou alienada de trabalho, que aponta para a necessidade de mudança da prática em sala de aula e na escola; é um alerta para despertarmos, sairmos do círculo da alienação, da reificação da relação. É fundamental aqui que o professor se implique, seja capaz de assumir sua participação e responsabilidade. A rigor, num novo paradigma educativo, essa manifestação do aluno nem é indisciplina; pode ser entendida como a transição para nova disciplina.
- "Subjetiva/infantil": aquela que está mais ligada à condição existencial do educando, à sua dificuldade em lidar com os limites, por exemplo.

Ambas podem estar interligadas, pois um sujeito com estruturas psíquicas, familiares ou afetivas mais abaladas pode manifestar mais precocemente a inadequação a um trabalho equivocado.

A autocrítica é condição para a ética. Quando o sujeito não se autocritica, significa que se coloca acima do bem e do mal, acima dos valores – logo, fora do campo da ética.

1.2. Não deixar o problema acumular

Cresce entre os docentes a consciência da necessidade de enfrentar o conflito ou os indícios de indisciplina logo no começo, assim que se manifestam. Há professores que, preocupados em "não perder tempo", não param para analisar o que se passa e acabam perdendo praticamente todo o tempo durante o ano. Alguns estudos e pesquisas do cotidiano (Ott, 1983; Dubet, 1997; Estrela, 1994) demonstram que o tempo despendido pelo professor com estratégias de sobrevivência, quando não consegue equacionar adequadamente o problema da disciplina, chega a ser mais de 50% do tempo útil de aula.

Existe no *não parar* um efeito multiplicador: havia um aluno disperso, que já estava com dificuldade na aprendizagem ou iria ficar, em consequência da dispersão; não foi atendido em suas necessidades porque o professor "não podia parar"; esse aluno afeta outro, que por sua vez, em decorrência da dispersão, começará a não entender a matéria também. O que era inicialmente um aluno com problema no comportamento ou na aprendizagem agora já são dois, que por sua vez vão afetar outros, e assim por diante, num movimento desagregador crescente. Não parar para atender o aluno em suas necessidades, a fim de (re)estabelecer o vínculo, é, portanto, autêntico *suicídio pedagógico*.

O não enfrentamento logo de início e o consequente agravamento do problema disciplinar acabam colocando o professor numa situação em que fica refém do medo, do sentimento de insegurança (que cresce mais rapidamente do que a insegurança em si), o que leva ao imobilismo e ao incremento da temperatura emocional desestruturante.

Podemos nos remeter aqui também à teoria do caos, que nos revela que, em condições turbulentas (e as da educação atual com certeza o são), pequena modificação no começo do processo pode provocar profundas alterações no seu desenvolvimento (Prigogine).

O PROFESSOR E AS SITUAÇÕES DE CONFLITO

> Podemos fazer uma analogia com a cristalização: a presença de um pequeno cristal pode desencadear toda uma estruturação no restante da matéria.

1.3. Oferecer estrutura em sala de aula

Normalmente, o aluno que apresenta problema disciplinar está vivendo alguma forma de instabilidade (cognitiva, afetiva, familiar, social). Ora, se esse aluno encontra uma sala de aula também desestabilizada, isso vai contribuir para o agravamento de sua situação. O contato com uma prática bem estruturada, pelo contrário, ajuda-o a se organizar interiormente.

Um procedimento básico é esclarecer muito bem as regras, não deixando pairar dúvidas sobre o que seja a conduta aceitável. Os educadores mais experientes sabem que é preciso ter paciência para relembrar o contrato e, sobretudo, manter o que foi combinado. É natural que a criança, o jovem – especialmente – confrontem a autoridade no que concerne ao que foi estabelecido; é uma forma de saber se é algo realmente importante ou apenas um detalhe ou um capricho momentâneo do mestre ou da instituição. A sinalização ao aluno de suas transgressões faz com que o professor não acumule insatisfações e depois "estoure" por qualquer coisa, perdendo a razão e o apoio dos alunos. A interrupção, logo no início, da evolução do processo de distanciamento do aluno, seja cognitivo, afetivo, ético ou físico, faz-se necessária para que professor e aluno não se tornem *estranhos*, o que seria muito triste e preocupante.

O cuidado com a organização do ambiente (material a ser utilizado, disposição do espaço, previsão da duração da atividade) parece banal, mas tem forte efeito na conduta dos alunos. Digamos que o professor tenha se esquecido de pegar (ou solicitar) o *datashow* e sai para buscá-lo; para os alunos em geral essa é uma situação tranquila, que implica apenas um momento de maior conversa com colegas (pequeno aumento da *entropia* – grau de desordem do sistema), sem maiores consequências; para o aluno que está em processo disruptivo, a saída do professor funciona como a "senha" para desencadear comportamentos inadequados.

O empenho em colaborar para o sucesso dos alunos nos trabalhos em sala de aula possibilita o resgate da autoestima e, consequentemente, o envolvimento com novas aprendizagens.

Com práticas desse tipo, aos poucos, vamos também ganhando clareza de que não existe nada de tão irreversível assim – ou seja, caso o aluno não tenha desenvolvido certas estruturas ou parâmetros em determinado ambiente (exemplo: familiar) e em determinado momento de sua existência (exemplo: infância), isso não significa que não possa vir a desenvolvê-los em outro ambiente (exemplo: escola) e em outro momento (exemplo: puberdade, adolescência, juventude, maturidade). Na perspectiva histórico-cultural, partimos do pressuposto da existência humana como um sistema sempre aberto, sempre passível de mudanças, de transformações. O pressuposto da educabilidade do ser humano ao longo da vida é decisivo para resgatar a esperança de que podemos fazer algo, dar alguma contribuição nesse processo.

1.4. Sanção por reciprocidade

É relativamente comum o contrato didático ser feito e depois ser esquecido tanto pelos alunos quanto pelo professor. Ora, diante de situações de conflito, o contrato é o norteador em relação às consequências do seu rompimento.

Trata-se de vivenciar o binômio escolha-consequência, fazer escolhas e assumir suas consequências. O espírito que pauta o estabelecimento das consequências pelo não cumprimento do combinado, numa perspectiva libertadora, é o da *sanção por reciprocidade*, como já mencionamos anteriormente, uma vez que

> *vão a par com a cooperação e as regras de igualdade. Seja uma regra que a criança admite do interior, isto é, que compreendeu*

que a liga a seus semelhantes por um elo de reciprocidade (exemplo: não mentir, porque a mentira torna impossível a confiança mútua etc.). Se a regra for violada, não há absolutamente necessidade, para recolocar as coisas em ordem, de uma repressão dolorosa que imponha, de fora, o respeito pela lei: basta que a ruptura do elo social, provocada pelo sujeito, faça sentir seus efeitos; basta pôr a funcionar a reciprocidade (...), basta tirar as consequências da violação desta regra, para que o indivíduo se sinta isolado e deseje, ele próprio, o restabelecimento das relações normais. A repreensão, então, não precisa mais de um castigo doloroso para ser reforçada: reveste toda sua intensidade na proporção em que as medidas de reciprocidade fazem compreender o significado de sua falta (Piaget, 1977b, p. 180).

Segundo Piaget (1977b, p. 180-184), podemos ter diferentes tipos de sanções por reciprocidade:

- *simples repreensão:* fazer o sujeito compreender em que rompeu o elo de solidariedade;
- *sanção restitutiva:* pagar ou substituir o objeto quebrado ou roubado;
- *reciprocidade simples:* fazer à criança exatamente o que ela fez;
- *privação de uma coisa da qual abusa:* ruptura de contrato em razão da não observância das suas condições;
- *apelar para a consequência direta e material dos atos:* adulto se recusar a recolocar as coisas em ordem; não fazer pela criança;
- *exclusão, momentânea ou definitiva, do próprio grupo social:* o elo social está momentaneamente rompido.

Dessa forma se evita tanto a impunidade, a frouxidão, a omissão, o "deixar fazer" quanto a sanção expiatória, isto é, a punição autoritária, que só faz sofrer, que só provoca dor, mas não leva ao entendimento e ao desejo de superação.

O quadro a seguir apresenta as diferentes posturas ante a transgressão:

Quadro 4: Posturas ante a transgressão

Aspectos\postura	Sanção expiatória	Impunidade	Sanção por reciprocidade
Sanção	Arbitrária	Inexistente	Relacionada ao ato cometido
Base	Medo	Impulso	Valor (incorporado pelo sujeito)
Objetivo	Fazer sofrer	Deixar fazer, não reprimir	Fazer refletir e resgatar o vínculo com o grupo
Tipo de educação	Heteronomia (imposição)	Anomia (omissão)	Autonomia (interação)
Resultado	• Revolta • Cálculo do risco • Conformismo, dependência	• Falta de referencia • Irresponsabilidade	• Capacidade de decidir • Autoconfiança

Tomemos um exemplo: o aluno chuta propositalmente o cesto de lixo da classe. Na postura autoritária, manda-se o aluno para fora, ele perde o recreio, manda-se para a direção ou chamam-se os pais; na espontaneísta, passa-se a mão na cabeça, comentando suavemente: "Você não fez por querer, não é, querido? Preste mais atenção, certo?" Na interacionista, o aluno deverá recolher o lixo que espalhou e se desculpar com a classe, já que atingiu um equipamento coletivo. Escreveu na carteira, riscou-a: terá de apagar ou lixá-la. Quebrou o vidro por querer: vai pagar e voltar à escola no outro período para ajudar a trocá-lo. Tais práticas, contudo, não poderão ser desencadeadas sem que haja o combinado nesse sentido, tanto com os alunos quanto com os pais, pois pode haver resistência: "Onde se viu, meu filho juntando lixo?" É preciso deixá-lo claro no projeto político-pedagógico, no regimento, na matrícula, nas reuniões do começo do ano. Também a escola deverá fazer sua parte: se disponibiliza carteiras riscadas, que moral terá de cobrar limpeza por parte dos alunos?

Muitas vezes, trabalhar assim é um desafio: temos dificuldades até mesmo em encontrar qual seria a sanção reparadora. Isso se deve ao fato de que nossa formação,

> Quando praticada sistematicamente.

> Tal atitude não iria contra o que prevê o Estatuto da Criança e do Adolescente? Não, uma vez que várias medidas educativas que o estatuto propõe se baseiam também na sanção por reciprocidade. Se o professor, por exemplo, colocasse um saiote no aluno para que ele varresse o que sujou, nitidamente se caracterizaria uma exposição do aluno ao ridículo, desrespeitando sua dignidade. Mas não é absolutamente esse o sentido da sanção por reciprocidade.

de modo geral, se deu em outras bases (autoritária, para os educadores mais experientes, ou licenciosa, para os mais novos). Uma estratégia que ajuda é identificar bem a situação-problema e o foco da transgressão (quem, o que foi atingido) e a partir disso pensar a reparação, de tal forma que a sanção tenha, de fato, que ver com o ato cometido, garantindo seu caráter educativo.

2. Superar a "síndrome de encaminhamento"

É comum ouvirmos dos professores a queixa de que deveria ser mais rígida a atitude disciplinar por parte da direção com relação aos alunos encaminhados por problemas de comportamento. Esse fato é revelador dos equívocos da postura de "encaminhamento":

1) a transferência de responsabilidade (o professor não sabe o que fazer em sala, encaminha o aluno, esperando solução "mágica" do outro);
2) as diferentes visões entre os próprios educadores (exemplo: encaminha-se o aluno esperando uma coisa e acontece outra);
3) os problemas de comunicação no interior da escola.

Uma vez encaminhado, o aluno chega à direção dizendo que não fez nada, que é tudo perseguição do professor; o professor conta o que o aluno fez; as versões não batem, o que exige uma acareação – situação ridícula (mais parece delegacia de polícia), gerada pelo próprio encaminhamento. A direção/coordenação faz todo um trabalho de orientação com o aluno, porém, ao voltar para a sala, ele diz aos colegas que não aconteceu nada, que "só tomou um chazinho", o que revolta o professor. Encaminha-se o aluno e, por falta de comunicação, não se sabe o que aconteceu depois com ele. O professor pede que se suspenda o aluno; se a direção suspende, pode estar fazendo justamente o que o aluno quer (ficar longe da escola) – logo, tal medida não teria efeito educativo; se não suspende, vai passar o resto de seus dias ouvindo dos professores que "a direção não apoia, é frouxa no trato com os alunos". Os encaminhamentos para a orientação educacional ou para a coordenação pedagógica, além de não produzirem resultados, fazem com que essas instâncias fiquem "apagando focos de incêndio" e sem tempo para cuidar das mudanças mais estruturais do currículo e do trabalho coletivo, elemento decisivo na escola. Por isso tudo, seria importante não entrar na "síndrome de encaminhamento".

Analisando historicamente, podemos compreender alguns elementos da gênese dessa distorção: no passado, tínhamos um professor que era a autoridade em sala de aula, era o autor de seu curso, respondia pelos seus atos. Chegou, então, um técnico (supervisor, orientador) dizendo como ele deveria agir, como dar sua aula – ou seja, entre o docente e sua prática introduziu-se um intermediário. O professor passa a se sentir expropriado de seu saber e de seu poder e reage: "Bem, já que entrou o coordenador para resolver, agora eu mando o aluno-problema para ele; ele que dê um jeito." É um erro em cima de outro.

Quando o professor encaminha o aluno a algum serviço da escola, está dizendo o que para ele? "Você me venceu. Eu não posso com você, mas há alguém que pode." Logo, além de quebrar o vínculo, está criando um vazio de referência na sala, diminuindo sua autoridade. Como sabemos, sem autoridade, no verdadeiro sentido, não há educação.

De que adianta o professor ficar encaminhando "alunos-problema" para a orientação educacional, por exemplo, se o foco do conflito está na sala de aula? Entendemos que, para terem efeito educativo, os conflitos entre alunos e professores devem ser enfrentados, antes de mais nada, por eles mesmos. Para tanto, o professor precisa ter condições de, por exemplo, estabelecer uma conversa mais particular com algum aluno se as providências tomadas em sala de aula não foram suficientes para resolver o problema. Se a escola não tiver outra possibilidade, no limite, consideramos ser preferível que um membro da equipe vá para a sala de aula e o professor saia com o aluno para ter o diálogo. Alguém poderia ir logo dizendo: "Ah, se eu for fazer isto, vou ficar mais tempo fora do que dentro de sala." Isso aconteceria se se deixasse o problema acumular; enfrentando logo no início, assim que surge, muito provavelmente não haverá tanta necessidade assim de sair de sala.

A questão não é, pois, ter uma equipe de especialistas de plantão (fonoaudiólogos, psicólogos, terapeutas, neurologistas, médicos, assistentes sociais, orientadores educacionais, pedagogos, psicopedagogos, antropólogos, nutricionistas) para encaminhar alunos, mas o professor ser formado – até com a ajuda desses profissionais – e ter condições mínimas para fazer melhor o seu trabalho.

> Inclusive em termos de remuneração; o salário do professor já anda defasado, quanto mais se a escola tiver de contratar ainda um conjunto de outros profissionais...

Por outro lado, cabe superar também a "síndrome do acobertamento", aquela situação em que o professor não encaminha o aluno, mas fica com ele em sala sem nada fazer, sem enfrentar o problema, numa autêntica situação demissionária ("Dou aula para quem quer; os outros...").

A existência na escola de um serviço disciplinar específico (alguém especialmente designado para cuidar de "problemas de disciplina") favorece a "síndrome de encaminhamento", em vez da busca de solução do problema no âmbito em que se manifesta. Como já analisamos, a construção da disciplina é tarefa de todos.

Não se poderia, então, solicitar que outros educadores dialogassem com o aluno que está apresentando problema? É certo que sim, pois neste caso a postura é bem outra: não se trata de encaminhar para que outro resolva, mas buscar ajuda a fim de que o professor tenha mais elementos para ele mesmo enfrentar o problema.

Fortalecimento do professor. Para não sucumbir à lógica dos encaminhamentos, o professor precisa ser fortalecido. Seria muito simples a equipe diretiva dizer:

"Resolva tudo em sala; não nos importune", porém não dar condições para tanto. O apoio da instituição ao professor se dá, por exemplo, na garantia do espaço para atendimento ao aluno que está apresentando dificuldade; no espaço de reflexão coletiva para que possa trabalhar também suas dificuldades; no respaldo da equipe diretiva diante de eventuais conflitos com alunos ou pais. Quando o professor tem clareza das regras da instituição, não é "enrolado" nos conflitos com os alunos.

A supervisão/coordenação ajuda quando constitui um espaço para descarga das ansiedades dos professores, no qual falam e se sentem acolhidos e efetivamente ouvidos; quando está atenta à introjeção de fracasso por parte do professor, decorrente da dificuldade do trabalho com os alunos, ou, no polo oposto, ao mecanismo de projeção das dificuldades no outro; ao fortalecer o professor a fim de que não vá para o diálogo com os alunos com a "espinha quebrada", moralmente derrotado; ao diminuir o estresse informacional (o professor, muitas vezes, sente-se dilacerado pela enorme enxurrada de novidades pedagógicas, cada uma sendo apresentada como a panaceia); quando resgata os valores docentes, suas práticas positivas, seus saberes; quando tem bem presente o projeto político-pedagógico da escola.

3. Postura diante da agressão

A agressão do aluno é algo que desnorteia o professor. De fato, trata-se da negação do vínculo educativo mais elementar: o respeito pelo outro. O professor sente angústia, impotência, raiva, dor e até mesmo vontade de revidar na mesma medida. O que fazer nessa situação-limite?

Diante da agressão do aluno, os docentes têm encontrado uma estratégia interessante: tomar distância para pensar e não reagir às provocações no mesmo nível, procurando compreender quem ou o que o aluno está querendo atingir, não tomando a ofensa como pessoal e vendo

Alguns até com uma justificativa absolutamente infantil: "Foi ele quem começou..."

o que o aluno está agredindo por meio dele. A maior agressão é a pessoa se deixar atingir pela agressão do outro:

> *Logo pude descobrir que esta era a maior agressão que eu recebia: a autoagressão que eu dirigia a mim mesma, colocando-me no lugar da queixa, do desânimo, da frustração, do lamento e da culpa diante desta situação. (...) Se eu, frente a um ato agressivo dirigido à minha pessoa, não consigo usar minha capacidade criativa para situar-me frente a esta situação e poder no mínimo pensá-la (não digo resolvê-la), sou eu quem estou agredindo a mim mesma, mais do que o aluno que está me agredindo* (Fernández, 1992, p. 169).

Quando se toma distância para analisar a situação, não se fica no nível meramente reativo.

> *A quem agride esta criança quando me agride? Poder descentrar-se. Quando o aluno me agride, se eu penso que ele agride a mim, estou em um nível imaginário e a única coisa que vou conseguir é aumentar a situação de atuação agressiva e não vou poder gerar um espaço de pensamento. Eu tenho que me dar conta que o aluno está agredindo, através de mim, a outras situações. Quais? Eu não sei. Podem ser coisas que eu tenha realizado mas não a minha pessoa* (Fernández, 1992, p. 169).

A tentativa de substituir a ação agressiva pela comunicação com palavras traz a situação para nível simbólico, ajuda a identificar e expressar os sentimentos ("dar nome" aos sentimentos é diminuir a ansiedade, os fantasmas).

A canalização das condutas agressivas para atividades pedagógicas diversificadas como jogos, dramatização, expressão artística e musical é outro caminho interessante.

É fundamental a escola propiciar aos educandos outras representações e experiências: esse é o papel de humanização da cultura. Se o cotidiano do aluno é perpassado de alienação e violência e na escola encontra algo semelhante, não avançará muito. Se, ao contrário, tiver oportunidade de vivenciar práticas de solidariedade, de cooperação, de produção, de autoria, de esperança, de construção, de crítica, descoberta, poesia, alegria, sentirá que vale a pena ir para a escola!

Nessa medida, ganha relevância o trabalho de fortalecimento da coesão grupal, do estabelecimento de vínculos dos alunos entre si e com o professor.

De modo geral, enfatiza-se muito a influência do afetivo no cognitivo; todavia, se resgatarmos (com Wallon, por exemplo) o caráter dialético dessa relação, poderemos compreender a contribuição do cognitivo para o afetivo: a experiência de aprendizagem do aluno traz alegria, fortalece sua autoestima, possibilita relacionamentos no interior do grupo-classe, gerando maior competência para enfrentar sua (dura) realidade. De outra feita, o trabalho pedagógico bem encaminhado favorece a disciplina intrínseca ao processo de conhecimento: atenção, ouvir o outro, seguir certos passos, etc. Por meio do trabalho com o conhecimento, podemos dar nossa contribuição mais específica para a construção da disciplina e para a formação global do educando.

Capítulo VI

DISCIPLINA E AVALIAÇÃO: INTERFACES DELICADAS

Disciplina e avaliação: interfaces delicadas

Nesta breve reflexão, queremos fazer um exercício de análise concreta de uma situação real, tomando por objeto a relação entre avaliação e disciplina, ou, mais especificamente, a questão da avaliação socioafetiva, atitudinal. Por trás de uma prática corriqueira da escola podemos ver o mundo (princípio de totalidade), verdadeira trama de relações, que vai muito além da prática em si. Este costume de atribuir nota ao comportamento do aluno, aparentemente singelo, pede muita atenção ao ser enfrentado, pois tem inúmeras implicações. Esta, aliás, é uma das características da avaliação, que a faz um objeto de investigação tão apaixonante: não podemos de forma alguma nos prender às manifestações primeiras, uma vez que o nó fundamental da avaliação se encontra na sua intencionalidade, na sua vinculação com relações de poder, e o "poder disciplinar se exerce tornando-se invisível" (Foucault, 1977, p. 167).

A assim chamada avaliação socioafetiva ou atitudinal é um campo de entrecruzamento de duas esferas das mais delicadas do cotidiano escolar: a disciplina e a avaliação. Essas duas práticas sociais, como sabemos, têm forte vinculação histórica. Os estudos de Foucault (1977) revelam como o processo de disciplinamento social na modernidade (prisões, hospitais, manicômios, fábricas, escolas) se pautou fortemente nas práticas avaliatórias (busca de provas, testes, diagnósticos, juízos, relatórios, fichas). *"O exame combina as técnicas da hierarquia que vigia e as da sanção que normaliza. É um controle normalizante, uma vigilância que permite qualificar, classificar e punir"* (Foucault, 1977, p. 164). Também no interior da própria escola vemos muito claramente este inter-relacionamento: a nota usada como elemento de controle de comportamento. Além disso, é muito comum que o aluno que apresenta "problema de disciplina" seja repetente (ou multirrepetente) – ou seja, reflexo da lógica de avaliação classificatória e excludente da instituição.

1. Avaliar o aluno como um todo

Partamos de uma pergunta muito comum entre os professores que estão buscando mudar a prática avaliatória: deve-se dar nota pelo todo do aluno? Está em jogo aqui a relação entre dois elementos básicos: a nota e o todo do aluno.

1.1. O todo

Comecemos analisando a pertinência de avaliar o todo. De modo geral, quando se referem ao todo, os educadores estão entendendo, além da dimensão cognitiva, aqueles aspectos relacionados a interesse, responsabilidade, comportamento, disciplina, criatividade, cordialidade. Quanto à avaliação cognitiva, não costuma haver dúvida da sua necessidade. Em razão das novas concepções – que, a rigor, nem são tão novas assim –, das alterações na legislação, das mudanças que os sistemas de educação estão implantando, os professores se questionam: devemos avaliar o aluno como um todo ou só quanto ao aspecto cognitivo?

Alguns educadores veem nessa pretensão um caráter autoritário, que corresponde à ideia de Panóptico como expressão do desejo de controle total dos movimentos dos outros, um esquema de domínio totalitário do aluno, de construção da docilidade dos corpos (Foucault, 1977). De fato há esse risco, mas não porque esse tipo de avaliação esteja sendo praticada explicitamente: tal risco é

O Panóptico de Bentham corresponde a um projeto arquitetônico em que na periferia há uma construção em anel e no centro, uma torre, vazada com largas janelas, de onde se pode *ver sem parar* tudo o que acontece nas celas, onde está *um louco, um doente, um condenado, um operário ou um escolar* (Foucault, 1977, p. 177).

constante, pois, embora o professor possa não expressar, está sempre a considerar esses outros aspectos da vida do aluno. Defendemos, então, a explicitação, a tematização clara dessas questões, pois assim, ao menos, são discutidas e podem se tornar menos nocivas. Essas avaliações "intuitivas", espontâneas, implícitas, não refletidas, costumam ter enorme carga de preconceito inconsciente.

Entendemos, pois, que é, sim, papel da escola e dos educadores avaliar o aluno como um todo, porque:

- antes de tudo, ele é um todo;
- estamos comprometidos com a sua formação integral; numa perspectiva de educação democrática, não ficamos indiferentes diante de um aluno que tem ótimo aproveitamento, que domina bem os conceitos, mas, por exemplo, não se relaciona bem com os colegas.

1.2. A nota

O outro polo da relação é a nota (ou conceito, ou menção, vinculados a processos classificatórios e excludentes). Aqui o problema talvez seja bem mais complicado. Precisamos começar nos perguntando: que visão temos da nota? Isso é decisivo para o encaminhamento posterior.

Se, por exemplo, o professor considera que a nota é algo natural no sistema de ensino, simples reflexo da aprendizagem, mera consequência, então não há nada mais lógico do que defender sua aplicação também para o campo socioafetivo. Por outro lado, se vê a nota com sérias reservas, se a compreende como parte de uma perversa lógica que, sob o *manto insuspeito* da "aferição dos conhecimentos", está, na verdade, a serviço da dominação, da exclusão pedagógica e social, seu posicionamento será diferente.

Não estamos discutindo intenções genéricas; nesse campo, estamos todos bem, já que desejamos o melhor para nossos alunos. Nossa preocupação é identificar o real papel que a nota (uma das faces explícitas da avaliação classificatória e excludente) *de fato* vem exercendo no cotidiano escolar.

Podemos analisar a nota sob, pelo menos, dois pontos de vista: seu aspecto técnico e sua dimensão política. Tecnicamente a nota é um recurso muito frágil, dado que pouco informa em termos qualitativos (toda expressão quantitativa vai demandar uma análise qualitativa para que possa ganhar significado).

Todavia, a grande crítica que temos à nota não é, com efeito, a ela mesma, mas àquilo que representa: o sistema classificatório e excludente! Trata-se de um campo de difícil abordagem, pois essas práticas de avaliação já se *naturalizaram* de tal forma, que muitos educadores não se dão conta de seu verdadeiro caráter. Como se costuma dizer, parece que atiram no que veem (avaliar para promover a aprendizagem) e acertam no que não veem (inculcação ideológica, domesticação, exclusão). O professor vem sendo usado há séculos por essa lógica, porém quase nunca tem consciência disso. Com a melhor das boas intenções ("preparar para a vida"), acaba participando desse esquema, não percebendo que existem outras formas de se preparar para a vida que não o massacre desde cedo, de tal forma que muitas das crianças das classes populares, em nome de tal *preparação*, nem sequer concluem o ensino fundamental!

"A nota é algo natural ao sistema de ensino." Será? É certo que ela acabou se naturalizando, mas não podemos esquecer sua gênese: com o caráter político-ideológico que tem hoje, é algo absolutamente espúrio ao campo educacional. Como sabemos, historicamente, foi acionada como uma estratégia da burguesia, no final do século XVIII, no uso da escola para se consolidar como classe: de um lado, preparar a dócil mão de obra para a indústria emergente; de outro, fazer o trabalho de inculcação ideológica, de forma tal que as pessoas se conformassem com seu lugar na sociedade, apesar do novo discurso de que "todos eram iguais diante da lei".

"A nota é simples consequência." Será mesmo? Quantas e quantas vezes já não deparamos com situações em que o aluno de fato sabia, contudo, por uma série de motivos,

DISCIPLINA E AVALIAÇÃO: INTERFACES DELICADAS

não conseguiu se expressar no momento da avaliação; e outras em que tínhamos certeza de que o aluno não estava sabendo e, no entanto, tira um *notão*, vindo então a dúvida: será que ele tirou a nota ou tiraram por ele? Existem muito mais coisas por trás da nota do que pode imaginar a nossa vã filosofia.

Do ponto de vista pedagógico, a nota tem uma repercussão muito nefasta, uma vez que *"representa uma forma de avaliação tão alheia a todo decorrer do trabalho que logo começa a predominar sobre os interesses da aprendizagem, e o aluno começa a estudar para evitar uma nota ruim ou obter uma boa"* (Vigotski, 2003, p. 221). Ou seja, é poderoso fator de distorção da intencionalidade do ensino e da aprendizagem.

1.3. Todo *versus* nota

A partir da tomada de posição anterior, entendemos que devemos avaliar, sim, a dimensão socioafetiva, mas sem vinculá-la ao sistema classificatório e excludente (aprovação/reprovação). Em outras palavras: avaliar, mas sem atribuir nota. Por quê? Justamente para não ampliar o poder de distorção da avaliação classificatória, que tantos estragos têm feito na educação escolar.

Fique claro que não se trata de desvalorizar essa dimensão; ao contrário, é por valorizá-la tanto que não queremos distorcê-la. Quando a avaliação "vale nota", o aluno, com frequência, passa a aplicar nela as mesmas *estratégias de sobrevivência* que, infelizmente, desenvolveu, às vezes desde muito cedo, para a dimensão cognitiva. Assim, em determinado contexto em que o professor "valoriza" (= atribui nota) a *participação*, o aluno pode apresentar aquela participação estereotipada (frouxa, frágil, sem significado maior para si) só para ter o tal "pontinho": faz pergunta, finge estar interessado na frente do professor. Com isso estamos conseguindo o quê? Mascarar o problema e, às vezes, até agravá-lo, já que o aluno, além de não ter trabalhado seu real desinteresse, desenvolve a hipocrisia.

Sobre a "cola". A cola (pescagem, fila) costuma ser tida na escola como grave transgressão, sério ato de indisciplina. Precisa ser mais bem entendida. Se, de um lado, a escola usa a avaliação como instrumento de poder e de controle do aluno, este, por sua vez, não constituindo um ser passivo, desenvolve estratégias de sobrevivência e cria um *contrapoder*: estabelece uma relação utilitarista com o saber e com o outro; consegue nota a qualquer custo, mesmo que seja por meio de "cola" (algo muito mais comum do que comumente se imagina). Isto é, o aluno acaba desvendando o jogo da escola e encontra formas de resistência e enfrentamento (Vasconcellos, 2003). Revela-se interessante observar a ambiguidade: o uso de "cola" material (escrita no papel, na borracha, na carteira) não é aceito pela escola, por ser considerado recurso alheio ao processo de ensino-aprendizagem; já a cola mental ("decoreba", memorização mecânica) – que também não faz parte do processo de formação e construção do conhecimento – frequentemente é aceita e até legitimada pelo tipo de avaliação empregada pela escola, à medida que o professor exige que o aluno reproduza *ipsis litteris* o que disse em aula ou o que estava no livro (nomes, classificações, datas, locais). Se os alunos estão recorrendo insistentemente à cola, a questão não é aumentar os mecanismos de controle, mas discutir abertamente: o que está acontecendo? A matéria está muito difícil? Desinteressante? Faltam informações anteriores? Não estão compreendendo a linguagem da aula e/ou dos instrumentos de avaliação? O nível da avaliação não está adequado?

Alguns professores resolvem "oficializar" a cola, deixando que alunos a tragam nas avaliações; essa atitude, parece-nos, dá uma mensagem um tanto ambígua do ponto de vista ético, uma vez que não podemos ignorar o sentido historicamente enraizado de cola como algo errado, de burla, de desrespeito às regras. Cremos que é mais adequado dizer o que, de fato, é: avaliação com consulta ao seu resumo.

DISCIPLINA E AVALIAÇÃO: INTERFACES DELICADAS

1.4. Perigo de mascaramento da real situação de aprendizagem do aluno

Nossa preocupação em torno da avaliação socioafetiva é que seja criada uma série de "penduricalhos" em torno da avaliação da aprendizagem, distorcendo seu sentido. Estamos partindo de dois princípios:

1) Nossa tarefa, como autênticos educadores, não é "gerar nota", mas aprendizagem (e desenvolvimento humano pleno).
2) Nosso desafio não é diversificar as formas de avaliar só para sermos "modernosos" ou para cumprir a legislação. Precisamos avaliar de formas diferentes para melhor perceber os avanços dos alunos (fortalecendo sua autoestima) e as suas necessidades (e assim poder trabalhá-las adequadamente).

Se entendemos que uma das funções da avaliação é localizar necessidades para comprometer-se com sua superação, precisamos, com efeito, identificar tais necessidades. Quando existe o esquema de "pontinhos" para tudo, o possível papel da quantificação como indicador de necessidade fica comprometido, uma vez que quantitativamente o aluno estará bem, mas este indicador não terá correspondência com a qualidade, já que foi gerado por fatores exteriores à própria dinâmica da aprendizagem. Tomando um exemplo: um aluno que tinha tirado 2 numa atividade de avaliação de cunho cognitivo, mas teve 1 ponto por sempre vir de uniforme, mais 1 por asseio e outro 1 por ter desfilado no Sete de Setembro já perfaz 5. Ora, o professor consciente não se aterá ao número, e sim à aprendizagem, de tal forma que – mesmo o aluno tendo nota – vai retomar a matéria para favorecer o resgate da aprendizagem. Todavia, em decorrência da longa tradição a que fomos submetidos e das precárias condições de trabalho, não será difícil encontrar professores que, vendo a nota 5, considerem que o aluno não está precisando de maiores cuidados e sigam em frente. Nesse caso, o aluno, embora com nota, ficará com um rombo na sua rede conceitual.

247

2. Abertura a novos possíveis: dialética da travessia

Sabemos que, com muita frequência, o aluno só valoriza o que vale nota. Qual será nossa postura diante desse fato: reconhecer aí uma distorção a ser superada ou reforçar ainda mais a distorção com nossa prática em sala de aula?

Há aqui uma questão de fundo, uma das mais radicais em termos de importância do posicionamento do professor: é possível transformar a realidade? *Este mundo pode ser diferente do que vem sendo?* Acreditamos na possibilidade de outra forma de organizar as relações entre os homens ou consideramos que "é assim mesmo, não tem jeito, sempre foi assim"? Diante da realidade que está dada, qual vai ser a nossa posição? Reforçar ou lutar para mudar? Simplesmente reproduzir ou tentar também transformar?

O agir humano está sempre marcado por um nível energético, por um móbil, por um motivo. De onde vem essa motivação? Isso nos remete a outra questão de fundo:

> Seria possível o ser humano agir pautado em valores ou só funcionaria na base do esforço-recompensa, do prêmio-castigo?

Será que a pessoa pode trabalhar orientada por valor (que não o econômico)? Podemos sair do mercado nas relações humanas ou o mercado invadiu tanto o ser humano, que tudo é mercadoria (incluindo a aprendizagem e sua expressão por meio da nota ou do conceito)?

Alguém poderia argumentar: "Ah, mas esse esquema funciona." De fato, pode até funcionar num primeiro momento, mas a reflexão que se impõe é: que cidadão estamos formando? Que ética estamos forjando? Que direito teremos de criticar políticos que atuam na base do "é dando que se recebe" (corrupção, abuso de poder) se estamos tendo o mesmo tipo de prática no interior da escola (que, nesta medida, acaba sendo um embrião daquilo mesmo que estamos a criticar)?

Querer resolver os problemas de interesse ou de comportamento por meio da nota é um caminho aparentemente mais fácil, porém, na verdade, é ineficaz do ponto de vista pedagógico e nocivo do ponto de vista psicológico, ético e político.

2.1. Desejável *versus* histórico-viável

Pela situação concreta do ensino, em especial nas séries mais avançadas, sabemos que, com relativa frequência, recebemos alunos já condicionados por este sistema de "mercado" com a nota (valor de uso *versus* valor de troca – Marx, 1980). Nesse contexto, temos de alimentar a tensão entre o desejável e o histórico-viável. Se os alunos estão muito condicionados e, de repente, o professor muda a forma de trabalho, pode causar um caos destrutivo. Por outro lado, se o professor continuar a alimentar tal equívoco, não estará dando sua contribuição para a transformação. É um jogo difícil.

Uma alternativa é ajudar os alunos a tomar consciência do ridículo da situação, tendo em vista o estágio de vida em que estão, e, concretamente, procurar diminuir esse comércio de pontos ao mínimo possível até que possa ser extinto. Num período de transição, se for necessário usar esse artifício de pontuação, que pelo menos fique em cima de fatores objetivos (fez ou não a tarefa, apresentou ou não o exercício, trouxe ou não o material, etc.). É até difícil dizer isso, fazer essa concessão, já que tais iniciativas do aluno são inerentes ao processo educativo e não deveria ser necessário um sistema de prêmios para levá-lo a realizá-las.

> Ter de ficar prometendo pontinho para um marmanjo a fim de que se comporte em sala...

2.2. Outro olhar sobre a avaliação

A nota, como já apontamos, é uma forma de expressão muito limitada. O que significa um 7? Os professores que já avançaram na concepção de avaliação queixam-se dessa exigência de ter de enquadrar o aluno num número. Além disso, a nota 7 de um aluno pode ter um significado bem diferente da de outro; a representação numérica, porém, induz ao erro, pois, matematicamente falando, 7 é 7. Por isso, como estamos nos posicionando desde o começo desta reflexão, a nota deve ser superada.

No entanto, enquanto existir, ela não impede em termos absolutos a mudança de postura do professor. Dificulta, mas não impede. A questão essencial não é a nota em si (a quantificação), mas a função seletiva que a ela foi agregada. Numa fase de transição, enquanto ainda se utiliza a nota, pode-se buscar anular ou minimizar seu caráter classificatório e excludente:

1) tendo consciência dessas suas relações *obscuras e tenebrosas*; isso vai exigir atenção constante, o não agir mecanicamente. Daí a necessidade de reflexão pessoal e coletiva sobre a prática, ouvir os alunos, etc.;
2) tendo firme compromisso com a aprendizagem de cada um e de todos os alunos. Diante do resultado insatisfatório na avaliação, partir para a investigação e tomada de decisão: o que fazer para ajudar a superar as necessidades ou dificuldades.

Se o professor se libertou do paradigma da medição/julgamento da pessoa, a nota já não é um problema fundamental. Qual é o critério aqui? Ressignificá-la: embora haja a exigência de nota, podemos colocá-la a serviço da qualidade da aprendizagem. Uma coisa é o professor dizer a um aluno: "Você é 3", outra é dizer: "Você atingiu 30% dos objetivos propostos; vamos ter de retomar para que você possa atingir o mínimo necessário." Não é a pessoa que é 3; trata-se daquela sua produção naquele momento. A nota torna-se um indicador – provisório – que orienta o trabalho do professor. Assim, se o professor toma o 3 não como uma referência à pessoa do aluno, à sua capacidade de aprender, mas como um indicador de que determinadas aprendizagens ainda não se deram ou consolidaram (ou de que ele não conseguiu estabelecer uma comunicação mais significativa com o aluno) e será preciso buscar estratégias para que venham a acontecer, já estará assumindo nova postura (ainda que se mova no esquema arcaico de atribuir notas imposto aos docentes).

2.3. Como avaliar a dimensão socioafetiva sem dar nota?

Se a avaliação socioafetiva não se vincula à classificação e exclusão, como pode ser feita? Uma possibilidade é o parecer descritivo, o relatório que o professor faz do desenvolvimento global do aluno. Para tanto são necessárias certas condições de trabalho, como a formação do professor, tempo para preenchimento, supervisão na elaboração. Uma alternativa limitada, que, no entanto, avança em relação à simples nota, é fazer uma ficha de avaliação (também sem valer nota) em que são contemplados aspectos como: participação, interesse, responsabilidade, respeito ao colega, ao professor, etc. por meio de alguma menção (exemplo: "com frequência", "algumas vezes", "raramente"). Periodicamente, os pais recebem a ficha com o parecer dos professores relativos aos aspectos socioafetivos do educando; essa ficha tem por função dar uma visão mais global do desenvolvimento do aluno. Com o tempo, pais e alunos começam a procurar a escola mais pela ficha que pela nota, pois percebem que a ficha explica mais a situação do aluno. Mas qual é a vantagem? Como a ficha não vale nota, o diálogo pode se dar em bases mais autênticas. Quando, ao contrário, o fato de registrar determinada observação faz com que o aluno perca ponto, os pais costumam discordar, dizer que o filho não é assim, que o professor não percebeu direito. Na nova situação, como não vale nota, os pais podem ser mais francos e até pedir ajuda para enfrentar a dificuldade (Vasconcellos, 2008e).

* * *

O exercício do poder talvez seja um dos aspectos mais delicados no interior da escola. Como estamos usando o nosso poder? É incrível como determinados professores, com a maior tranquilidade, usam seu poder para calar os alunos, todavia nem desconfiam que poderiam usá-lo para criar novos possíveis, para atribuir sentido, para fazê-los aprender! É preciso reconhecer a existência do poder, não querer negá-lo. Conforme nos lembra Foucault, o poder não é uma coisa que está em determinado lugar, mas algo que flui entre os sujeitos em relação; essa é uma característica inalienável dos relacionamentos humanos. Assim, a questão passa a ser não negá-lo, mas discutir sua forma de exercício – a serviço de que e de quem se coloca –, analisar criticamente o vetor do poder do professor, visto que, quando este o utiliza para reproduzir o sistema, há um efeito de ampliação de seu poder pelo vetor do poder maior dado pela "correnteza", pelo movimento já estabelecido no real; assim, de fato, as coisas fluem muito mais facilmente. Todavia o que obtemos? Reprodução! Será essa nossa opção? Temos convicção de que, não obstante os diversos condicionantes, é possível, desde logo, o professor/escola ter uma prática de mudança em relação à educação alienada, exercendo seu poder para que seja garantida a efetiva aprendizagem e desenvolvimento de todos, de modo que tanto a avaliação quanto a disciplina tenham como referência um projeto de libertação humana.

Anexo
Oficina: construção coletiva do projeto disciplinar da instituição

1. Introdução

Neste anexo, disponibilizamos um instrumental metodológico para a construção do projeto disciplinar da escola, na linha do planejamento participativo.

Quando se pensa no planejamento do trabalho pedagógico, tradicionalmente se fica restrito ao plano cognitivo: quais os conteúdos, qual sequência de atividades o professor vai desenvolver, etc. Na verdade, o que tem de ser planejado é o trabalho como um todo, a partir do próprio coletivo de sala de aula. No passado, como isso não era problema – nem problematizado –, não se percebia sua importância; hoje, com a crise da disciplina, fica patente a necessidade de a escola planejar, antes de tudo, a constituição da coletividade.

Equívocos no enfrentamento dos problemas de disciplina

Muitos professores se queixam do comportamento dos alunos, da agitação ou da apatia. Cremos que, para enfrentar tal situação, falta *planejamento participativo*! Fica-se administrando os problemas de forma individual e por crise.

Enfrentamento individual. Tudo se passa como se o problema fosse apenas do professor e, mais ainda, daquele determinado professor. Isso, de um lado, é corroborado pelo discurso acusativo de alguns dirigentes e, de outro, tem respaldo no medo experimentado pelo professor de "ser problema" diante da direção e dos colegas. Parece que ter dificuldades disciplinares em sala significa não ser bom professor. É interessante esse movimento nos relatos dos professores: primeiro, fazem o desabafo, expõem os problemas que estão sentindo (chegam a afirmar abertamente que se sentem perdidos, incompetentes); logo em seguida, alguns colegas começam a dizer o que deveriam fazer, a dar algumas sugestões; nesse momento, parece que os professores desconfiam que, dessa forma, estão expondo a sua incompetência – afirmada um pouco antes – e imediatamente articulam um discurso de conciliação ou de defesa: "Eu sei; mas também não é sempre que acontece. Pelo que os alunos falam, comigo até que acontece menos problema em sala. Naquele dia eu estava meio nervoso, por isso senti mais." Há dificuldade em reconhecer o problema quando outros colegas não se expõem também. Ora, por meio de uma análise mais atenta, pode-se constatar se o problema é só com determinado professor ou com vários, havendo encaminhamentos pertinentes a cada situação. De qualquer forma, a questão não é só conseguir "dar aula", "ter domínio", conforme a representação de alguns docentes. A questão é: a que custo? Parece haver uma preocupação em sobreviver, em tocar em frente, mas não se problematizam as consequências da ação.

Não raro, o professor sofre em sala as consequências de posturas equivocadas de colegas (que, por exemplo, são duros ou flexíveis demais) ou da equipe diretiva (exemplo: resolve tirar a bola do intervalo sem explicar aos alunos os motivos). O docente em sala, querendo ou não, representa a instituição; se os alunos têm algo mal resolvido no âmbito institucional, será no professor que vão descarregar (situação da qual ele, amiúde, por falta de comunicação interna, nem tem ciência).

Cada professor busca suas estratégias de sobrevivência. Em alguns casos, sabemos, a saída encontrada pelo docente é simplesmente a demissão em ação: "Eu vou dar aula para quem estiver a fim de ouvir." O fato é que, de uma forma ou de outra, o enfrentamento acaba ficando em termos individuais.

Administração por crise. Os problemas educacionais são debilmente enfrentados à medida que vão surgindo, sem um planejamento, sem uma reflexão mais aprofundada. Isso é muito arriscado, pois frequentemente são tomadas medidas que agravam ainda mais a situação, justamente por não atingirem as causas.

É prática corrente, por exemplo, o professor querer administrar um a um cada conflito que emerge em sala; vira um inferno: os alunos passam a disputar a atenção do professor por meio das transgressões, que em si podem ser muito simples – pegar a borracha do colega sem pedir, puxar o cabelo, esconder a bolsa. Se o professor não for capaz de reverter esse clima, não fará outra coisa em sala e se estabelece um ciclo vicioso, já que, para quem não está envolvido diretamente naquele conflito, a aula fica enfadonha, o que abre espaço para dispersão e surgimento de novas dispersões.

A esse equívoco soma-se uma <u>série de outros</u>. Com tais estratégias, os alunos ficam quietos por algum tempo, e depois volta tudo novamente. Esta, aliás, talvez seja uma das mais claras expressões da administração por crise: a constante reincidência.

O planejamento, do ponto de vista ontológico, enquanto possibilidade de existência, tem que ver com a *regularidade* do real: se não houver certo grau de ocorrência de determinados problemas, não há como nem por que planejar. Nesse caso, seriam situações tão particulares e isoladas, que poderiam ser resolvidas com relativa facilidade pelo docente no momento em que se manifestassem. Ora, não é isso que se tem observado na prática das escolas. As queixas são reincidentes e, no entanto, continua-se administrando por crise, como se os professores fossem pegos sempre "de surpresa". É certo que não há como saber exatamente com que configuração peculiar o problema se manifestará em sala; mas, em havendo uma reflexão prévia, determinada postura assumida pelos educadores, com certeza ficará muito mais fácil resolver as dificuldades assim que emergirem.

Mandar aluno para a direção ou orientação; aplicar formalmente as regras, sem diálogo; aumentar o aparato de repressão da escola, sem discutir as questões ou ir fundo nelas; chamar os pais por qualquer coisa que o aluno faça; parar a aula a fim de "conversar com os alunos", só que com um discurso de caráter de cobrança ou acusação (e não de análise, pesquisa das causas), levando os alunos a se fechar ao que está sendo dito; crise nervosa do professor (abandonar a aula, berrar com algum aluno, chorar, fazer ameaças que não pode cumprir, do tipo "ou ele ou eu").

ANEXO

Projeto disciplinar da instituição

Contrapondo-se à prática de ficar resolvendo os problemas de forma isolada e por crise, sugerimos a construção participativa do projeto disciplinar da instituição. Nosso pressuposto é que, embora reconhecendo a necessidade de ponderar as especificidades de cada espaço, se a escola como um todo tiver um clima disciplinar favorável, ficará bem mais fácil a coordenação do trabalho de sala de aula.

Estrutura do projeto. O projeto disciplinar da escola funciona como um *contrato didático de trabalho*, só que agora não em termos da sala de aula, como vimos antes, mas da instituição no seu conjunto. Será o balizador de todas as relações no interior da escola. Ele não dispensa os contratos entre professores e alunos feitos em classe (que devem atender às suas peculiaridades), mas atua em outro nível. É um instrumento coletivo de construção da disciplina na instituição.

Apresentaremos, na sequência, um roteiro para construção do projeto disciplinar. A metodologia de elaboração é baseada no planejamento participativo. Sua estrutura básica é a seguinte:

> Por causa das confusões que rondam os educadores, queremos deixar bem claro que este não é um projeto político-pedagógico, e sim um projeto temático ou setorial. Vamos, isto, sim, utilizar a mesma metodologia de construção do projeto político-pedagógico, mas aplicada a apenas um aspecto da escola. Se, ao elaborar o seu projeto pedagógico, a escola contemplou, no marco operativo, a dimensão da disciplina, então o projeto disciplinar já estará embutido no projeto político-pedagógico da escola. Para maiores detalhes, ver Vasconcellos, 2008a.

- Marco de referência (*finalidade*): é a explicitação do ideal (para onde queremos ir). Possibilita a tensão da realidade no sentido da sua superação/transformação e fornece parâmetros, critérios para o *diagnóstico*.
- Diagnóstico (*realidade*): é a busca das necessidades radicais e coletivas (a que distância estamos do desejado). Possibilita conhecer a realidade disciplinar, julgá-la e chegar às necessidades, que orientarão a *programação*.
- Programação (*plano de ação*): é a proposta de ação (o que é necessário e possível ser feito). Possibilita decidir coletivamente a ação a ser feita para diminuir a distância em relação ao ideal desejado.

Construção coletiva. Trabalhamos na linha do planejamento participativo, em que o projeto é construído

256

ANEXO

efetivamente pelo coletivo: professores, alunos, pais, funcionários, equipe diretiva, representantes da comunidade. Como veremos a seguir, a própria metodologia de elaboração está baseada nessa intensa participação, uma vez que parte da contribuição de cada um. Tal encaminhamento é muito diferente daquele em que o projeto é feito por um pequeno grupo, ainda que altamente qualificado, e depois submetido à apreciação de todos. Submeter à apreciação é preferível a simplesmente impor; mas, convenhamos, é muito mais difícil intervir num texto já pronto, com toda uma lógica e coerência definida e, sobretudo, com a chancela de "especialistas". No planejamento participativo, ao contrário, o texto será elaborado a partir da contribuição de cada um e de todos.

> Os níveis e formas de participação deverão ser definidos antes do início da elaboração.

Sensibilização ao projeto. Como sensibilizar o grupo? O que fazer para que o grupo sinta a importância do projeto disciplinar? A mobilização é amplo e complexo processo; nem todos vão se mobilizar antes de começar a elaboração – embora esta seja a meta inicial; muitos vão aderir no caminho, seja da elaboração, seja da realização. Algumas iniciativas são oportunas:

- Colocar os participantes na condição de sujeitos: a começar por decidir se o projeto vai ser feito ou não. Essa prática tem se revelado da maior relevância para favorecer o envolvimento. É o momento de cada um se posicionar, explicitar sua opção.
- Uma vez decidido fazer e escolhida a metodologia a ser seguida, propiciar a visão do todo, para que as pessoas saibam o que estão fazendo, não façam mecanicamente.
- No caso do planejamento participativo, a própria metodologia de trabalho (cada um ter oportunidade de se expressar, dar sua contribuição) é fator de envolvimento.
- A realização interativa, a administração da *programação*: à medida que se leva a sério o que foi planejado, se acompanha, se avalia, as pessoas percebem que as ações estão acontecendo, não ficaram só no papel.

- Em relação à mobilização de alunos e comunidade, temos uma compreensão clara: vai depender sobremaneira da mobilização dos professores e funcionários da escola.
- A diminuição da rotatividade dos profissionais, a fim de haver continuidade no trabalho (e não começar todo ano da estaca zero).

Por onde começar: análise do real x explicitação do ideal? Dada a estrutura acima apresentada (*marco referencial, diagnóstico e programação*), alguém poderia estranhar o fato de a elaboração do projeto iniciar-se pela construção do ideal e não pela análise da realidade, como é corrente no senso comum pedagógico. A rigor, do ponto de vista teórico-metodológico, não há problema em começar pela análise do real ou pela explicitação do ideal, pois o que importa é a tensão entre elas (que vai gerar o *plano de ação*, a programação). Vale lembrar que essa é uma divisão didática, já que não há separação absoluta entre as dimensões metodológicas da atividade humana, do *méthodos*: quando o sujeito está, por exemplo, desejando uma disciplina democrática na escola, será que isso lhe ocorre do nada ou tem que ver com alguma realidade que já viveu ou da qual teve notícia, na qual a disciplina era autoritária? De forma análoga, agora em termos de realidade, de tantas coisas que existem, por que será que ele vai observar, por exemplo, justamente a forma como vem se dando a relação professor-aluno? Não será porque considera isso importante e, muito provavelmente, tem para si um modelo, um ideal, só que ainda não explicitado?

Bem, se tanto faz, por que então começar pela construção do ideal? Temos razões relacionadas à dinâmica do grupo que nos levam a optar por esse caminho:

- quando se começa pela análise da realidade, considerando que normalmente, nos dias atuais, ela é muito dura, há a tendência de o grupo desanimar, parar no diagnóstico, nem chegando ao segundo momento metodológico;

> Estamos aqui considerando duas dimensões do processo de planejamento (*realidade* e *finalidade*), mas poderíamos incluir outras, como a experiência do sujeito em elaborar estratégias (*plano de ação*), sua vivência (*ação*) ou análises já realizadas (*avaliação*), como vimos ao refletir sobre o *méthodos*.

- por ser dura, pode haver a inclinação para buscar um bode expiatório, um culpado para os problemas (os pais, os professores das séries iniciais, etc.), distorcendo a análise;
- por ser dura, o grupo pode abrandar a crítica, para não sofrer tanto com o confronto mais direto com as contradições, distorcendo a leitura da realidade e diminuindo o potencial de tensão posterior com o ideal;
- por ser dura, quando se chega depois à explicitação do ideal, o grupo nem se atreve a sonhar muito alto em razão dos limites levantados anteriormente, diminuindo mais uma vez a força da tensão entre realidade e desejo (só que agora pelo abrandamento do polo do desejo);
- de modo geral, é mais fácil estabelecer um consenso no campo do sonho do que no da realidade; assim, começando pelo ideal, o grupo faz um exercício da metodologia e chega ao *diagnóstico* já mais experiente.

Começar pela construção do ideal também tem seus riscos, em especial o de parar aí, contentar-se com a expressão das aspirações e não ir para o *diagnóstico*. Outro risco é haver um choque entre o que foi sonhado e a possibilidade limitada de realização, quando se chega à *programação*. Isso se dá, sobretudo, quando se confunde metodologicamente o tipo de sonho pertinente ao *marco de referência*, ou seja, quando se pensa em formas concretas muito particulares em vez de apontar princípios, diretrizes, valores norteadores. Todavia, tais riscos – aos quais devemos ficar atentos – parecem-nos bem menores que os elencados quando se começa pela análise da realidade.

2. Explicitação do marco de referência disciplinar

O *marco de referência* é a tomada de posição da instituição em relação à disciplina desejada. Expressa o "rumo", o horizonte, a direção que a instituição escolheu,

ANEXO

Para isto, pode-se utilizar esta mesma metodologia proposta para a construção do projeto disciplinar, fazendo as devidas adaptações. Sobre o projeto político-pedagógico, ver Vasconcellos 2008a e 2008g.

fundamentando-se em elementos teóricos da filosofia, das ciências, das artes, da fé. Implica, portanto, opção e fundamentação.

Estamos considerando que a escola já possui o seu projeto político-pedagógico, no qual estão explicitados outros posicionamentos básicos, sobretudo os relativos ao tipo de sociedade, pessoa e educação que o grupo deseja. É absolutamente improdutivo ficar discutindo disciplina (ou qualquer outro tema) se a escola não tem definido seu horizonte, um quadro de valores essenciais. Portanto, no caso de não ter, a escola deverá providenciar sua construção.

Como fazer o marco de referência

A elaboração do *marco de referência* segue uma metodologia que se aplica não só a ele, mas a todas as partes do projeto disciplinar. Envolve essencialmente três dinâmicas: elaboração individual, sistematização e plenário.

Para a expressão daquilo que cada membro do grupo pensa e quer, usamos o recurso do questionamento, da problematização, sintetizada nas *perguntas*. Por que pergunta? Para provocar um desequilíbrio no sujeito, para estabelecer um desafio que leve a uma reflexão e produção.

Se a escola não tem o projeto político-pedagógico ou se deseja refazer seu marco de referência mais global, outras perguntas podem ser feitas. Por exemplo: Que sociedade desejamos construir? Que pessoa desejam os formar? Que finalidades desejamos para nossa escola

1) Elaboração individual. É o momento do posicionamento pessoal dos participantes. É muito importante, pois é a base de todo o restante do trabalho; demanda, portanto, a máxima dedicação e empenho. Trata-se da contribuição de cada um e de todos para a melhoria da instituição no aspecto disciplinar.

Exemplo de pergunta: Como desejamos a disciplina em nossa escola?

Obs.: Naturalmente, antes que as pessoas comecem a responder, deve ter ficado claro do que se trata. Estamos aqui nos referindo a *disciplina* no sentido da relação professor-aluno, *disciplina* em confronto com *indisciplina*, e não no sentido epistemológico de área de conhecimento.

ANEXO

Começar pelo individual e por escrito favorece a participação efetiva de cada um e de todos; racionaliza o tempo de discussão, já que normalmente no grupo se discute muito – alguns membros – e depois o resultado que aparece escrito é sempre muito inferior ao conteúdo do debate.

Para evitar desperdício da dinâmica e desgastes posteriores, é importante que sejam dadas orientações bem claras sobre esse momento de resposta individual:

- Cada participante escreve em um pedaço de papel a resposta à pergunta, procurando expressar suas ideias com clareza; lembrar que não vai estar depois com a equipe de sistematização para explicar o que quis dizer.
- A resposta será individual, para favorecer a contribuição e o envolvimento de cada um.

Obs.: No caso de o número de participantes ser muito grande, sobretudo quando envolve alunos e pais, o que se tem feito é, por exemplo, cada quatro ou cinco alunos gerarem um texto a fim de facilitar o trabalho posterior da equipe de sistematização. Outra possibilidade é cada classe montar o seu texto a partir das respostas individuais de todos os alunos.

> Na temática específica da disciplina, alguns professores têm proposto a elaboração de uma redação com o tema; depois, trabalha-se em cima desse material para compor a síntese da classe. A participação dos alunos da educação infantil pode se dar por meio de desenhos ou do registro (feito pela professora) das contribuições dos alunos.

- É importante que, ao responder, cada participante esteja atento ao critério metodológico deste primeiro momento: não é hora de propostas concretas (isso será feito na *programação*, depois de passar pelo *diagnóstico*); também não é hora de comparações, de descrever ou analisar a realidade (isso será feito no *diagnóstico*). No *marco de referência* devemos colocar o ideal que almejamos de disciplina em termos de princípios, valores, critérios. Como apontamos acima, se o sujeito não tem clareza de que não é hora de dizer o que fazer (como concretizar) e sim de apontar princípios, poderá se sentir desrespeitado quando sua contribuição for cortada da sistematização por problema técnico; ou, no caso de essa questão técnica passar despercebida, poderá provocar

Anexo

frustração na *programação,* quando do confronto com aquilo que efetivamente pode ser feito (depois de ter conhecido os limites da realidade no *diagnóstico*).

* Entendemos que, na hora da resposta, não cabe consulta a bibliografias; o que importa é aquilo que o sujeito tem incorporado, e não ficar citando autores para que o projeto fique "bonito"; como dizia Paulo Freire, a boniteza tem de estar no processo, e não tanto no produto. Sabemos de instituições que tem projetos altamente sofisticados, com citações das mais recentes teorias, todavia seus membros nem sabem direito da existência deles (projeto *vitrine*).

Se alguém sabe *de cor* (de coração), naturalmente pode citar.

* Estar atento aos eventuais chavões/modismos ("construtivismo", "mediação") ou à armadilha do *trenzinho* (sequência) de adjetivos, que correm o risco de, ao querer dizer tudo, nada comunicar em termos mais substanciais. Orientar no sentido de dizer o que se entende por aquilo, quando se usa um termo mais técnico ou específico.

* O grupo deve ser informado de que a decisão posterior sobre o que ficará ou não na redação do projeto não será por "quantidade" de respostas, mas, sim, como uma consequência da reflexão em plenário; portanto, não adianta querer influenciar o colega para que dê o mesmo tipo de resposta;

* Responder em presença (não levar para casa para responder).

* Não se identificar.

* Lembrar que, de modo geral, não há tempo para passar a limpo. Superar o medo do erro.

Preparação prévia. Algumas vezes, a proposta da metodologia participativa provoca um questionamento sobre o fato de partir do que o sujeito tem, sem um estudo prévio. Nada impede que haja uma preparação antes de começar a elaborar o projeto. Todavia, precisamos estar atentos aqui, pois, em nome da preparação, algumas instituições jamais começam, uma vez que nunca se sentem devidamente habilitadas para tal. Argumenta-se que, sem leituras prévias, aquilo que o sujeito vai expressar na sua resposta será simplesmente o senso comum. Em primeiro lugar, podemos questionar: e com leitura prévia, obtemos o quê? Elevação da consciência? Como podemos imaginar que algumas leituras ou rápidas palestras, com caráter meramente instrumental, vão alterar a consciência de um sujeito que já tem 5, 10, 15 anos de experiência? Será que, na verdade, não induz à reprodução do discurso do outro?

> Existe uma tendência de o sujeito reproduzir aquilo que acabou de ouvir ou ler e com o qual concordou. Mas até a internalização há ainda longo caminho.

Em segundo lugar, entendemos que o eventual senso comum (ou mesmo a limitação do escrito em razão do tempo limitado para responder) poderá ser enfrentado por meio de duas vias: a) quantitativa – serão muitas as respostas, muitos os pontos de vista, o que favorece a ampliação do olhar; b) qualitativa – no plenário, é possível avançar criticamente por meio de uma discussão mais profunda, no embate das ideias; aparecem percepções ("O problema é a família; a educação vem de berço, vem da base") que o próprio grupo questiona ("Seria mesmo a família a grande culpada por tudo? Podemos jogar tudo para a família? Por que a família está agindo assim?"). O desafio que se apresenta é, no processo de interação, cada membro do grupo fazer a sua parte e ajudar o grupo a construir a síntese totalizadora (daí a importância de sua participação ativa). Nesse sentido, o próprio processo de construção do projeto é formativo.

Além disso, se o *diagnóstico* for benfeito, poderá apontar os limites do grupo (que serão supridos pela *programação*). Há ainda a possibilidade de novas elaborações: se a cada três anos, por exemplo, o *marco de referência* é retomado, o próprio grupo perceberá seus limites.

> Na revisão posterior, é comum o comentário: "Nossa, fomos nós que escrevemos isto aqui?"

2) Sistematização. É a etapa que corresponde à sistematização das ideias expressas individualmente. Trata-se de uma primeira redação, que nada mais é do que um agrupamento inteligente das ideias (não mera colagem);

é, portanto, uma tarefa *técnica* de construção de um texto, não de julgamento. Não importa, neste momento, a opinião de quem faz a sistematização; a discussão do conteúdo se dará no plenário, e não agora!

O critério fundamental para essa tarefa é a *fidelidade* às ideias de origem; garantir a ideia básica de cada um. Se depois, no plenário, as pessoas não reconhecerem sua contribuição no texto final, por certo todo o processo estará comprometido por falta de credibilidade.

Cabe também identificar possíveis contradições entre as respostas. Explicitar na redação a contradição encontrada.

Além disso, é preciso apontar ideias que eventualmente "não se encaixaram" por inadequação teórico-metodológica entre pergunta e resposta, no quadro geral das partes do projeto.

Deve-se tomar cuidado para não perder a riqueza do que vem escrito nos papeizinhos e querer resumir tudo numa palavra. Não cair no equívoco de deixar o texto como uma sequência de tópicos, itens justapostos. Procurar dar um corpo à redação (dissertação: início, desenvolvimento e conclusão).

Sabemos que não existe neutralidade: todo olhar sobre o texto do outro é feito por um sujeito que se situa em determinado ponto; todavia o que apontamos aqui é a necessidade de estar atento a isso para minimizar esse efeito. É uma tensão a ser administrada: precisamos interpretar para poder compor um texto; no entanto, se interpretamos demais, corremos o risco de já não ter o texto falando, mas nós mesmos. Tal tensão faz parte da condição humana. De qualquer forma, essa redação não é a definitiva: será revista pelas pessoas, debatida nos grupos e poderá ser alterada – em parte ou no todo – na plenária. O círculo hermenêutico só se completa no diálogo com o outro.

Como é uma tarefa que se pretende técnica, a rigor, pode ser feita por uma ou várias comissões de redação, não necessitando que o grupo todo esteja reunido no mesmo horário. No caso de ser feita por uma ou várias

> Dizemos isto em virtude da sabida dificuldade de reunir todo o coletivo da escola, especialmente o conjunto de professores.

equipes de sistematização, deve-se tomar o cuidado de envolver os professores – ou seja, as equipes não sejam compostas só por membros da direção da escola. Se, por uma questão de disponibilidade de tempo, a sistematização for feita pela equipe diretiva, uma alternativa é que passe logo em seguida pela revisão de algum professor, para ver se as ideias principais não foram perdidas.

3) Plenário. É o momento de partilha e análise da sistematização, de debate, de decisões e de encaminhamentos de alteração da redação. Normalmente, faz-se a leitura (todos devem ter cópias em mãos) e explicitam-se as eventuais contradições encontradas, bem como os pontos tidos como tecnicamente fora de contexto. Faz-se a análise em cima de três aspectos básicos:

1º) *Fidelidade:* cada um se reconhece no texto? Há alguma ideia, considerada significativa, que foi incluída na sua resposta individual e não foi contemplada? Todos devem reconhecer, de alguma forma (não necessariamente com as mesmas palavras), sua resposta na sistematização; isso é fundamental! Caso esse reconhecimento não ocorra, com razão dirão os participantes: "Se já existia um texto pronto, para que fazer todo esse jogo de cena?"

2º) *Técnica:* de acordo com o referencial teórico-metodológico do planejamento participativo, esse é um texto coerente para tal parte do projeto (*marco de referência, diagnóstico* ou *programação,* de acordo com o momento respectivo da elaboração)? Tecnicamente, o texto está adequado?

Trata-se da verificação daquela orientação dada, antes de começar a responder: um texto de marco de referência não deve ter característica de diagnóstico (julgamento da realidade) nem de programação (proposta de ação).

3º) *Conteúdo:* é essa disciplina que desejamos para nossa escola? Estamos de acordo com as ideias expressas no texto? Este é o momento de debate e busca de consenso. Não é porque foi um colega que colocou determinada ideia que não se pode discordar. Se alguém não concorda com algo e não se expõe em plenário, está boicotando o trabalho, deixando de dar sua contribuição.

ANEXO

É muito interessante quando há um espaço de tempo entre o trabalho de redação e o plenário, pois é possível a leitura prévia do material, qualificando e racionalizando a discussão (as pessoas já vêm com as dúvidas ou discordâncias anotadas).

O núcleo fundamental do plenário é o conteúdo das respostas; aspectos como estilo de linguagem ou eventuais problemas gramaticais podem ser apontados para serem trabalhados posteriormente.

Devem-se evitar discussões muito longas em plenário (geralmente, a participação fica restrita a pequena parcela – 10 a 20%); se necessário, aprofundar as discussões nos pequenos grupos.

> Isto no caso de não ter sido possível a análise prévia, antes da plenária.

Outra possibilidade de encaminhamento do trabalho é, depois da simples leitura em plenário, ir para o grupo a fim de refletir com maior cuidado. Feito isso, já com as sugestões de alteração do texto, volta-se a plenário para o debate. Se ainda for necessário, pode-se retomar o trabalho por grupo e novo plenário.

A elaboração do projeto é um momento de debate, de explicitação de posições, portanto, de conflitos e contradições. Por meio dos embates em torno das ideias e das propostas de alteração ou aperfeiçoamento do texto inicial, qualificamos a reflexão. Insistimos que é excelente oportunidade de formação para o grupo. Há grave risco de, em nome do pouco tempo e da necessidade de cumprir as etapas, apenas referendar a redação (Vasconcellos, 2008a). O critério básico aqui é a máxima participação de todos no plenário.

Para não perder muito tempo em plenário discutindo minúcias (termos ou palavras), pode-se buscar a concordância da plenária com a ideia e confiar a elaboração da redação à equipe de sistematização.

> "Os da turma da coordenação" *versus* "os do contra".

Quem está coordenando a plenária deve ter todo o cuidado para se ater à coordenação e não se envolver nas discussões; quando há envolvimento, complica-se por demais a dinâmica, tendendo a rachar o grupo ou gerar inconsciente disputa de poder; o trabalho passa a patinar, ficar

ANEXO

improdutivo. Aquele que deveria ajudar a reflexão fluir se torna um empecilho. Se desejar entrar na discussão, solicitar sua substituição na coordenação até que aquele ponto esteja resolvido.

A equipe de sistematização deve ter humildade para entender que prestou um serviço ao grupo, organizando as ideias dos colegas. Os participantes sabem que, de modo geral, houve pouco tempo para a sistematização, além da dificuldade em si de sistematizar (interpretar os registros dos colegas, arriscar colocá-los em certa sequência, ter de dar corpo ao texto). Não cabe, portanto, ficar preso à defesa ou justificação da redação inicial. Esse é outro fator complicador da dinâmica da plenária.

Nas discussões, devemos estar atentos ao essencial. Explorar o potencial das contradições. Por outro lado, a partir de certo momento, o debate pode ficar improdutivo por falta de novos elementos para a reflexão. Aqui, o grupo pode ter dois encaminhamentos: buscar de imediato alguns subsídios para enriquecer o trabalho ou então buscar um consenso mínimo e já deixar apontado aquele ponto como uma necessidade que demandará depois, na *programação*, algumas ações a fim de supri-la. Se o grupo começar a aprofundar demais a reflexão em todos os aspectos (exemplo: conceito de cidadania, desenvolvimento humano, ética, moral, cultura, participação, política, família, mídia), a elaboração do projeto poderá jamais terminar.

Uma estratégia interessante na condução dos trabalhos, quando há um mínimo de clima de liberdade, é a busca do consenso em vez da votação. Aparentemente, a votação é mais democrática, mas pode não ser bem assim. É certo que é uma forma mais rápida de resolver impasses, porém há o risco de empobrecer o debate, além de criar divisões no grupo (os que venceram *versus* os que perderam). Se a decisão vai ser tomada por votação, a tendência é, enquanto o outro está falando, prestar atenção nos pontos falhos de seu discurso para explorá-los quando assumir a palavra. Se a decisão for por consenso, enquanto o outro fala, estou prestando atenção naquilo que pode ser aproveitado do discurso dele, naquilo em que ele se aproxima de minhas convicções, a fim de chegarmos a pontos comuns. Por isso, a votação é recomendada apenas em último caso.

A redação final, a cargo da comissão geral, deve manter o compromisso de máxima fidelidade, tendo liberdade de alterar a forma em proveito da melhor clareza e coerência interna do texto.

3. Elaboração do diagnóstico disciplinar

O segundo momento metodológico da elaboração do projeto disciplinar, na linha do planejamento participativo, é o do *diagnóstico*.

Diagnóstico aqui está sendo entendido no sentido preciso de localização das necessidades da instituição a partir da análise da realidade disciplinar e/ou do confronto com um parâmetro aceito como válido.

O *diagnóstico* corresponde às seguintes tarefas:

1) *Conhecer a realidade:* por meio da pesquisa (levantamento de dados da instituição) e análise (estudo dos dados no sentido de captar os problemas disciplinares, os desafios, bem como os pontos de apoio para o processo de mudança da realidade institucional). A análise visa apreender o movimento do real.

2) *Julgar a realidade:* com base no referencial assumido pelo coletivo. É o confronto entre o ideal e o real, entre aquilo que desejamos e aquilo que estamos sendo, quanto nos aproximamos ou nos distanciamos do desejado (quais os fatores facilitadores/dificultadores para concretizar o desejado).

3) *Localizar as necessidades:* necessidade é aquilo que falta em cada aspecto relevante analisado para que a escola possa ter a disciplina que deseja. Como vimos, as necessidades da instituição emergem da investigação analítica e/ou do julgamento (avaliação) que se faz da realidade, do confronto entre o real e o ideal.

Como fazer o diagnóstico

Existem, como se pode imaginar, muitas formas de realizar o *diagnóstico*. Apresentaremos a seguir uma que nos parece ser, ao mesmo tempo, suficientemente abrangente e relativamente simples.

1) *Construir o instrumento de pesquisa:* elaborar as perguntas a ser feitas. Sugestões: a) O que tem facilitado a concretização da disciplina que desejamos em nossa escola? b) O que tem dificultado a concretização da disciplina que desejamos em nossa escola?

Obs.: Não se trata de dizer o que se acha que facilitaria/dificultaria caso existisse. Não! Neste momento metodológico deve-se apontar aquilo que efetivamente já existe na instituição. Trata-se de fatos e situações que já têm acontecido, e não que se gostaria que acontecessem. É uma descrição do real.

As perguntas que orientam a reflexão no *diagnóstico* se referem à realidade, mas têm como parâmetro, como elemento de comparação, o desejado. Isso faz com que a resposta não seja simples levantamento de dados, mas dados da realidade já confrontados com a perspectiva que assumimos como aquela para a qual desejamos caminhar. No planejamento participativo, com o tipo de pergunta que fazemos, estamos tanto dirigindo a atenção dos participantes para determinado aspecto da realidade quanto solicitando que façam isso a partir de determinada referência, de um posicionamento assumido coletivamente.

Um recurso adicional, que pode ser utilizado para facilitar o *diagnóstico*, é fazer previamente um levantamento de *indicadores*, sinais, manifestações. Indicador está sendo utilizado aqui no sentido qualitativo, de descrição de situações que poderiam ser observadas se aquele ideal assumido no *marco de referência* estivesse sendo vivenciado pela instituição ("se o ideal de disciplina expresso no marco referencial se concretizasse, quais seriam as manifestações em nossa instituição?"). Assim, por exemplo,

> Só para ficar mais claro, em outra linha de trabalho, poder-se-ia simplesmente perguntar: "Como está a disciplina em nossa escola?", levando a um grau de dispersão muito grande das respostas, uma vez que a pergunta não se pauta em um referencial comum e este nem sequer teria sido elaborado, no caso de o projeto ter começado pelo diagnóstico.

digamos que no *marco* tenha se incluído a perspectiva de "o professor assumir as responsabilidades no âmbito específico de ação"; a partir disso, poderiam ser levantados indicadores como diálogo em sala de aula, troca de experiências entre professores, não encaminhamento de alunos, diálogo do professor com aluno fora da sala de aula, assembleias de classe, chamada dos pais só depois de esgotadas as possibilidades da escola. Esse rol de indicadores, que funciona como uma espécie de pano de fundo para a análise da realidade, elemento de contraste, facilita a leitura da realidade no sentido de apontar em que já avançamos ou não.

2) *Aplicar,* usando a mesma sistemática vista no *marco de referência*: um pedaço de papel para cada resposta etc.

Esclarecer ao grupo que, neste momento metodológico, o que se espera da contribuição de cada um é sua leitura da realidade; não é para expressar o ideal desejado (isso foi feito no *marco de referência*) nem o que fazer (isso será feito na *programação*).

Uma diferença sutil deve ser contemplada aqui: no *diagnóstico*, buscamos conhecer a realidade de forma precisa. Surge, às vezes, a dúvida: o *diagnóstico* seria então o real "sem sonhos" (já que o almejado é o que está dado)? Ora, se o que está em questão é a realidade vista com rigor, devemos ser capazes de diferenciar o que é sonho do que não é; ou seja, do ponto de vista metodológico, no *diagnóstico* não é hora de *sonhar* (isso foi feito no momento do *marco de referência*), mas a realidade que estamos investigando pode também conter sonhos. Nesse caso, devem ser identificados como tais. É certo que o sujeito que olha a realidade é o mesmo que sonha (cf. Capítulo I), todavia neste momento de elaboração há todo um esforço para analisar a realidade com a maior objetividade possível. Se o sujeito deseja que a escola tenha reunião pedagógica semanal, mas ela não tem, diante da pergunta: "O que tem facilitado a concretização da disciplina que desejamos", não é pertinente responder "a reunião". Por outro lado, se há no grupo uma aspiração para isso, pode registrar essa aspiração como um elemento que contribui. Em outras palavras: podemos identificar sonhos presentes, mas não confundi-los com realizações. O sonho desperto – explicitado, de diferentes formas, no *marco de referência* e na *programação* – tem uma função muito importante no processo de mudança (Bloch, 1977), porém não deve ser ontologicamente confundido com a prática (*ainda-não* versus *já*), pois isso faria com que perdesse sua força de tensão da realidade na direção de sua transformação.

3) *Sistematizar:* agrupar as respostas referentes às duas perguntas; evitar as repetições, englobando aspectos semelhantes. Elaborar pequena síntese, em forma de redação. Como as perguntas se referem a aspectos que facilitam e dificultam, normalmente a redação reflete esses enfoques, apresentando um conjunto de ideias e depois pontuando: "por outro lado", "no entanto", trazendo então as ideias que vão em outra direção.

4) *Plenário:* apresentar a síntese. Fazer a análise de fidelidade (de alguma forma, reconhecemos nossas respostas no texto?) e técnica (tecnicamente este é um texto de *diagnóstico*? Descreve efetivamente a realidade ou apresenta ideais? Descreve a realidade ou diz o que devemos fazer?). Desencadear processo de discussão, buscando um consenso sobre a leitura da realidade (é assim que vemos a disciplina em nossa realidade?).

5) *Captação das necessidades:* a partir dessa síntese, identificar quais as *necessidades* subjacentes, que estão por trás daquilo que vai bem e do que não vai. Este talvez seja um dos momentos mais difíceis e, ao mesmo tempo, importantes do projeto. Exige atenção, sensibilidade, perspicácia. É um trabalho sutil; trata-se de perscrutar a realidade, procurar ver o que está nas entrelinhas: quais são as faltas, as carências da instituição. Deve-se fazer um esforço de reflexão crítica para distinguir necessidades *radicais* e necessidades *alienadas*.

Pode-se utilizar a mesma sistemática – individual, grupo e plenário – ou iniciar direto no grupo e ir para plenário, para chegar a um consenso sobre as necessidades, que não precisam ser muitas (às vezes, uma necessidade engloba uma série de manifestações problemáticas da realidade – Vasconcellos, 2008a).

4. Construção da proposta de ação disciplinar

A *programação* é o conjunto de ações concretas assumido pela instituição, naquele espaço de tempo previsto no plano, que tem por objetivo superar as necessidades identificadas, diminuir a distância entre o que desejamos e onde estamos.

Critérios básicos: necessidade e possibilidade. A *programação* deve estar pautada em dois critérios fundamentais: a *necessidade* e a *possibilidade* da ação. Esses dois critérios é que vão dar a consistência do plano.

Se decidirmos fazer coisas que são possíveis, mas não relevantes (não relacionadas às reais necessidades), elas acontecem, todavia não alteram qualitativamente a realidade; fazemos muitas coisas na escola que acabam não trazendo avanços (seja a curto, médio ou longo prazo) justamente por essa falta de articulação com as necessidades. Daí a importância de termos o *diagnóstico* bem presente quando da elaboração da *programação* (evitando com isso o risco da justaposição: esquecer as necessidades levantadas). Há o perigo de certo comodismo: às vezes, uma atividade vai para *programação* só porque "sempre se fez aquilo"; problematizar sua real necessidade pode ser muito salutar justamente para ressignificar a ação (de tanto ser feita, já tinha perdido seu sentido) ou para eliminá-la da *programação*.

Por outro lado, cabe refletir sobre a possibilidade da proposta: qual a viabilidade de executar aquilo que está sendo proposto? Se decidirmos fazer coisas relevantes, mas inviáveis, elas não vão acontecer e desmoralizarão o projeto. Devemos identificar as possibilidades a fim de abrir campo para o avanço do processo. Fazer o que sempre foi feito é muito mais fácil, já que as trilhas estão preparadas; todavia, como podemos esperar resultados diferentes fazendo sempre a mesma coisa? É preciso uma sensibilidade para os possíveis dispostos no real, para o "ainda-não" (Bloch, 1977), bem como certa dose de coragem e ousadia. Muitas vezes, em razão dos limites dos recursos da instituição, será preciso fazer uma hierarquia de necessidades, um posicionamento sobre aquilo que é mais relevante.

> Neste momento, o levantamento daquilo "que tem ajudado a concretizar", realizado no diagnóstico, é importante, pois sinaliza possíveis pontos de apoio do avanço já dispostos na realidade.

Salientamos que não adianta ir para o plano algo que, naquele determinado momento histórico, não dispõe de condições mínimas de concretização e sustentação; incorporar propostas assim chega a ser irresponsabilidade, pois elevam demasiadamente o nível de expectativa do grupo, levando à frustração posterior, pela não realização, e à descrença nos procedimentos de planejamento. Nunca teremos a certeza absoluta de que determinada proposta de ação possa ser colocada em prática, mas devemos nos esforçar ao máximo para nos aproximar desse entendimento no momento da *programação*.

> Destacamos o "deve ser", pois, como analisamos no Capítulo I, pode haver justaposição e não real interação entre as dimensões do méthodos.

A *programação* é (deve ser) fruto da tensão entre a realidade e o desejo; surge como forma de superação (ainda que parcial, dados os constrangimentos) de limites da realidade em direção ao desejado (dada a utopia, a força da vontade política). Essa tensão vai nos dar o horizonte do histórico-viável. No caso da disciplina, por exemplo, poderíamos propor a autogestão da escola? Do ponto de vista formal, sim, pois essa é uma possibilidade lógica, mas a questão é saber até que ponto temos condições históricas para viabilizar tal proposta.

Tanto as necessidades quanto as possibilidades são construtos históricos, não estão desde sempre "inscritas em algum lugar secreto" para serem descobertas. A viabilidade envolve questões técnicas, mas também políticas. Implica, portanto, um processo *hermenêutico* e de *negociação*. De qualquer forma, chega-se a elas por meio de um conhecimento minucioso da realidade – portanto, de um bom *diagnóstico*, no qual, além das resistências, aparecem as forças de apoio, um dos sustentáculos das possibilidades.

A ideia, portanto, é a seguinte: o que vai para o plano deve ser relevante e ter condições de acontecer!

Consenso x hegemonia. Entendemos que o consenso é uma meta, mas, não sendo possível, deve-se trabalhar por hegemonia: liderança baseada no consentimento. Não se trata, é óbvio, de haver uma "vanguarda iluminista" que deve ser seguida cegamente; todavia, também não é um processo *laissez-faire*, no qual se imaginaria que espontaneamente as pessoas chegariam a uma visão comum. É um trabalho de educação, de muita argumentação, reflexão e diálogo, de defesa dos pontos de vista e de respeito pelas opiniões diferentes; mas sem omissão.

Como fazer a programação

A *programação* pode ser feita da seguinte forma:

1) *Preparação:* antes de iniciar a elaboração das propostas, o grupo deve ser orientado no seguinte sentido:

- As propostas de ação devem ter como meta a satisfação das necessidades apontadas no *diagnóstico*, tendo em vista o *marco de referência*. Por isso, é fundamental que se tenha em mãos tanto o *marco* quanto o *diagnóstico*.
- Nem todas as necessidades da instituição serão satisfeitas por meio de "ações concretas".

Os participantes devem ser esclarecidos sobre as várias possibilidades de propostas de ação que visam atender às demandas, ações que podem ser, basicamente, de quatro tipos:

> Na linguagem técnica do planejamento, algumas vezes é chamada de "objetivos gerais e objetivos específicos".

- Ação concreta: proposta de ação que tem um caráter de terminalidade; ou seja, uma ação bem determinada que se esgota ao ser executada. A proposta de *ação concreta* deve conter *o quê* e *para quê* – que tipo de ação se propõe e com que finalidade. A inspiração para a proposta de ação – *o quê* – será buscada no *diagnóstico* (necessidade) e a finalidade – *para quê* – no *marco de referência*. Essa articulação da proposta com o *diagnóstico* e com o *marco de referência* é importante para evitar "devaneios", propostas um tanto descabidas para a realidade da instituição.

Exemplo de *ação concreta*: "Realizar um curso sobre disciplina, na perspectiva dialético-libertadora, para favorecer a construção de uma postura comum entre os educadores." Sempre que possível, acrescentar o maior número de dados para facilitar a concretização (período a ser realizado, horário, responsável, etc.). É formulada de preferência com verbo no infinitivo.

- Linha de ação (orientações gerais, princípios, políticas): indica sempre um comportamento, uma atitude, um modo de ser ou de agir. Não tem o caráter de terminalidade da ação concreta. É outra forma específica de satisfazer alguma necessidade captada no *diagnóstico* e tem como inspiração o *marco de referência*. Considerando que não é possível prever tudo durante a elaboração do plano, que muitas situações novas vão surgir, a *linha de ação* tem também como função ser uma fonte de subsídios, de orientação para as tomadas de decisões no decorrer do processo, uma vez que não se refere a uma situação particular, mas a uma postura diante da realidade.

Exemplo de *linha de ação*: "Que o respeito seja uma constante nos relacionamentos na escola."

A *linha de ação* pode vir acompanhada de um conjunto de *estratégias*, formas genéricas de ação (exemplo: realizando palestras para pais; ouvindo os diversos pontos de vista). Ressaltamos que a *estratégia* que acompanha uma *linha de ação* tem um caráter metodológico bem diferente de uma *ação concreta*, que é uma prática bem determinada e assumida para acontecer (exemplo: palestra para pais sobre "juventude e drogas", no dia 1º de março, das

19 às 22 horas, com o prof. Fulano de Tal, no auditório), enquanto a *estratégia* é uma possibilidade que ainda não teve sua viabilidade posta em questão. O objetivo das *estratégias* é abrir um leque de opções para a realização da *linha de ação*, bem como não perder ideias, contribuições que são pertinentes, mas cuja realização naquele momento do planejamento não há condições de definir com clareza.

- Atividade periódica (rotinas, atividades permanentes): é a proposta de uma ação que se repete, que ocorre com determinada frequência na instituição. A atividade periódica, obviamente, também deve atender a alguma necessidade da instituição.

Exemplo de *atividade permanente*: "Assembleia de classe mensal para análise da caminhada, em termos de relacionamentos e aprendizagem, e tomada de decisão de encaminhamentos."

- Determinação (normas, regras): é uma ação marcada por um caráter de obrigatoriedade, que atinge a todos ou a alguns sujeitos. Distingue-se das atividades permanentes seja pelo caráter de obrigatoriedade, seja pelo caráter restritivo. Deve apontar sempre um comportamento passível de verificação. A norma – da mesma forma que as ações anteriores – só tem sentido se for para satisfazer alguma necessidade identificada no *diagnóstico*. De modo geral, tem uma utilização menos frequente que as outras modalidades de ação.

Exemplo de *determinação*: "Na primeira aula do dia e após o intervalo, os professores deverão esperar os alunos na sala de aula." Na redação, deve-se descrever a norma de forma bem objetiva para que possa ser compreendida, praticada e avaliada.

Observação. O princípio geral para a elaboração das propostas é garantir as ideias; esse é o elemento fundamental. Depois se classifica e se dá redação mais apropriada. Ao responder às perguntas, pode acontecer que o sujeito pense estar fazendo um tipo de proposta quando, na verdade, é outro; é muito comum confundir "ação concreta" com "linha de ação" (por aí, inclusive, percebemos o peso do idealismo em nós). A classificação das respostas deve ser feita posteriormente pela equipe de coordenação. Não vale a pena perder tempo demais tentando explicar a diferença precisa entre um e outro tipo de proposta. O importante é que o indivíduo saiba que suas propostas podem ser em várias modalidades ou níveis (ação concreta, norma, etc.) e expresse aquilo que considere relevante para a instituição, no sentido de suprir suas necessidades. Garantir a proposta; depois se faz a classificação técnica.

Sugestão de questão para a elaboração da programação: Que ações – com suas finalidades específicas explicitadas – devem ser realizadas (no próximo ou no presente ano) para diminuir a distância entre a disciplina que desejamos (expressa no *marco referencial*) e a que temos (expressa no *diagnóstico*)? (*O quê e para quê.*)

Obs.: lembrar que as ações propostas podem ser de diferentes tipos: ações concretas, linhas de ação, atividades permanentes ou determinações/normas. Dizer o *para quê* é uma forma de registro do sentido da ação proposta, pois, muitas vezes, ao retomarmos o plano tempos depois, não lembramos qual era mesmo a motivação que a tinha gerado.

2) *Aplicação:* é a mesma sistemática usada anteriormente: cada membro do grupo recebe determinado número de pedaços de papel, onde registra as propostas (colocar apenas uma proposta em cada papel). Podem-se fazer quantas propostas quiser.

As propostas não precisam ser vinculadas; isto é, a cada necessidade do *diagnóstico* sobre a qual o sujeito quiser se manifestar não é preciso propor uma *ação concreta*, uma *linha de ação*, uma *atividade permanente* e uma *determinação*. Existem necessidades que podem ser satisfeitas apenas com uma linha de ação, ou então com um conjunto de normas, e assim por diante. Observemos, no entanto, que uma *programação* repleta de linhas de ação e com poucas ações concretas revela boas intenções, porém pouco potencial de intervenção.

3) *Primeira sistematização:* a equipe coordenadora faz uma primeira organização das propostas (separando por ação concreta, linha de ação, etc.) e elabora um documento de trabalho com todas as propostas (não entrando no mérito de cada uma).

4) *Análise inicial:* como nos momentos metodológicos anteriores, a primeira análise é de fidelidade (reconheço minhas propostas no texto?) e técnica (tecnicamente, são propostas? Ou expressam ideais gerais ou leitura de realidade?). Depois, realiza-se, de preferência em grupos pequenos, uma análise inicial do conteúdo das propostas, levando em conta os dois critérios básicos:

- a correspondência às *necessidades* da instituição;
- a *possibilidade* da realização de tal proposta (especialmente as ações concretas, atividades periódicas e normas).

5) *Processo de decisão:* no plenário, as pessoas ou grupos expõem suas conclusões. São destacados os pontos de divergência. Estes podem demandar novas informações ou aprofundamento com dados técnicos; neste caso, devem-se esperar os dados para uma tomada de decisão. Os critérios básicos para análise são os mesmos da análise inicial: a ação que está sendo proposta é *necessária* (de acordo com o *diagnóstico* feito)? A ação que está sendo proposta é *possível* (de acordo com a compreensão do grupo naquele momento)? No caso de muita divergência, vai-se para os pequenos grupos para debate e tomada de posição e volta-se à plenária.

Esse esquema pode se repetir enquanto for preciso, até que se chegue às propostas assumidas pela comunidade para o próximo período de vigência do plano. Enfatizamos: só devem ir para o plano as propostas que atendam às necessidades efetivas da instituição e cuja viabilidade seja assumida pela comunidade.

6) *Redação:* existem variadas formas de estruturar a *programação*. Consideramos que, numa primeira elaboração, a estrutura pode ser mais simples e objetiva: listagem com as diferentes propostas, agrupadas por áreas temáticas.

Quanto às ações concretas, uma vez aprovadas, devem passar por um detalhamento, em que serão explicitados todos os seus aspectos (o quê, para quê, quando, onde, quem, para quem).

A redação final da *programação* pode ser estruturada da seguinte forma:

- Linhas de ação
- Ações concretas
- Atividades permanentes
- Determinações.

Pronta a redação, o projeto disciplinar deverá ser dado a conhecer a toda a comunidade educativa (Vasconcellos, 2008a).

5. Realização interativa

Chamamos de *realização interativa* o desencadear de práticas pautado na *programação* feita. É comum o equívoco de planejar e não colocar em prática, ou colocar em prática algo que não tem que ver com o que foi planejado. Buscamos uma superação por incorporação: realizar, sim, mas pautado no que foi projetado.

1) Colocação em prática. Esta é uma questão fundamental: se aquilo que foi planejado sistematicamente não for para a prática, o projeto enquanto instrumento de trabalho fica totalmente descaracterizado. Quando uma ou outra proposta não acontece, é algo compreensível (inclusive, analisa-se o porquê da não realização); mas quando a maior parte das ações ou as atividades mais importantes não acontecem, embora estivessem contempladas na *programação*, há, de fato, um abalo na crença no planejar. Na definição das ações, devem ter ficado especificadas quais as respectivas responsabilidades; portanto, na operacionalização, cada um assume as suas e pode cobrar que os outros façam o mesmo.

A prática tem demonstrado que fica muito difícil a concretização de um projeto quando os educadores não têm uma sistemática de encontros de trabalho. Estamos nos referindo especialmente à reunião pedagógica semanal (cf. Capítulo IV). Há também necessidade de manter o mesmo coletivo, de diminuir a rotatividade para que sejam criados vínculos, para que pessoas assumam responsabilidades.

A colocação em prática não é uma coisa "mágica" ou extraordinária: Está estreitamente vinculada ao processo de elaboração da *programação*. O maior ou menor cuidado e empenho na elaboração (mobilização, rigor teórico-metodológico e participação) vai se refletir agora na realização.

É comum que a programação não decorra de autêntica construção (como fruto da tensão entre realidade e desejo). É como aquele *chip* implantado (hábito, "sempre se fez") ou imitado ("Ah, achei legal o que aquela escola fez; vamos fazer também").

Quando dizemos *realização interativa*, queremos destacar o *interativo* no sentido teórico-metodológico, ou seja, uma realização que tem que ver com a elaboração feita; isso parece óbvio, porém sabemos que no cotidiano educativo existe sério problema, uma vez que, com frequência, aquilo que se faz não tem muito que ver com aquilo que foi projetado, havendo mera justaposição. Muitas vezes, o que vai guiar efetivamente a ação não será o plano de ação elaborado, mas o plano de ação já anteriormente incorporado (em decorrência de práticas muitas vezes repetidas).

2) *Avaliação do projeto.* A avaliação do projeto é feita, fundamentalmente, no processo de sua realização (este é um dos motivos por que dizemos *realização interativa*: vai-se acompanhando a concretização para ver se os resultados estão de acordo com o planejado). Ao término do período estipulado, há uma avaliação de conjunto, que pode começar pela análise da concretização da *programação*.

• *Ações concretas*: foram executadas todas as ações concretas propostas pelo plano? (o que foi e o que não foi realizado, o que está em andamento, o que vai ser ainda, o que não foi programado, mas foi realizado); ajudaram a mudar a escola? As que não foram realizadas, não foram por quais motivos? Até que ponto nossas propostas de ação correspondem a necessidades localizadas ou repetem práticas anteriores, marcadas por certo senso comum? São coerentes com o *marco de referência*? Até que ponto os encaminhamentos que vêm sendo feitos têm dado bons resultados?

- *Atividades permanentes*: foram realizadas? Estavam de acordo com as necessidades do grupo?

- *Linhas de ação*: ajudaram a caminhada? Até que ponto foram vivenciadas?

- *Determinações*: foram cumpridas? Ajudaram a construir uma prática transformadora?

Nesse trabalho de avaliação, os indicadores anteriormente elaborados têm papel importante, servindo como elemento de confronto com o efetivamente realizado e suas consequências.

Assim, podemos questionar: por que uma atividade planejada não aconteceu? Em princípio, diríamos que ou porque não captamos bem a necessidade (a ação proposta não correspondia, de fato, a uma carência da instituição naquele momento), ou não captamos bem a possibilidade de aquilo acontecer (não apreensão do movimento do real: forças de apoio e de resistência). Lembramos que essa análise é sempre limitada: fatos novos podem ocorrer depois de desencadeada uma ação, escapando, pois, da possibilidade de previsão.

O caráter dessa avaliação – como, de resto, de toda avaliação – não deve ser punitivo, de busca de culpados, mas diagnóstico, de busca de entendimento e superação. É preciso compreender esse momento de avaliação como mais um na formação do coletivo escolar.

3) *Reelaboração do projeto*. Concluída a avaliação, pode-se reformular o projeto no todo ou na parte em que apresenta problemas.

O critério básico para a reelaboração é a análise das necessidades: em que medida foram supridas? Quais permanecem? Precisam ser mais bem definidas, detalhadas? Que novas necessidades estão colocadas?

Se o grupo sentir que é preciso, pode fazer rápida análise do *marco de referência*: ajudou a iluminar a prática? Há necessidade de rever algum ponto? Entretanto, o previsto, em princípio, é que se faça uma revisão no *marco* depois de dois ou três anos.

Depois disso, e tendo como base as necessidades já revistas e reelaboradas, parte-se então para a *programação* do próximo período.

A metodologia de elaboração do projeto que apresentamos traz consigo o princípio da autocorreção: primeiro, a possibilidade de múltiplas versões na redação (até o grupo chegar a uma satisfatória); depois, o poder do *diagnóstico*: aponta o que não está indo bem, permitindo alterações.

Conclusão

Feito o percurso da reflexão, gostaríamos de convidar o leitor para continuar suas investigações no campo da disciplina escolar. Como se pôde perceber, realizamos aqui algumas aproximações/provocações, sem pretensão de esgotar a temática. Apresentamos um instrumental de abordagem e trabalhamos algumas ideias que nos parecem fundamentais; mas, sejam estas, sejam outras no entorno da questão disciplinar, merecem novos aprofundamentos, de acordo com os desafios que vão aparecendo pela inserção de cada um de nós no real.

A perspectiva de formação permanente do professor é uma exigência profissional, uma questão de respeito aos nossos alunos e colegas e, por que não dizer, também uma experiência de prazer, por ver ampliado nosso poder de compreender a realidade e intervir nela para transformá-la!

Bibliografia

AEC. A construção do sujeito coletivo. *Revista de Educação da AEC*, Brasília: AEC, n. 74, 1990.

_____. Educação: autoridade e poder. *Revista de Educação da AEC*, Brasília: AEC, n. 52, 1984.

ALAIN, Émile Chartier. *Reflexões sobre a educação*. São Paulo: Saraiva, 1978.

ALMEIDA, Custódio L. S. *Hermenêutica e dialética*: dos estudos platônicos ao encontro com Hegel. Porto Alegre: Edipucrs, 2002.

ALVES, José M. R. Poder e ética na formação de professores: um contributo psicanalítico. In: SÁ-CHAVES, Idália (Org.). *Percursos de formação e desenvolvimento profissional*. Porto: Porto Editora, 1997.

ALVES, Rubem. *Conversas com quem gosta de ensinar*. São Paulo: Cortez: Autores Associados, 1981.

_____. *A escola com que sempre sonhei sem imaginar que pudesse existir*. Campinas: Papirus, 2001.

ANTUNES, Celso. *A dimensão de uma mudança*: atenção, criatividade, disciplina, distúrbios de aprendizagem, propostas e projetos. Campinas: Papirus, 1999.

_____. *Professor bonzinho = aluno difícil*: a questão da indisciplina em sala de aula. Petrópolis: Vozes, 2002.

ANTÚNEZ, Serafim et al. *Disciplina e convivência na instituição escolar*. Porto Alegre: Artmed, 2002.

APPLE, Michael W. *Educando à direita*: mercados, padrões, Deus e desigualdade. São Paulo: Cortez: Instituto Paulo Freire, 2003.

AQUINO, Julio Groppa (Org.). *Indisciplina na escola*: alternativas teóricas e práticas. São Paulo: Summus, 1996a.

_____. *Confrontos na sala de aula*: uma leitura institucional da relação professor-aluno. São Paulo: Summus, 1996b.

_____ (Org.). *Sexualidade na escola*: alternativas teóricas e práticas. 2. ed. São Paulo: Summus, 1997.

_____ (Org.). *Drogas na escola*: alternativas teóricas e práticas. 2. ed. São Paulo: Summus, 1998.

Bibliografia

_____ (Org.). *Autoridade e autonomia na escola*: alternativas teóricas e práticas. São Paulo: Summus, 1999.

_____. *Do cotidiano escolar*: ensaios sobre ética e seus avessos. São Paulo: Summus, 2000.

_____. *Indisciplina*: o contraponto das escolas democráticas. São Paulo: Moderna, 2003.

ARANHA, Maria L. A.; MARTINS, Maria H. P. *Temas de Filosofia*. São Paulo: Moderna, 1992.

ARAÚJO, Ulisses F. Moralidade e indisciplina: uma leitura possível a partir do referencial piagetiano. In: AQUINO, Julio Groppa (Org.). *Indisciplina na escola*: alternativas teóricas e práticas. São Paulo: Summus, 1996.

_____. *Conto de escola*: a vergonha como um regulador moral. São Paulo: Moderna; Campinas: Unicamp, 1999.

_____. Disciplina, indisciplina e a complexidade do cotidiano escolar. In: OLIVEIRA, M. K.; SOUZA, D. T.; REGO, T. C. (Org.). *Psicologia, educação e as temáticas da vida contemporânea*. São Paulo: Moderna, 2002.

_____. *Assembleia escolar*: um caminho para a solução de conflitos. São Paulo: Moderna, 2004.

_____; AQUINO, Julio G. *Os direitos humanos na sala de aula*: a ética como tema transversal. São Paulo: Moderna, 2001.

ARCH RO JR., Aquiles. O problema da disciplina. In: _____. *Lições de Pedagogia*: terceiro ano. São Paulo: Edições e Publicações Brasil, 1957.

ARENDT, Hannah. *Entre o passado e o futuro*, 4. ed. São Paulo: Perspectiva, 1997.

ARIÈS, Philippe. *História social da criança e da família*. 2. ed. Rio de Janeiro: Livros Técnicos e Científicos, 1981.

ARISTÓTELES. Ética a Nicômaco. In: _____. *Os pensadores*. São Paulo: Abril Cultural, 1979.

ARROYO, Miguel G. *Ofício de mestre*: imagens e autoimagens. Petrópolis: Vozes, 2000.

_____. Quem de-forma o profissional do ensino? In: VIELLA, Maria A. (Org.). *Tempos e espaços de formação*. Chapecó: Argos, 2003.

BACHELARD, Gaston. *A formação do espírito científico*: contribuição para uma psicanálise do conhecimento. Rio de Janeiro: Contraponto, 1996.

BALL, Stephen J. (Comp.). *Foucault y la educación*: disciplinas y saber. 2. ed. Madrid: Morata, 1994.

BARROSO, João. Modos de organização pedagógica e processos de gestão da escola: sentido de uma evolução. *Inovação–Revista do Instituto de Inovação Educacional*, Lisboa: Inovação, v. 4, n. 2-3, 1991.

_____. Ordem disciplinar e organização pedagógica. In: CORREIA, José A.; MATOS, Manuel (Org.). *Violência e violências da e na escola*. Porto: Afrontamento: CIIE, 2003.

BAUDELOT, Ch.; ESTABLET, R. *La escuela capitalista*, 6. ed. México: Siglo Veintiuno, 1980.

BAUMAN, Zygmunt. *Vida para consumo*: a transformação das pessoas em mercadoria. Rio de Janeiro: Jorge Zahar, 2008.

BECKER, Fernando. *A epistemologia do professor*: o cotidiano da escola. Petrópolis: Vozes, 1993.

BELTRÃO, Ierecê R. *Corpos dóceis, mentes vazias, corações frios*: Didática: o discurso científico do disciplinamento. São Paulo: Imaginário, 2000.

BERGER, Peter L.; LUCKMANN, Thomas. *A construção social da realidade*. 4. ed. Petrópolis: Vozes, 1978.

BERNSTEIN, Basil. Estrutura social, linguagem e aprendizagem. In: PATTO, Maria H. S. (Org.). *Introdução à psicologia escolar*. São Paulo: T. A. Queiroz, 1982.

BIAGGIO, Angela. *Lawrence Kohlberg*: ética e educação moral, 2. ed. São Paulo: Moderna, 2006.

BÍBLIA Sagrada: Edição Pastoral. Tradução de Ivo Storniolo, Euclides Martins Balancin e José Luiz Gonzaga do Prado. São Paulo: Paulus, 1990.

BICUDO, Maria A. *Fundamentos éticos da educação*. São Paulo: Cortez: Autores Associados, 1982.

BLOCH, Ernst. *El principio esperanza*. Madrid: Aguilar, 1977. t. 1.

BOFF, Leonardo. Experimentar a Deus hoje. In: FREI BETTO et al. *Experimentar Deus hoje*. 2. ed. Petrópolis: Vozes, 1976.

BIBLIOGRAFIA

BOURDIEU, Pierre; PASSERON, Jean C. *A reprodução*: elementos para uma teoria do sistema de ensino. 2. ed. Rio de Janeiro: Francisco Alves, 1982.

BOUTINET, Jean-Pierre. *Antropologia do projecto*. Lisboa: Instituto Piaget, 1996.

BRASIL. Ministério da Educação e do Desporto. Secretaria de Educação Fundamental. *Parâmetros Curriculares Nacionais*. Brasília: MEC/SEF, 1997. Disponível em: <http://portal.mec.gov.br/index.php?view=article&id=12640> e <http://portal.mec.gov.br/index.php?view=article&id=12657>. Acesso em: 1 ago. 2009.

_____. _____. _____. *Referencial Curricular Nacional para a Educação Infantil*. Brasília: MEC/SEF, 1998. Disponível em: <http://portal.mec.gov.br/index.php?option=com_content&view=article&id=12579%3Aeducacao-infantil&Itemid=859>. Acesso em: 1 ago. 2009.

BUENO, José G. (Org.). *Escolarização, práticas didáticas, controle e organização do ensino*. Araraquara: JM, 2002.

CALVO, F. Projecto. In: ENCICLOPÉDIA EINAUDI. Lisboa: Imprensa Nacional – Casa da Moeda, 1992. v. 25.

CANÁRIO, RUI. *Gestão da escola*: como elaborar o plano de formação? Lisboa: Instituto de Inovação Educacional, 1998. (Cadernos de Organização e Gestão Escolar, 3.)

CANTO-SPERBER, Monique (Org.). *Dicionário de Ética e Filosofia Moral*. São Leopoldo: Unisinos, 2003. 2 v.

CARVALHO, A. M. A.; BERALDO, K. E. A. Interação criança-criança: ressurgimento de uma área de pesquisas e suas perspectivas. *Cadernos de Pesquisa*, São Paulo, n. 71, nov. 1989.

CARVALHO, Irene M. Controle da disciplina ou orientação da conduta? In: _____. *O processo didático*. 3. ed. Rio de Janeiro: FGV, 1979.

CARVALHO, Marta M. C. Quando a história da educação é a história da disciplina e da higienização das pessoas. In: FREITAS, Marcos C. (Org.). *História social da infância no Brasil*. 3. ed. rev. e ampl. São Paulo: Cortez, 2001.

CASASSUS, Juan. Marcos conceptuales para el análisis de los cambios en la gestión de los sistemas educativos. In: UNESCO. *La gestión*: en busca del sujeto. Santiago: Unesco, 1999.

CASTELO, Maria de F. G. *A Didática na reforma do ensino*. 2. ed. Rio de Janeiro: Francisco Alves, 1985.

CASTORIADIS, Cornelius. *A instituição imaginária da sociedade*. 4. ed. Rio de Janeiro: Paz e Terra, 1995.

CHAMLIAN, Helena C. A disciplina: uma questão crucial na Didática. In: CASTRO, A. D.; CARVALHO, A. M. P. (Org.). *Ensinar a ensinar*: Didática para a escola fundamental e média. São Paulo: Pioneira, 2001.

CHARLOT, Bernard. *Da relação com o saber*: elementos para uma teoria. Porto Alegre: Artmed, 2000.

CHAUÍ, Marilena. *Convite à Filosofia*. São Paulo: Ática, 1994.

CLAPARÈDE, Ed. *A educação funcional*. 5. ed. São Paulo: Companhia Editora Nacional, 1958.

CNBB. *Rumo ao novo milênio*: espiritualidade sem medo. São Paulo: Salesiana Dom Bosco, 1997.

CODO, Wanderley; VASQUES-MENEZES, Iône. O que é *burnout?* In: CODO, Wanderley (Coord.). *Educação*: carinho e trabalho. Petrópolis: Vozes, 1999.

COLLARES, Cecília A. L.; MOYSÉS, M. Aparecida A. *Preconceitos no cotidiano escolar*: ensino e medicalização. São Paulo: Cortez, 1996.

COMÉNIO, João Amós. *Didáctica magna*: tratado da arte universal de ensinar tudo a todos. 3. ed. Lisboa: Calouste Gulbenkian, 1985.

CORBISIER, Roland. Dialética do senhor e do escravo. In: _____. *Filosofia e crítica radical*. São Paulo: Duas Cidades, 1976.

CORDEIRO, Jaime. *Didática*. São Paulo: Contexto, 2007.

CUNHA, Antônio G. *Dicionário etimológico da língua portuguesa*. 2. ed. Rio de Janeiro: Nova Fronteira, 1989.

DANTAS, Heloysa. *A infância da razão*: uma introdução à psicologia da inteligência de Henri Wallon. São Paulo: Manole Dois, 1990.

D'ANTOLA, Arlete (Org.). *Disciplina na escola*: autoridade *versus* autoritarismo. São Paulo: EPU, 1989.

DELORS, Jacques. *Educação*: um tesouro a descobrir. Relatório para a Unesco da Comissão Internacional sobre Educação para o século XXI. São Paulo: Cortez, 1998.

DEMO, Pedro. *Conhecer & aprender*: sabedoria dos limites e desafios. Porto Alegre: Artmed, 2000.

DESCARTES, René. Discurso do método. In: _____. *Os pensadores*. 2. ed. São Paulo: Abril Cultural, 1979.

DEWEY, John. Que é propósito? In: _____. *Experiência e educação*. 3. ed. São Paulo: Cia. Ed. Nacional, 1979.

DOLTO, Françoise. *O evangelho à luz da psicanálise*. Rio de Janeiro: Imago, 1981. v. 2.

_____. A sociedade (a escola): seu papel patogênico ou profilático. In: MANNONI, Maud. *A primeira entrevista em psicanálise*. 4. ed. Rio de Janeiro: Campus, 1985.

DONATELLI, Dante. *Quem me educa?*: a família e a escola diante da (in)disciplina. São Paulo: Arx, 2004.

DUBET, François. Quando o sociólogo quer saber o que é ser professor. *Revista Brasileira de Educação*, São Paulo: Anped, n. 5-6, 1997.

DURKHEIM, Émile. *A educação moral*. Petrópolis: Vozes, 2008.

EINSTEIN, Albert. *Notas autobiográficas*. 5. ed. Rio de Janeiro: Nova Fronteira, 1982.

ELIAS, Norbert. *O processo civilizador*. Rio de Janeiro: Jorge Zahar, 1994. 2 v.

ELZIRIK, Marisa F.; COMERLATO, Denise. *A escola (in)visível*: jogos de poder/saber/verdade. Porto Alegre: Editora da UFRGS, 1995.

ENGUITA, Mariano F. *A face oculta da escola*. Porto Alegre: Artes Médicas, 1989.

ESPINOSA, Baruch de. Ética. In: _____. *Os pensadores*. 2. ed. São Paulo: Abril Cultural, 1979.

ESTEVE, José M. *O mal-estar docente*. Lisboa: Escher, 1992.

ESTRELA, Maria Teresa. *Une étude sur l'indiscipline en classe*. Lisboa: Instituto Nacional de Investigação Científica, 1986.

_____. *Relação pedagógica, disciplina e indisciplina na aula*. 2. ed. Porto: Porto Editora, 1994.

FANTE, Cleo. *Fenômeno bullying*: como prevenir a violência nas escolas e educar para a paz. 2. ed. rev. e ampl. Campinas: Verus, 2005.

FERNÁNDEZ, Alicia. Agressividade: qual seu papel na aprendizagem? In: GROSSI, Esther P.; BORDIN, Jussara (Org.). *Paixão de aprender*. Petrópolis: Vozes, 1992.

BIBLIOGRAFIA

_____. La atencionalidad atrapada. *EpsiBA,* Buenos Aires: Epsiba, n. 12, 2006.

FERREIRA, Aurélio B. de Holanda. *Novo Aurélio século XXI*: o dicionário da língua portuguesa. Rio de Janeiro: Nova Fronteira, 1999.

FERREIRA, Maria H. M.; ARAÚJO, Marlene S. Psicodinâmica na sala de aula. In: SUKIENNIK, Paulo B. (Org.). *O Aluno problema*: transtornos emocionais de crianças e adolescentes. Porto Alegre: Mercado Aberto, 1996.

FISCHER, Rosa M. Bueno. Mídia e produção de sentidos: a adolescência em discurso. In: SILVA, Luiz Heron (Org.). *A escola cidadã no contexto da globalização*. Petrópolis: Vozes, 1998.

FLICKINGER, Hans-Georg. Senhor e escravo: uma metáfora pedagógica. *Revista de Educação AEC*, Brasília: AEC, n. 114, 2000.

FOUCAULT, Michel. *Vigiar e punir*. Petrópolis: Vozes, 1977.

_____. *Nietzsche, Freud e Marx*: theatrum philosoficum. Porto: Anagrama, 1980.

_____. *Microfísica do poder*. 2. ed. Rio de Janeiro: Graal, 1981.

_____. *Ética, sexualidade, política*. Rio de Janeiro: Forense Universitária, 2004. (Ditos e Escritos, 5.)

FOULQUIÉ, Paul. *Dicionário da Língua Pedagógica*. Lisboa: Livros Horizonte, 1971.

FRANCO, Luís A. C. *Problemas de educação escolar*: a disciplina na escola, interação professor-aluno, ensino de Ciências. São Paulo: Cenafor, 1986.

FREINET, C. *Pedagogia do bom senso (les dits de Mathieu)*. São Paulo: Martins Fontes, 1985.

FREIRE, Paulo. *Ação cultural para a liberdade*. 5. ed. Rio de Janeiro: Paz e Terra, 1981a.

_____. *Pedagogia do oprimido*. 9. ed. Rio de Janeiro: Paz e Terra, 1981b.

_____. Educação: sonho possível. In: BRANDÃO, Carlos Rodrigues (Org.). *O educador*: vida e morte. 2. ed. Rio de Janeiro: Graal, 1982.

_____. *Educação como prática da liberdade*. 14. ed. Rio de Janeiro: Paz e Terra, 1983.

_____. Dialogando sobre disciplina. In: D'ANTOLA, Arlete (Org.). *Disciplina na escola*: autoridade *versus* autoritarismo. São Paulo: EPU, 1989.

_____. Apresentação. In: GIROUX, Henry A. *Os professores como intelectuais*: rumo a uma pedagogia crítica da aprendizagem. Porto Alegre: Artes Médicas, 1997.

_____; SHOR, Ira. *Medo e ousadia*: o cotidiano do professor. Rio de Janeiro: Paz e Terra, 1987.

FREITAS, Lia. *A produção de ignorância na escola*. São Paulo: Cortez, 1989.

_____. *A moral na obra de Jean Piaget*: um projeto inacabado. São Paulo: Cortez, 2003.

FRELLER, Cintia C. *Histórias de indisciplina escolar*: o trabalho de um psicólogo numa perspectiva winnicottiana. São Paulo: Casa do Psicólogo, 2001.

FREUD, Sigmund. Cinco lições de psicanálise. In: _____. *Os pensadores*. São Paulo: Abril Cultural, 1978a.

_____. O mal-estar na civilização. In: _____. *Os pensadores*. São Paulo: Abril Cultural, 1978b.

_____. Conferência XXXIV: explicações, aplicações e orientações. In: _____. *Obras psicológicas completas de Sigmund Freud*. Rio de Janeiro: Imago, 1994. v. 22. Edição standard brasileira.

FROMM, Erich. *O coração do homem*: seu gênio para o bem e para o mal. 3. ed. Rio de Janeiro: Zahar, 1970.

_____. *O medo à liberdade*. 12. ed. Rio de Janeiro: Zahar, 1980.

FURLANI, Lúcia M. *Autoridade do professor*: meta, mito ou nada disso? São Paulo: Cortez: Autores Associados. 1988.

GADOTTI, Moacir. *Concepção dialética da educação*. São Paulo: Cortez, 1983.

_____; PADILHA, Paulo R.; CABEZUDO, Alicia (Org.). *Cidade educadora*: princípios e experiências. São Paulo: Cortez: Instituto Paulo Freire; Buenos Aires: Ciudades Educadoras América Latina, 2004.

GALVÃO, Izabel. *Cenas do cotidiano escolar*: conflito sim, violência não. Petrópolis: Vozes, 2004.

GANDIN, Danilo. *Planejamento como prática educativa*. São Paulo: Loyola, 1983.

_____. *A prática do planejamento participativo na educação.* Petrópolis: Vozes, 1995.

_____; CRUZ, Carlos H. C. *Planejamento na sala de aula.* Porto Alegre: Referencial, 1995.

GHIGGI, Gomercindo; OLIVEIRA, Avelino da R. *O conceito de disciplina em John Locke:* o liberalismo e os pressupostos da educação burguesa. Porto Alegre: Edipucrs, 1995.

GIROUX, Henry A. *Os professores como intelectuais:* rumo a uma pedagogia crítica da aprendizagem. Porto Alegre: Artes Médicas, 1997.

GODINHO, Eunice M. *Educação e disciplina.* Rio de Janeiro: Diadorim, 1995.

GÓES, Moacyr de. Educação para o cidadão do novo século. *Encarte AEC,* Brasília: n. 37, abr. 1997.

GÓMEZ MASDEVALL, Maria T.; MIR i COSTA, Victoria; SERRATS i PARETAS, Maria G. *Como criar uma boa relação pedagógica.* Rio Tinto: ASA, 1993.

GOODSON, Ivor F. *A construção social do currículo.* Lisboa: Educa, 1997.

GOTZENS, Concepción. *A disciplina escolar:* prevenção e intervenção nos problemas de comportamento. 2. ed. Porto Alegre: Artmed, 2003.

GRAMSCI, Antonio. *Literatura e vida nacional.* 2. ed. Rio de Janeiro: Civilização Brasileira, 1978.

_____. *Os intelectuais e a organização da cultura.* 4. ed. Rio de Janeiro: Civilização Brasileira, 1982.

_____. *Concepção dialética de história.* 5. ed. Rio de Janeiro: Civilização Brasileira, 1984.

_____. *Cartas do cárcere.* 3. ed. Rio de Janeiro: Civilização Brasileira, 1987.

GRISI, Rafael. Governo de classe; disciplina e autoridade do professor. In: _____. *Didática mínima.* 9. ed. São Paulo: Companhia Editora Nacional, 1971.

GUIMARÃES, Áurea M. *A dinâmica da violência escolar:* conflito e ambiguidade. Campinas: Autores Associados, 1996.

GUZZONI, Margarida A. *A autoridade na relação educativa.* São Paulo: Annablume, 1995.

HABERMAS, Jürgen. *Consciência moral e agir comunicativo*. Rio de Janeiro: Tempo Brasileiro, 1989.

_____. *Técnica e ciência como "ideologia"*. Lisboa: Edições 70, 2001.

HAIDT, Regina C. C. Interação professor-aluno. In: _____. *Curso de Didática geral*. São Paulo: Ática, 1994. (Série Educação.)

HARGREAVES, Andy. *Os professores em tempos de mudança*: o trabalho e a cultura dos professores na idade pós-moderna. Lisboa: Mc Graw-Hill, 1998.

HEGEL, G. W. F. *Fenomenologia do espírito*. 2. ed. Petrópolis: Vozes, 1992. 2 v.

_____. *Ciencia de la Lógica*. 6. ed. Buenos Aires: Solar, 1993. 2 t.

_____. *Enciclopédia das ciências filosóficas em compêndio (1830)*: a ciência da Lógica. São Paulo: Loyola, 1995. v. 1.

HEISENBERG, Werner. *Física e Filosofia*. 4. ed. Brasília: UnB, 1999.

HELLER, Agnes. *Para mudar a vida*: felicidade, liberdade e democracia. São Paulo: Brasiliense, 1982.

HERÁCLITO. Os pré-socráticos: fragmentos, doxografia e comentários. In: _____. *Os pensadores*. 2. ed. São Paulo: Abril Cultural, 1978.

HERBART, Johann Friedrich. *Pedagogia geral*. Lisboa: Fundação Calouste Gulbenkian, 2003.

HOBSBAWM, Eric. *Era dos extremos*: o breve século XX: 1914-1991. 2. ed. São Paulo: Companhia das Letras, 1995.

HOUAISS. *Dicionário eletrônico da língua portuguesa*. Rio de Janeiro: Objetiva, 2001.

IPFLING, Heinz-Jürgen. *Vocabulário fundamental de Pedagogia*. Lisboa: Edições 70, 1979.

JAEGER, Werner. *Paideia*: a formação do homem grego. São Paulo: Martins Fontes, 1979.

JAPIASSU, Hilton. *Nem tudo é relativo*: a questão da verdade. São Paulo: Letras & Letras, 2001.

KAMII, Constance. A autonomia como finalidade da educação: implicações da teoria de Piaget. In: _____. *A criança e o número*. Campinas: Papirus, 1986.

KANT, Immanuel. Fundamentação da metafísica dos costumes. In: _____. *Os pensadores*. São Paulo: Abril Cultural, 1980. v. 2.

_____. *Sobre a Pedagogia*. Piracicaba: Unimep, 1996.

KILPATRICK, Willian H. *Educação para uma civilização em mudança*. 12. ed. São Paulo: Melhoramentos, 1974.

KOFF, Adélia M. N. S.; PEREIRA, Ana B. C. Disciplina: uma questão de autoridade ou de participação? In: CANDAU, Vera M. (Org.). *Rumo a uma nova Didática*. Petrópolis: Vozes, 1988.

KONDER, Leandro. *O que é dialética*. 2. ed. São Paulo: Brasiliense, 1981.

_____. Limites e possibilidades de Marx e sua dialética para a leitura crítica da história neste início de século. In: FRIGOTTO, Gaudêncio; CIAVATTA, Maria (Org.). *Teoria e educação no labirinto do capital*. Petrópolis: Vozes, 2001.

KOSIK, Karel. *Dialética do concreto*. 3. ed. Rio de Janeiro: Paz e Terra, 1985.

LA BOÉTIE, Etienne. *Discurso da servidão voluntária*. São Paulo: Brasiliense, 1982.

LA TAILLE, Yves de. A indisciplina e o sentimento de vergonha. In: AQUINO, Julio Groppa (Org.). *Indisciplina na escola*: alternativas teóricas e práticas. São Paulo: Summus, 1996.

_____. *Limites*: três dimensões educacionais. São Paulo: Ática, 1998.

_____. *Vergonha*: a ferida moral. Petrópolis: Vozes, 2002.

_____. *Moral e ética*: dimensões intelectuais e afetivas. Porto Alegre: Artmed, 2006.

_____; SILVA, Nelson P.; JUSTO, José S. *Indisciplina/disciplina*: ética, moral e ação do professor. Porto Alegre: Mediação, 2006.

LALANDE, André. *Vocabulário técnico e crítico da Filosofia*. Porto: Rés, 1985. 2 v.

LAPASSADE, Georges. *Autogestión pedagógica*: ¿la educación en libertad? Barcelona: Granica, 1977.

LAPLANCHE, J.; PONTALIS, J.-B. *Vocabulário de psicanálise*. 9. ed. São Paulo: Martins Fontes, 1986.

LARROYO, Francisco. *História geral da Pedagogia*. São Paulo: Mestre Jou, 1970. t. 1.

LASCH, Christopher. *A cultura do narcisismo*: a vida americana numa era de esperança em declínio. Rio de Janeiro: Imago, 1983.

BIBLIOGRAFIA

LEFEBVRE, Henri. *La presencia y la ausencia*: contribución a la teoría de las representaciones. México: Fundo de Cultura Económica, 1983.

LEIF, Joseph. *Por uma educação subversiva*: da identificação à libertação. Rio de Janeiro: Zahar, 1983.

LEONTIEV, A. *O desenvolvimento do psiquismo*. Lisboa: Horizonte, 1978.

LIBÂNEO, José C. Relações professor-aluno na sala de aula. In: _____. *Didática*. São Paulo: Cortez, 1991.

LIMA, Luciano C. *Começar do novo*: a "moderna" escravidão capitalista e a "velha" libertação do trabalho. São Paulo: Grupo Educação e Trabalho, 1997.

_____; VASCONCELLOS, Celso S. Participação coletiva e ativa na escola. *Revista de Educação da AEC*, Brasília: AEC, n. 74, 1990.

LOBROT, Michel. *La pédagogie institucionnelle*: l'école vers l'autogestion. 3ème ed. Paris: Gauthier-Villars, 1977.

LONGAREZI, Andréa M. Ética e moral na educação escolar: aspectos valorativo e normativo da indisciplina na escola. In: CHAKUR, Cilene R. S. L. (Org.). *Problemas da educação sob o olhar da Psicologia*. Araraquara: FCL/Laboratório Editorial/Unesp; São Paulo: Cultura Acadêmica, 2001.

LUCKESI, Cipriano C. *Avaliação da aprendizagem escolar*. São Paulo: Cortez, 1995.

LUNA, S.; DAVIS, C. A questão da autoridade na educação. *Caderno de Pesquisa*, São Paulo: Fundação Carlos Chagas, n. 76, 1991.

LURIA, A. R. *Pensamento e linguagem*: as últimas conferências de Luria. Porto Alegre: Artes Médicas, 1987.

MACEDO, Lino (Org.). *Cinco estudos de educação moral*. São Paulo: Casa do Psicólogo, 1996.

MAKARENKO, A. *La colectividad y la educación de la personalidad*. Moscou: Progresso, 1977.

MANACORDA, Mario A. *El principio educativo en Gramsci*. Salamanca: Sigueme, 1977.

MARCUSE, Herbert. *Eros e civilização*: uma interpretação filosófica do pensamento de Freud. 8. ed. Rio de Janeiro: Zahar, 1981.

MARTINS, José do Prado. Diretrizes gerais de ação didática. In: _____. *Didática geral*. São Paulo: Atlas, 1985.

MARTINS, Pura L. O. Relação professor-aluno. In: _____. *Didática teórica/Didática prática*: para além do confronto. São Paulo: Loyola, 1989.

MARX, Karl. Para a crítica da economia política. In: _____. *Os pensadores*. 2. ed. São Paulo: Abril, 1978.

_____. *O capital*: crítica da economia política. 5. ed. Rio de Janeiro: Civilização Brasileira, 1980. l. 1, v. 1.

_____. *O 18 Brumário e cartas a Kugelmann*. 5. ed. Rio de Janeiro: Paz e Terra, 1986.

_____. Contribuição para a crítica da filosofia do direito de Hegel: Introdução. In: _____. *Manuscritos económico-filosóficos*. Lisboa: Edições 70, 1989a.

_____. *Manuscritos económico-filosóficos*. Lisboa: Edições 70, 1989b.

_____. *Miséria da Filosofia*. 2. ed. São Paulo: Global, 1989c.

MASETTO, Marcos T. Sala de aula: espaço de vida? In: _____. *Didática*: a aula como centro. São Paulo: FTD, 1994.

MATTOS, Luiz Alves de. Manejo de classe e controle da disciplina. In: _____. *Sumário de Didática geral*. 8. ed. Rio de Janeiro: Aurora, 1968.

MATURANA, Humberto R.; VARELA, Francisco. *De máquinas e seres vivos*: autopoiese – a organização do vivo. 3. ed. Porto Alegre: Artes Médicas, 1997.

MAUCO, Georges. *Psicanálise e educação*. 5. ed. Lisboa: Moraes, 1977.

MEIRIEU, Philippe. *A Pedagogia entre o dizer e o fazer*: a coragem de começar. Porto Alegre: Artmed, 2002.

MESTERS, Carlos. *Palavra de Deus na história dos homens*. 4. ed. Petrópolis: Vozes, 1979. 2 v.

MONROE, Paul. *História da educação*. 8. ed. São Paulo: Companhia Editora Nacional, 1969.

MONTESSORI, Maria. *Pedagogia científica*: a descoberta da criança. São Paulo: Flamboyant, 1965.

MORAIS, Regis. Entre a jaula de aula e o picadeiro de aula. In: _____ (Org.). *Sala de aula*: que espaço é esse? Campinas: Papirus, 1986.

MOREIRA, Antonio Flávio B. Propostas curriculares alternativas: limites e avanços. *Educação & Sociedade*, Campinas: Cedes, n. 73, 2000.

MORIN, Edgar. *A cabeça benfeita*: repensar a reforma, reformar o pensamento. Rio de Janeiro: Bertrand Brasil, 2000.

_____; CIURANA, Emilio R.; MOTTA, Raúl D. *Educar na era planetária*: o pensamento complexo como método de aprendizagem pelo erro e incerteza humana. São Paulo: Cortez; Brasília: Unesco, 2003.

NASCIMENTO, Wanderson F. *Esboço de crítica à escola disciplinar*. São Paulo: Loyola, 2004.

NÉRICI, Imídeo G. Direção de classe e disciplina. In: _____. *Introdução à Didática geral*: dinâmica da escola. 10. ed. Guanabara: Fundo de Cultura, 1971. v. 2.

NÓVOA, A. Para o estudo sócio-histórico da gênese e desenvolvimento da profissão docente. *Teoria e Educação*, Porto Alegre: Pannonica, n. 4, p. 109-139, 1991.

OLIVEIRA, Alaíde L. Disciplina. In: _____. *Nova Didática*. 4. ed. Rio de Janeiro: Tempo Brasileiro: Fename, 1978 (Belo Horizonte: Bernardo Álvares, 1968).

OLIVEIRA, Dalila A. Mudanças na organização e na gestão do trabalho na escola. In: OLIVEIRA, D. A.; ROSAR, M. F. F. *Política e gestão da educação*. Belo Horizonte: Autêntica, 2002.

OLIVEIRA, Manfredo A. A dialética do senhor e do escravo: a parábola do processo de humanização enquanto processo de libertação. In: _____. *Ética e sociabilidade*. 2. ed. São Paulo: Loyola, 1996.

OLIVEIRA, Maria Izete de. *Indisciplina escolar*: determinações, consequências e ações. Brasília: Líber, 2005.

OTT, Margot B. Desempenho do professor. In: ETGES, Norberto. *Avanço progressivo nas escolas de 1º grau do Estado de Santa Catarina*. Porto Alegre: Inep: UFRGS, 1983.

PAGGI, Karina P.; GUARESCHI, Pedrinho A. *Os desafios dos limites*: um enfoque psicossocial na educação dos filhos. Petrópolis: Vozes, 2004.

PACHECO, José. Fazer a ponte. In: OLIVEIRA, Inês B. (Org.). *Alternativas emancipatórias em currículo*. São Paulo: Cortez, 2004.

PALACIOS, Jesús. *La cuestión escolar*: críticas y alternativas. 5. ed. Barcelona: Laia, 1984.

PAROLIN, Isabel. *Pais e educadores*: é proibido proibir? Porto Alegre: Mediação, 2003.

PEC-Form@ção Universitária. *Teleconferência (In)disciplina em questão*. Com Izabel Galvão, Celso Vasconcellos e Regina G. L. Brito. São Paulo: 2003.

PENTEADO JUNIOR, Onofre de A. O problema prático da disciplina. In: _____. *Didática geral (para o uso das faculdades de Filosofia e das escolas normais)*. São Paulo: Obelisco, 1965.

PEREIRA, Gilson de A. *Limites e afetividade*. Canoas: Ulbra, 2004.

PEREIRA, Otaviano. *O que é teoria*. São Paulo: Brasiliense, 1982.

PERRENOUD, Philippe. *Ofício de aluno e sentido do trabalho escolar*. Porto: Porto Editora, 1995.

_____ et al. *As competências para ensinar no século XXI*: a formação dos professores e o desafio da avaliação. Porto Alegre: Artmed, 2002.

PETITAT, André. *Produção da escola/produção da sociedade*. Porto Alegre: Artes Médicas, 1994.

PIAGET, Jean. *A equilibração das estruturas cognitivas*: problema central do desenvolvimento. Rio de Janeiro: Zahar, 1976.

_____. *A tomada de consciência*. São Paulo: Melhoramentos: Ed. da USP, 1977a.

_____. *O julgamento moral na criança*. São Paulo: Mestre Jou, 1977b.

_____. *Fazer e compreender*. São Paulo: Melhoramentos: Ed. da USP, 1978a.

_____. *A psicologia da inteligência*. Lisboa: Livros Horizonte, 1978b.

_____ et al. *O possível e o necessário*. Porto Alegre: Artes Médicas, 1985. 2 v.

PILETTI, Claudino. A organização e direção de uma classe escolar. In: _____. *Didática geral*. 8. ed. São Paulo: Ática, 1987.

PIMENTA, Selma G.; ANASTASIOU, Léa G. C. *Docência no ensino superior*. São Paulo: Cortez, 2002. v. 1.

BIBLIOGRAFIA

PINTO, Álvaro Vieira. *Ciência e existência*: problemas filosóficas da pesquisa científica. 2. ed. Rio de Janeiro: Paz e Terra, 1979.

PISTRAK. *Fundamentos da escola do trabalho*. São Paulo: Brasiliense, 1981.

PLATÃO. *As leis*. Bauru: Edipro, 1999.

_____. Fedro. In: _____. *Diálogos*. Rio de Janeiro: Edições de Ouro, [1970?].

PRÉ-SOCRÁTICOS. Os pré-socráticos: fragmentos, doxografia e comentários. In: _____. *Os pensadores*. 2. ed. São Paulo: Abril Cultural, 1978.

PRIGOGINE, Ilya. Dos relógios às nuvens. In: SCHNITMAN, D. F. (Org.). *Novos paradigmas, cultura e subjetividade*. Porto Alegre: Artes Médicas, 1996a.

_____. *O fim das certezas*: tempo, caos e as leis da natureza. São Paulo: Unesp, 1996b.

_____. Carta para as futuras gerações. In: _____. *Ciência, razão e paixão*. Belém: Eduepa, 2001.

PROENÇA, Marilene. Problemas de aprendizagem ou problemas de escolarização? Repensando o cotidiano escolar à luz da perspectiva histórico-crítica em Psicologia. In: OLIVEIRA, M. K.; SOUZA, D. T.; REGO, T. C. (Org.). *Psicologia, educação e as temáticas da vida contemporânea*. São Paulo: Moderna, 2002.

PUIG, Josep M. As assembleias de sala de aula ou como fazer coisas com palavras. In: ARGÜIS, Ricardo et al. *Tutoria*: com a palavra, o aluno. Porto Alegre: Artmed, 2002.

RATKE, Wolfgang. *Escritos sobre a nova arte de ensinar de Wolfgang Ratke (1571-1635)*: textos escolhidos (apresentação, tradução e notas de Sandino Hoff). Campinas: Autores Associados, 2008.

RATTO, Ana L. S. *Livros de ocorrência:* (in)disciplina, normalização e subjetivação. São Paulo: Cortez, 2007.

REBELO, Rosana A. A. *Indisciplina escolar*: causas e sujeitos. Petrópolis: Vozes, 2002.

REICH, Wilhelm; SCHMIDT, Vera; COMIT CENTRAL DOS JARDINS DE INFÂNCIA SOCIALISTAS DE BERLIM. *Elementos para uma pedagogia antiautoritária*. Porto: Escorpião, 1975.

RICOEUR, Paul. *História e verdade*. Rio de Janeiro: Forense, 1968.

_____. *Ideologia e utopia*. Lisboa: Edições 70, 1991.

RIOS, Terezinha A. *Ética e competência*. São Paulo: Cortez, 1993.

ROCHEX, Jean Yves. Pistas para uma desconstrução do tema "a violência na escola". In: CORREIA, José A.; MATOS, Manuel (Org.). *Violência e violências da e na escola*. Porto: Afrontamento: CIIE, 2003.

RODRIGUES, Neidson. Modernidade e educação: tópicos para discussão. *Ideias*, São Paulo: FDE, n. 15, 1992.

ROUSSEAU, Jean-Jacques. Do contrato social. In: _____. *Os pensadores*. 2. ed. São Paulo: Abril Cultural, 1978.

RUBINSTEIN, S. L. *El ser y la conciencia*. Montevideo: Pueblos Unidos, 1960.

_____. *Principios de Psicología general*. México: Grijalbo, 1967.

RUSSELL, Bertrand. Educação e disciplina. In: _____. *O elogio ao ócio*. Rio de Janeiro: Sextante, 2002.

SAMPAIO, Daniel. Prevenção da indisciplina na escola: o papel da mudança na sala de aula. In: _____ et al. *Indisciplina e violência na escola*. Lisboa: Associação Educativa para o Desenvolvimento da Criatividade, 2001. (Cadernos de Criatividade, 3.)

SANTANA, José V. S. *Tendência antissocial na escola*: uma postura indisciplinar ou um pedido de socorro? São Paulo: Vetor, 2004.

SANTO AGOSTINHO. Confissões. In: _____. *Os pensadores*. 2. ed. São Paulo: Abril Cultural, 1980.

SANTOS, Gislene A.; SILVA, Divino J. (Org.). *Estudos sobre ética*: a construção de valores na sociedade e na educação. São Paulo: Casa do Psicólogo, 2002.

SANTOS, Milton. *Por uma outra globalização*: do pensamento único à consciência universal. Rio de Janeiro: Record, 2000a.

_____. *Território e sociedade*. São Paulo: Fundação Perseu Abramo, 2000b.

SARTRE, Jean-Paul. Questão de método. In: _____. *Os pensadores*. São Paulo: Abril Cultural, 1978.

Bibliografia

SAVIANI, Dermeval. *Escola e democracia*. São Paulo: Cortez: Autores Associados, 1983.

_____. A Pedagogia histórico-crítica no quadro das tendências críticas da educação brasileira. *Revista Ande,* São Paulo, n. 11, 1986.

SAYÃO, Rosely; AQUINO, Julio G. *Em defesa da escola*. Campinas: Papirus, 2004.

SCHETTINI FILHO, Luiz. *Carão com carinho*. 2. ed. Recife: Bagaço, 1998.

SCHMIDT, Saraí (Org.). *A educação em tempos de globalização*. Rio de Janeiro: DP&A, 2001.

SEDUC/CE. *Estudos das práticas avaliativas de professores das séries iniciais*. Fortaleza: MEC/Projeto Nordeste, Secretaria de Educação Básica do Estado do Ceará, 1997.

SERRES, Michel. *O terceiro instruído*. Lisboa: Instituto Piaget, 1993.

SEVERINO, Antônio J. *Educação, sujeito e história*. São Paulo: Olho d'Água, 2001.

SILVA, Nelson Pedro. *Ética, indisciplina & violência nas escolas*. Petrópolis: Vozes, 2004.

SILVA, Tomaz T. (Org.). *Alienígenas na sala de aula*: uma introdução aos estudos culturais em educação. Petrópolis: Vozes, 1995.

_____. *Liberdades reguladas*: a pedagogia construtivista e outras formas de governo do eu. Petrópolis: Vozes, 1998.

SNYDERS, Georges. *Para onde vão as pedagogias não diretivas?* 2. ed. Lisboa: Moraes, 1978.

_____. *Escola, classe e luta de classes*. 2. ed. Lisboa: Moraes, 1981.

SOUSA SANTOS, Boaventura. *Introdução a uma ciência pós-moderna*. 4. ed. Porto: Afrontamento, 1995.

_____. *Um discurso sobre as Ciências*. 8. ed. Porto: Afrontamento, 1996.

_____. *A crítica da razão indolente*: contra o desperdício da experiência. São Paulo: Cortez, 2000.

_____ (Org.). *Conhecimento prudente para uma vida decente*: "um discurso sobre as Ciências" revisitado. São Paulo: Cortez, 2004.

SOUZA, Vera L. T. de. *Escola e construção de valores*: desafios à formação do aluno e do professor. São Paulo: Loyola, 2005.

SPÓSITO, Marília P. Educação, gestão democrática e participação popular. In: BASTOS, João B. (Org.). *Gestão democrática*. Rio de Janeiro: DP&A, 1999.

TARDELI, Denise D'Aurea. *O respeito na sala de aula*. Petrópolis: Vozes, 2003.

TIBA, Içami. *Disciplina*: o limite na medida certa. São Paulo: Gente, 1996.

TOLEDO, João. Governo da classe. In: _____. *Didáctica (nas escolas primárias)*. São Paulo: Liberdade, 1930.

TOSI, Maria R. *Didática geral*: um olhar para o futuro. 2. ed. Campinas: Alínea, 2001.

TURA, Maria de Lourdes. *O olhar que não quer ver*: história da escola. Petrópolis: Vozes, 2000.

UNIVERSIDADE SÃO FRANCISCO. *É de pequenino que se torce o pepino?* Rio de Janeiro: Sono-Viso, [1986?].

VARELA, Julia. Categorias espaço-temporais e socialização escolar: do individualismo ao narcisismo. In: COSTA, Marisa Vorraber (Org.). *Escola básica na virada do século*: cultura, política e currículo. São Paulo: Cortez, 1996.

VASCONCELLOS, Celso dos S. A questão da disciplina: dialética da interação professor-aluno. *Revista de Educação da AEC*, Brasília, n. 87, abr. 1993.

_____. Autoridade do professor em sala de aula. *Jornal do Sinepe/ES*, Vitória, mar. 1996a.

_____. *Disciplina consciente e interativa*: notas introdutórias. Associação dos Orientadores Educacionais do R. G. Sul, 1996b. Mimeografado.

_____. Os desafios da indisciplina em sala de aula e na escola. *Ideias*, São Paulo: FDE, n. 28, 1997.

_____. *O desafio da (in)disciplina em sala de aula e na escola*. São Paulo: Libertad, 1998a. (Textos de Aprofundamento, 2.)

_____. *Processo de mudança da avaliação da aprendizagem*: o papel do professor – representações e práticas. 1998b. Tese (doutorado) – Faculdade de Educação, Universidade de São Paulo, São Paulo.

BIBLIOGRAFIA

_____. Disciplina: o papel do aluno. *Mundo Jovem*, Porto Alegre: PUC/RS, maio 1999.

_____. *Avaliação*: superação da lógica classificatória e excludente: do "é proibido reprovar" ao é preciso garantir a aprendizagem. 4. ed. São Paulo: Libertad, 2003.

_____. *Planejamento*: projeto de ensino-aprendizagem e projeto político-pedagógico. 16. ed. São Paulo: Libertad, 2008a.

_____. *Construção do conhecimento em sala de aula*. 15. ed. São Paulo: Libertad, 2008b.

_____. *Avaliação*: concepção dialética-libertadora do processo de avaliação escolar. 17. ed. São Paulo: Libertad, 2008c.

_____. *(In)disciplina*: construção da disciplina consciente e interativa em sala de aula e na escola. 16. ed. São Paulo: Libertad, 2008d.

_____. *Avaliação da aprendizagem*: práticas de mudança – por uma práxis transformadora. 8. ed. São Paulo: Libertad, 2008e.

_____. *Para onde vai o professor*: resgate do professor como sujeito de transformação. 11. ed. São Paulo: Libertad, 2008f.

_____. *Coordenação do trabalho pedagógico*: do projeto político-pedagógico ao cotidiano da sala de aula. 8. ed. São Paulo: Libertad, 2008g.

_____. (In)disciplina: problema de gestão da sala de aula ou de auto-organização dos alunos? In: _____. *Coordenação do trabalho pedagógico*: do projeto político-pedagógico ao cotidiano da sala de aula. 8. ed. São Paulo: Libertad, 2008h.

_____. *Currículo*: a atividade humana como princípio educativo. São Paulo: Libertad, 2009a.

_____. *Mobilização para a aprendizagem*: subsídios epistemológicos e metodológicos sobre desejo/interesse/motivação/motivo na perspectiva dialética-libertadora. São Paulo: Libertad, 2009b.

VASCONCELOS, Maria L. M. C. (Org.). *(In)disciplina, escola e contemporaneidade*. Niterói: Intertexto; São Paulo: Mackenzie, 2001.

VAZ, Henrique C. Lima. Senhor e escravo: uma parábola da Filosofia ocidental. *Síntese Nova Fase*, Belo Horizonte, n. 21, 1981.

_____. *Escritos de Filosofia IV*: introdução à ética filosófica 1. São Paulo: Loyola, 1999.

BIBLIOGRAFIA

VÁZQUEZ, Adolfo Sánchez. *Filosofia da praxis*. 2. ed. Rio de Janeiro: Paz e Terra, 1977.

_____. *Ética*. 5. ed. Rio de Janeiro: Civilização Brasileira, 1982.

VERGÉS, Maritza R.; SANA, Marli A. *Limites e indisciplina na educação infantil*. Campinas: Átomo, 2004.

VINHA, Telma Pileggi. *O educador e a moralidade infantil*: uma visão construtivista. 3ª reimpressão. Campinas: Mercado das Letras; São Paulo: Fapesp, 2006.

VYGOTSKY, L. S. *A formação social da mente*. São Paulo: Martins Fontes, 1984.

_____. *Pensamento e linguagem*. São Paulo: Martins Fontes, 1987.

VIGOTSKI, L. S. *Psicologia pedagógica*: edição comentada. Porto Alegre: Artmed, 2003.

WALLON, Henri. *Psicologia e educação da criança*. Lisboa: Vega, 1979.

_____. *As origens do pensamento na criança*. São Paulo: Manole, 1989.

_____. *As origens do caráter na criança*. São Paulo: Nova Alexandria, 1995.

WERNECK, Hamilton. *Pulso forte e coração que ama*: a indisciplina tem jeito. Rio de Janeiro: DP&A, 2005.

WERTSCH, James V. *Vygotsky y la formación social de la mente*. Buenos Aires: Paidós, 1988.

WINNICOTT, Donald W. *Os bebês e suas mães*. São Paulo: Martins Fontes, 1988.

WITTGENSTEIN, Ludwig. *Tratado lógico-filosófico*. Lisboa: Fundação Calouste Gulbenkian, 1987.

XAVIER, Maria Luisa (Org.). *Disciplina na escola*: enfrentamentos e reflexões. Porto Alegre: Mediação, 2002.

ZAGURY, Tania. *Limites sem trauma*: construindo cidadãos. Rio de Janeiro: Record, 2000.

_____. *Sem padecer no paraíso*: em defesa dos pais ou sobre a tirania dos filhos. Rio de Janeiro: Record, 1991.

Celso dos Santos Vasconcellos

nasceu em Jaú-SP em 12 de fevereiro de 1956 e reside em São Paulo desde 1968. É doutor em Educação pela USP, mestre em História e Filosofia da Educação pela PUC/SP; formou-se em Filosofia e Pedagogia pela Faculdade de Filosofia N. S. Medianeira; cursou até o terceiro ano de Engenharia Eletrônica da Escola Politécnica da USP. Formou-se técnico eletrônico pela Escola Técnica Industrial Lauro Gomes (São Bernardo do Campo). Concluiu ainda o curso de Teologia para Leigos (Cevam-SP). Participou de inúmeros encontros e congressos de educação.

Trabalhou como professor na E.T.I. Lauro Gomes, no Colégio Pentágono, na Unesp-Fatec, no Colégio Moema, no Colégio São Luís, no Instituto de Ensino Imaculada Conceição (Imaco) e na FE/USP. Foi orientador educacional e pedagógico no Colégio São Luís e no Imaco. Neste último, foi ainda diretor (1985-1989). Foi membro do Conselho de Escola da E.M.P.G. Pe. Manoel de Paiva (1990-1993) e do Conselho Editorial da *Revista de Educação AEC* (1990-2008). Atualmente é pesquisador em educação, conferencista, professor convidado de cursos de graduação e pós-graduação, membro do Conselho Editorial da *Ciclos em Revista* e responsável pelo Libertad – Centro de Pesquisa, Formação e Assessoria Pedagógica, prestando consultoria a diversas escolas e instituições públicas e privadas.

Além de artigos em revistas especializadas, é autor dos livros: *Planejamento: projeto de ensino-aprendizagem e projeto político-pedagógico; Construção do conhecimento em sala de aula; Avaliação: concepção dialética-libertadora do processo de avaliação escolar; (In)disciplina: construção da disciplina consciente e interativa em sala de aula e na escola; Para onde vai o professor: resgate do professor como sujeito de transformação; Superação da lógica classificatória e excludente da avaliação: do "é proibido reprovar" ao é preciso garantir a aprendizagem; Avaliação da aprendizagem: práticas de mudança – por uma práxis transformadora; Coordenação do trabalho pedagógico: do projeto político-pedagógico ao cotidiano da sala de aula; Currículo: a atividade humana como princípio educativo; Mobilização para a aprendizagem.* Saiba mais pelo endereço eletrônico: <www.celsovasconcellos.com.br>.